세계는
지금
어디로
가고 있나

세계는 지금 어디로 가고 있나 3

오정환(MBC 보도제작국 부장) 지음

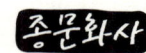
종문화사

MBC 국제부 기자로 그리고 특파원으로 일하며 보고 느껴온 것을 누군가와 이야기하고픈 마음이 항상 있던 차에, 국제 시사를 정리하는 책을 만들자는 종문화사 임용호 대표의 제안이 들어와 기쁘게 받아들였습니다.

다른 이들의 삶에 조금 더 다가설 때 그동안의 지식이 편견이었음을 깨닫는 경우가 적지 않았습니다. 눈에 보이는 것이 전부는 아니었습니다. 언론에는 파키스탄 거리에 반미 시위대가 넘쳐나는 것으로 나오지만 국민들은 탈레반의 공포에 짓눌려 있습니다.

또 모든 현상에는 나름의 이유가 있었습니다. 태국의 시위대가 국제공항과 아세안 정상회의장에 난입한 것은 사람들이 이상해서 그런 게 아니라 사회변화 과정에서 신구 세력의 권력 기제들이 충돌한 것입니다.

독자들, 특히 젊은 후배들이 이 책으로 시사 상식의 깊이를 더할 수 있기를 바랍니다. 이를 위해 21세기의 첫 장을 연 초대형 사건들에서 시작해 정치, 경제, 사회, 문화 각 분야의 관심사를 폭넓게 다루었습니다.

그러면서도 사안의 본질에 접근하려 최선의 노력을 기울였습니다. 예를 들어 기후 변화와 자원 고갈은 과장하거나 무시해서는 안 되는 사안입니다. 미국의 금융위기와 EU의 재정적자를 한 면만 보고 판단해서는 올바른 교훈을 얻을 수 없습니다. 시민혁명으로 등장한 옛 소련권 권력자들이 예외 없이 타락했다고 포기해서는 이란과 미얀마 국민들의 자유에 대한 염원을 이해할 수 없습니다. 희망이 없을 것 같았던 아프리카에도 평화가 찾아오고 민주주의의 틀을 갖추기 위해 노력하고 있습니다.

이 책이 국제사회의 현실을 정확히 알고 보다 열린 마음으로 세계를 바라보는 작은 계기가 되었으면 좋겠습니다. 아직까지는 서구 사회가 추구해온 관용의 정신보다 인류의 미래에 더 유용한 가치를 저는 찾지 못했습니다.

마지막으로 글을 쓰는 동안 항상 격려와 조언을 아끼지 않으신 한병우 전 춘천MBC 사장께 감사드립니다. 그리고 책을 쓴다며 주말마다 그리고 매일 밤 늦게 방에서 나오지도 않은 아빠를 이해해준 세훈, 세연과 사랑하는 아내에게 고마움을 전합니다.

2011년 12월
오정환

차례

21세기를 연 사건들

9·11 테러로 21세기 새로운 전쟁이 시작됐다.

미국발 금융위기는 세계로 확산됐다.

일본에서는 쓰나미가 원전을 덮쳐 방사능 위험에 전 세계가 노출됐다.

테러, 금융, 원전 등의 위기 앞에 강대국들은 무력함을 드러냈다.

9·11 테러

　2001년 9월 11일 오전 8시 45분, 승객과 승무원 92명을 태운 아메리칸항공 여객기가 뉴욕의 세계무역센터[1] 북쪽 건물과 충돌했다. 소방관들의 구조 작업이 한창이던 9시 3분, 이번에는 65명을 태운 유나이티드항공 여객기가 세계무역센터 남쪽 건물과 충돌했다. 이 사건이 사고가 아닌 조직적인 테러임이 분명해졌다.[2] 9시 40분 또 다른 아메리칸항공 여객기가 워싱턴의 국방부 건물과 충돌해 수백 명의 사상자를 냈고, 10시 3분에는 유나이티드항공 UA93편 여객기가 펜실베니아주 산악지대에 추락해 탑승자 전원이 사망했다.[3] 미국 정부는 2,973명이 목숨을 잃은 것으로 공식 집계했다. 한국인도 4명이 숨지고 14명이 실종됐다.

　9·11 테러는 미국이 건국 이후 처음으로 본토를 공격당한 사건이었다. 화염에 휩싸인 고층건물에서 사람들이 떨어져 내리는 모습을 지켜보며 미국인들은 분노의 눈물을 흘렸다. 인류가 그렇게 기대했던 21세기가 증오와 보복의 시대로 열리는 순간이었다.

　부시 미국 대통령[4]은 이 테러를 '21세기 첫 전쟁'으로 규정했다. 미국은 아프가니스탄에 빈 라덴[5]을 넘겨줄 것을 요구했지만, 당시 탈레반[6] 정권은 '빈 라덴의 혐의에 증거가 없고 아프가니스탄을 공격하기 위한 구실에 불과하다'며 거

---

1 세계무역센터　미국 경제를 상징하는 뉴욕 맨해튼에 세워졌던 쌍둥이 건물이다. 두 건물 모두 110층으로 완공 당시(1973년) 세계에서 가장 높은 건물이었다.

2 세계무역센터 쌍둥이 빌딩은 테러 공격 1시간여 만에 차례로 무너졌다. 비행기에 가득 실려 있던 연료에 불이 붙으면서 건물의 철골 구조를 약화시켰고, 충돌 지점이 각각 94~99층과 77~85층으로 건물 윗부분의 무게를 감당할 수 없었던 것이다.

3 UA93편 여객기는 일부 승객들이 휴대전화로 연쇄 테러 소식을 듣고 납치범들과 격투를 벌여 워싱턴으로 향하던 비행기를 사전에 추락시킨 것으로 추정된다.

4 조지 부시 George W. Bush　미국의 43대 대통령. 아버지에 이어 대통령이 되어 미국에서 두 번째 부자(父子) 대통령이라는 기록을 세웠으며 주지사 출신 대통령이다. 공화·민주 진영의 보수주의자 및 온건주의자, 양당 모두를 지지하지 않는 사람들, 히스패닉계 및 흑인 등 다양한 계층의 공감을 불러일으켜 당선되었다.

5 오사마 빈 라덴 Osama Bin Laden　101쪽에서 설명.

6 탈레반 Taleban, Taliban　62쪽에서 설명.

화염에 휩싸인 세계무역센터

부했다.[7] 파키스탄이 중재한 협상이 실패하자, 미국과 영국은 10월 7일 토마호크 크루즈 미사일과 B-1 전략폭격기를 동원해 아프가니스탄의 주요 군사 시설들을 폭격하면서 테러와의 전쟁을 시작했다.

---

7 FBI(미국연방수사국)는 납치범들이 19명으로 그 가운데 15명이 사우디아라비아 국적이며 나머지는 아랍에미리트연합과 이집트, 레바논 출신이라고 밝혔다. 이들 중 일부는 테러를 위해 미국의 항공학교에서 비행기 조종 기술을 배웠다. 납치범들은 당시에는 반입이 허용됐던 사무용 칼로 여승무원에게 상처를 입히고 조종사가 구하러 나오자 살해한 뒤 비행기를 장악했던 것으로 추정됐다. 미국은 오사마 빈 라덴이 이끄는 테러 조직 알 카에다(Al-Qaeda)*를 배후로 지목했고, 빈 라덴도 3년 뒤 공개한 비디오 메시지에서 이를 시인했다.
*알 카에다 100쪽에서 설명.

세계 금융위기

2000년부터 2006년까지 미국의 주택 가격이 125%나 폭등했다. 부동산 호황은 미국 정부의 저금리 정책과 함께 시작됐다. 미국 연방준비제도이사회 FRB[1]는 IT버블이 꺼진 뒤 경기 침체를 막기 위해 사실상 제로금리를 도입했다.[2]

여기에 모기지[3] 업체들이 채무자의 신용 상태를 가리지 않고 집값의 거의 100%를 대출해줬다. 특히 신용 상태가 나쁜 사람들에게 돈을 빌려주는 서브프라임모기지[4]는 이자율이 높다는 이유로 금융기관들이 오히려 더 선호했다.[5] 사람들은 너나없이 돈을 빌려 집을 샀고 집값은 끝없이 오를 것 같았다.

그러나 2006년 봄을 정점으로 부동산 가격이 하락하면서 모든 것이 바뀌었다. 그때부터 3년 동안 미국의 주택 가격은 30% 이상 하락했다. 부동산 거품이 꺼지면서 집주인들이 대출금을 갚지 못하자 모기지 업체들이 도산했다. 그리고 높은 수익률을 노리고 모기지 업체에 투자했던 미국 등 각국의 은행·보험사들도 연쇄적으로 부도 위기에 몰렸다.[6]

금융위기의 충격으로 미국의 GDP 성장률[7]은 2008년 0.4%, 2009년에는 -2.4%로 추락했고, 실업률은 10%를 넘어섰다. 세계 경제도 함께 흔들려, 전

---

1 연방준비제도이사회 연방준비제도(Federal Reserve System)는 미국 특유의 중앙은행이다. 미국은 전역을 12개 연방준비구로 나누어 각 지구마다 연방준비은행을 둔다. 연방준비제도이사회는 대통령이 임명하고 상원이 승인한 이사 7명으로 이루어지며 지급 준비율 변경, 주식 거래에 대한 신용 규제, 가맹 은행의 정기 예금 금리 규제, 연방 준비 은행의 재할인율을 결정한다.

2 연방준비제도는 2001년부터 2004년까지 열세 차례에 걸쳐 6%대였던 금리를 1%까지 인하했다. 제로금리란 이렇듯 금리를 0%에 가깝게 유도하는 정책이다.

3 모기지론 mortgage loan 주택담보대출. 부동산을 담보로 주택 자금을 장기간 빌려주는 일.

4 서브프라임모기지 subprime mortgage 비우량 주택담보대출.

5 이자율이 높다는 것은 그만큼 더 큰 위험을 감수해야 한다는 뜻이다. 그러나 미국 등 선진 각국의 금융기관들은 이른바 금융공학을 통해 고수익과 저위험을 결합할 수 있다고 주장했다.

6 2008년 9월, 미국 정부는 투자은행인 리먼 브라더스를 파산시켰다. 11월에는 당시 세계 최대 보험사였던 AIG가 자금난에 몰려 1,500억 달러의 구제 금융을 받았다. 미국 자동차 빅3인 GM, 포드, 크라이슬러 회장들도 하원 청문회에 출석해 혹독한 비판을 받은 뒤 140억 달러를 지원받았다.

7 국내총생산 GDP(Gross Domestic Product) 일정 기간 내 국내에서 산출된 부가 가치의 총액. GDP의 신장률을 경제 성장률로 본다. 외국인이든 내국인이든 국적을 불문하고 국경 내에서 이루어진 생산 활동을 모두 포함하는 개념이다.

세계 GDP가 2차 대전 이후 처음으로 감소했다.

한국도 수출이 급격히 줄고 원·달러 환율이 840원에서 한때 1,964원까지 치솟는 등 혼란에 빠졌다. 2008년 한국은행이 미국 FRB와 300억 달러의 통화 스와프 협정[8]을 체결하고서야 외환시장은 겨우 안정을 되찾았다. 한국은행은 미국에서 160억 달러를 빌려다 썼고, 세계 외환보유고 1, 2위인 중국, 일본과도 통화 스와프 협정을 맺었다.

뉴욕 증권거래소

2008년 파산한 리먼 브라더스

---

8 통화 스와프 협정currency swaps agreement 두 나라가 언제든지 자국 화폐를 상대국 화폐와 교환해주겠다는 약속.

일본 후쿠시마 원전 사고

쓰나미가 덮친 일본 동부 해안가

2011년 3월 11일 오후, 일본 동북부 미야기宮城현 센다이仙臺시에서 동쪽으로 180km 떨어진 바다 밑에서 규모 9.0의 강진이 발생했다. 일본 지진 관측 사상 가장 강력한 지진이었다. 그리고 30분 뒤 일본 동부 해안에 높이 10m가 넘는 초대형 쓰나미지진해일가 밀려들었다. 일본 경찰청 집계로 24,829명이 죽거나 실종됐다.

미야기현 바로 옆 후쿠시마福島현에는 민간회사인 도쿄전력의 원자력 발전소가 있었다. 후쿠시마 원전은 해발 10m밖에 안 되는 바닷가에 지어져, 15m 높이의 쓰나미가 덮치자 원자로 내부가 침수됐다.[1] 지진으로 외부 전력이 끊긴 데다 비상 발전기마저 물에 잠겨 냉각수 공급이 중단됐다. 그 결과 핵연료봉이

---

[1] 도쿄전력은 1971년 해발 35m이던 땅을 25m나 깎아 그 위에 후쿠시마 원전을 지었다. 바닷물을 쉽게 뽑아 올려 냉각수로 쓰고, 필요한 자재의 해상 수송을 원활하게 할 목적이었다. 해일에 대한 고려는 많지 않았다.

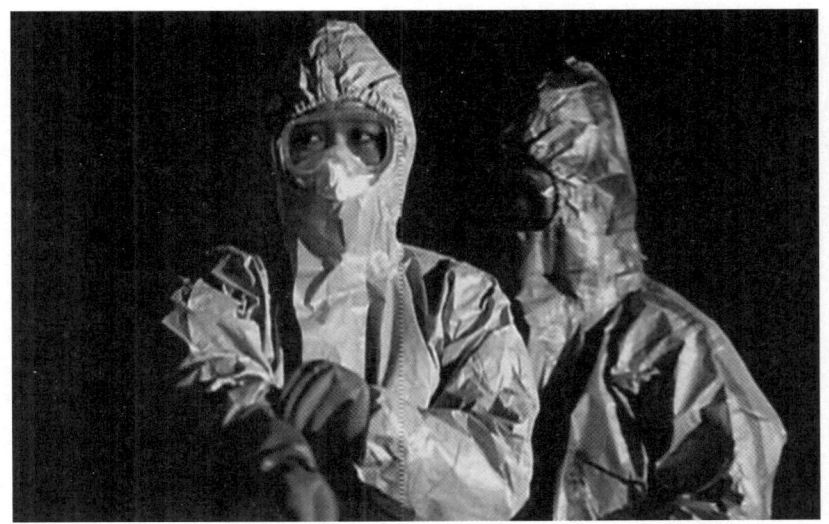

공기 중에 노출돼 과열되면서 1호기 원자로의 외벽이 폭발했다(3월 12일 오후).[2] 상황은 계속 악화돼 3호기와(3월 14일) 2호기, 4호기 원자로도 연이어 폭발했다 (3월 15일).

　방사능 피폭량이 생명을 위협할 정도로 높았지만 일본 각지에서 달려온 기술자 181명이 사고 현장에 들어가 목숨을 걸고 냉각수를 주입했다.[3] 또 자위대의 헬리콥터와 경찰의 물대포까지 동원됐다. 바닷물을 뿌린 효과가 나타나 3, 4호기 원자로의 온도가 점차 내려가고 1, 2호기도 외부 송전선과 연결됐다 (3월 20일).[4]

　일본 정부는 후쿠시마 원전 사고단계를 1986년 소련 체르노빌 사고와 같

---

2 도쿄전력은 3월 13일 바닷물을 끌어다 원자로 안에 쏟아붓기 시작했다. 이는 사실상 원자로 사용을 포기한다는 뜻이다. 일본 언론은 도쿄전력이 돈을 아끼려고 바닷물 주입 결정이 늦어 사태가 걷잡을 수 없이 커졌다고 비난했다.

3 일본 언론은 이들을 '후쿠시마 결사대'라고 불렀다. 모두 평범한 근로자들이었고 정년을 몇 달 앞둔 사람도 있었다. 죽음의 현장에 자원해 들어간 이들의 희생정신에 전 세계가 감동했다.

4 일본 국민들은 큰 고비를 넘겼다고 안도했지만, 이번에는 바닷물 오염이 발생했다. 2호기 원자로 벽면에 균열이 생겨 고여 있던 물이 바다로 흘러들어갔는데 기준치의 1억3천만 배나 방사능에 오염된 물이었다. 오염수 유출은 4월 7일에야 차단됐다. 후쿠시마 원전 앞 바다에서는 방사성 물질이 기준치의 14만 배나 검출됐다.

은 최고 등급으로 올렸다. 사고 후 후쿠시마 원전 부근에서 생산된 농산물과 수돗물에서 기준치가 넘는 방사성 물질이 검출됐다. 또 후쿠시마 원전에서 240km 떨어진 도쿄에서도 대기 중 방사능 농도가 높아져 일본 전역을 공포에 몰아넣었다.[5]

---

5 3월 28일 일본 후쿠시마 원전에서 날아온 것으로 보이는 방사성 요오드와 세슘이 서울 등 한국 전역의 대기에서 검출돼 국민들의 불안이 커졌다. 정부는 후쿠시마 원전에서 기체 방사성 물질이 다 빠져나온다 해도 한국에 날아오는 총 방사선량은 일반인의 연간 허용치보다도 적을 것이라고 밝혔다.

2

위기의 지구

김정일의 사망으로 북핵 문제가 더욱 대두되고 있다.

미국은 이란의 핵 개발을 의심하고 있다.

지구 온난화를 막기 위한 국제적 협약은 원만하게 이루어지지 않고 있다.

후쿠시마 원전사고 후 각국은 향후 원전 정책을 놓고 고심하고 있다.

발전을 거듭할수록 위기에 처하는 지구와

이를 극복하려는 각국의 노력을 살펴본다.

핵무기 확산

북한의 핵개발

북한은 한동안 국제사회를 속이고 비밀리에 핵무기를 개발했다. 북한은 소련의 기술 지원으로 평안북도 영변에 원자력 발전소를 건설했는데(1986), 핵무기 원료인 플루토늄이 부산물로 나오는 흑연로 방식이었다. 북한은 플루토늄을 모으면서도, 대한민국과 '한반도 비핵화 공동선언'에 합의하고 국제원자력기구IAEA[1]의 핵안전조치협정에 서명했다. 그러나 IAEA가 임시사찰을 통해 북한이 신고한 플루토늄양이 거짓임을 밝혀내고 특별사찰을 요구하자, 북한은 오히려 반발하며 핵확산금지조약NPT[2]을 탈퇴했다. 이것이 '1차 북핵 위기'이다(1993).

영변 원자력 발전소

북한 핵문제는 '북미 제네바 합의'로 일단락되는 듯했다.[3] 그러나 북한은 장거리 미

---

1 국제원자력기구 IAEA(International Atomic Energy Agency) 원자력의 평화적 이용을 위한 연구와 국제적인 공동관리를 위하여 설립된 국제연합기구. 핵 안전시설의 설치와 관리를 지원하고 안전기준을 마련하여 제시한다.
2 핵확산금지조약NPT(Nuclear Nonproliferation Treaty) 핵이 없는 나라가 새로이 핵을 보유할 수 없고, 이미 핵이 있는 나라가 다른 나라에 핵을 넘겨주는 것을 금지하는 조약.
3 북한과 미국은 전쟁 일보 직전까지 갔다가, 1994년 '제네바 기본합의서'에 서명했다. '북한이 핵 개발을 포기하

사일을 시험 발사하는 등 다시 긴장을 조성했다.[4] 위기 상황을 만들어 미국을 압박하면 더 많은 경제적 이익이 생길 것으로 오판했던 것이다. 또 경수로 공사가 지연되자 IAEA의 핵 사찰을 거부했다. 미국에서도 새로 들어선 부시 정부가 제네바 합의와 핵 사찰의 실효성을 불신했다.[5] 북한은 결국 핵 동결을 해제했는데, 이것이 '2차 북핵 위기'이다(2002).

주변국들의 협력으로 북한의 핵무기 개발을 막기 위해 6자 회담이 열렸다(2003). 그러나 북한은 핵실험을 강행했고(2006), 6자 회담은 중단됐다.[6] 부자 3대 정권세습의 북한은 국제 제재와 원조 중단으로 많은 국민들이 굶어죽을 정도로 경제가 피폐했지만, 이제는 핵무기를 체제 유지의 보루로 여기고 있어 북한 핵 해결이 더욱 어려워졌다.

김일성 주석 사후 17년간 북한을 철권 통치하던 김정일 국방위원장이 2011년 12월 사망했다. 그의 아들 김정은은 장의위원회 명단에 가장 먼저 이름을 올려 차기 권력자로서의 지위를 과시했다. 그러나 김정은은 후계자로 내정된 지 2년 반에 불과했고 그가 주도했던 화폐개혁이 실패하는 등 능력을 불신 받아 3대 세습의 성공 여부는 미지수이다. 이에 따라 국제사회는 북한 사회의 동요가 주변지역의 불안과 핵문제 해결에 악영향을 미칠지, 3차 북핵 위기가 오는 것은 아닌지 우려하고 있다.

는 대신 2003년까지 북한에 경수로 2기를 지어주고 그때까지 매년 50만 톤의 중유를 지원한다'는 내용이었다. 대한민국과 미국, 일본은 한반도에너지개발기구(KEDO)를 만들어 북한 신포에 경수로를 짓기 시작했다. 이때가 북한이 경제 파탄에서 벗어나 대한민국과 공동 번영을 이룰 좋은 기회였다.

4 북한이 1998년 시험 발사한 장거리 미사일 대포동ᐨ호는 사거리 2,500km로 일본 전역을 사정권에 두었다. 일본은 공포에 휩싸였고 미국도 초긴장 상태에 들어갔다.

5 부시 대통령은 2002년 연두교서*에서 이라크와 이란, 북한을 '악의 축(axis of evil)' 국가로 지목했다.

* 연두교서 미국 대통령이 연초에 국정 전반에 대한 자신의 견해를 표명하고 관련 입법을 의회에 권고하는 정기적인 연설. 미국의 오랜 정치전통으로 예산교서·경제교서와 함께 3대 교서의 하나이다. 연두교서는 TV나 라디오를 통해 전국에 중계되기 때문에 대통령이 의회뿐만 아니라 국민에게 앞으로 1년간의 국정방침을 공식 발표하는 주요 정치행사이다.

6 2003년 시작된 6자 회담에는 대한민국과 북한, 미국, 일본, 중국, 러시아 대표가 참석했다. 6자 회담을 통해 2005년에는 '북한이 모든 핵무기를 파기한다'는 공동성명에 합의해 북핵 문제가 거의 해결되는 듯했다. 또 북한이 비협조로 일관하자 2006년 중국 등 세계 24개 금융기관이 대북 거래를 중단하는 제재를 가했지만, 북한을 굴복시키지 못했다.

이란 · 시리아 · 미얀마의 핵개발 의혹

■ 이란

이란은 원심분리기 등 핵무기 제조시설들을 수입해 가동 중이다. 이란 정부는 이 시설들이 의료와 에너지 개발 같은 평화적인 용도라고 주장하면서도 국제원자력기구의 사찰 요구를 거부하고 있다.[7]

미국 등 서방국가들은 이란의 핵무장을 막기 위해 강력한 경제 제재를 가했다. 이 때문에 이란은 석유 수출이 막히고 물가가 폭등하는 등 혹독한 대가를 치르고 있다. 또한 미국과 이스라엘 정보기관이 스턱스넷Stuxnet이라는 컴퓨터 악성코드로 이란의 핵시설들을 공격해 한동안 가동불능 상태로 만들기도 했다.[8]

그러나 이란 정부는 국제 제재로 인해 우라늄 농축이 어려워지자 북한에 거액을 주고 농축 우라늄을 구입한 것으로 알려졌으며, 이란 국민 대다수가 이러한 정부의 핵개발을 지지하고 있다.[9]

■ 시리아

이스라엘 전투기들이 시리아 영공에 침입해 북동부 지역의 한 농업연구소를 폭격했다(2007). 미국과 이스라엘은 시리아가 플루토늄을 생산하기 위해 북한의 도움으로 원자로를 만들어 이곳에 숨겨놓았던 것으로 믿어왔다. 시리아 정부

---

7 2002년 이란의 해외 망명 단체는 이란 정부가 비밀리에 핵무기를 만들고 있다고 폭로했다.

8 사우디아라비아 등 주변 아랍 국가들도 이란의 핵개발을 크게 우려하고 있다. 이들 수니파* 국가들은 시아파** 맹주인 이란이 핵무기를 보유하면 이스라엘뿐 아니라 자신들에게도 위협이 된다고 보고 있다.

* 수니파 74쪽에서 설명.

** 시아파 74쪽에서 설명.

9 반정부 투쟁의 선봉에 선 하타미 당시 대통령조차 '핵기술 개발은 포기할 수 없는 권리'라고 주장했다. 이란의 개혁파까지 대부분 핵무장에 동의하는 것이다.

는 이스라엘이 주권을 침해했다며 맹비난하면서도, 폭격 지점을 조사하겠다는 IAEA의 요구를 거부했다. 미국과 이스라엘은 이 사건에 대해 아무런 논평도 하지 않았다.

■ 미얀마

미얀마는 북한의 기술 지원을 받아 원자로를 건설 중이다. 이에 대해 미얀마 망명단체 '버마 민주의 소리DVB'[10]는 정부가 핵무기 개발을 숨기고 있다고 주장했다. 일부 서방 전문가들도 미얀마가 핵 프로그램을 군사적 목적으로 전용할 가능성이 있다고 우려한다.

미얀마 정부는 그러나 '핵무기 개발을 고려하지도 않고 핵무기를 보유할 만큼 경제적인 능력도 충분치 않다'며 의혹을 부인했다. 태국 등 주변국들도 미얀마가 핵무기를 개발 중이라는 확실한 증거는 없다는 입장이지만, 미얀마 정부의 의도를 예의주시하고 있다.

---

10 버마 민주의 소리DVB(Democratic Voice of Burma) 미얀마 반정부단체가 노르웨이와 일본의 지원금을 받아 세운 비영리 방송. 노르웨이에 본부를 두고 인도, 태국 등에서도 사무소를 운영하고 있다.

인도 · 파키스탄 · 이스라엘의 핵무기 보유

인도의 초대 총리 네루[11]는 국제적인 반핵운동 지도자였다. 그러나 네루는 한편에서 원자력의 평화적 이용을 내세우며 기술을 들여와 다른 한편에서 몰래 핵무기를 개발했다. 중국과의 국경 전쟁에서 참패하자 인도의 핵무기 개발 속도는 더욱 빨라졌다. 네루의 정책은 후임자들에게 계승돼 마침내 딸인 인디라 간디 총리 때 첫 핵실험에 성공했다.[12]

인도의 핵무장은 파키스탄을 자극했다. 파키스탄에게 인도는 독립 이후 각종 영토분쟁을 벌여온 최대 적국이었다. 카슈미르 전쟁[13]과 방글라데시 독

네루 인도 초대 총리

립 전쟁[14]에서 인도에 연거푸 패하며 전력의 열세를 실감한 데다 인도의 핵무장은 파키스탄의 공포심을 가중시켰다. 소련의 아프가니스탄 침공으로 파키스탄의 협력이 절실해진 미국이 핵무기 개발을 사실상 방관하자, 파키스탄은 6차례 지하 핵실험을 실시하며 핵무기 보유국이 되었다(1998).

---

11 자와할랄 네루Pandit Jawaharlal Nehru(1889~1964) 인도의 독립운동가이자 정치인. 인도가 영국으로부터 독립한 뒤에는 초대 총리로 취임하여 미 · 소 어느 진영에도 가담하지 않는 비동맹주의를 펼쳤다.
12 네루가 사망한 지 10년 만인 1974년 인도는 첫 핵실험에 성공했다. 네루가 스승인 간디의 비폭력 노선을 저버린 것은, 힘의 논리가 지배하는 국제사회의 현실에 따랐기 때문이다. 그러나 핵무장으로 인도가 더 안전해졌는지는 미지수이다.
13 카슈미르 전쟁 한 나라였던 인도와 파키스탄은 18세기 영국식민지로 전락한 뒤 힌두족과 이슬람족이 각기 분열된 독립운동을 벌였으며 1947년 결국 힌두교의 인도와 이슬람교의 파키스탄으로 분리되어 독립하였다. 독립 시 파키스탄 북동부 국경의 카슈미르는 분쟁지역이 되었는데, 이 지역의 힌두지도자가 인도에 통치권을 넘김으로써 1948년 제1차 전쟁이 일어났다.
14 방글라데시 독립 전쟁 1971년 방글라데시의 독립을 놓고서 방글라데시의 독립군 단체인 묵티 바히니와 인도군, 파키스탄 사이에서 일어난 전쟁. 인도와 분리 독립한 파키스탄은 동파키스탄에 대한 서파키스탄의 차별로 서로 대립하게 되었다. 급기야 동파키스탄은 방글라데시 분리 독립 전쟁을 일으키는데 파키스탄은 이를 진압하는 과정에서 인도 영토를 폭격하여 인도의 무력 개입을 초래한다. 결국 방글라데시 독립전쟁은 제3차 인도-파키스탄 전쟁으로 발전했다.

이스라엘은 독립 직후부터 북아프리카의 식민지를 지키려는 프랑스와 협력해 핵개발을 시작했다. 중동에서 영국과 프랑스가 물러나고 그 공백을 차지한 미국은 이스라엘의 핵무장을 닦으려 노력했지만, 이미 이스라엘이 핵무기를 보유했음을 깨달았다.[15] 이스라엘은 4차 중동전쟁 때 아랍 국가들의 기습으로 수세에 몰리자 핵무기를 투하하려고 준비했으나 골란고원 전투에서 극적으로 전세가 뒤집히자 중단했다(1973).[16]

---

15 1968년 이스라엘은 미국에 핵무기 보유를 사실상 통보했다. 그러나 이스라엘 정부는 아직까지 한 번도 핵무기 보유 사실을 공식 시인하지 않고 있다.

16 1975년 이스라엘은 남아프리카공화국에 핵미사일을 판매하려 접근했다. 당시 협상은 가격 문제 때문에 틀어졌는데, 남아공은 대신 이스라엘의 기술 협력으로 핵탄두를 자체 제작했다. 남아공의 백인정부는 흑인들에게 정권을 넘기기 직전 핵탄두 7기를 모두 폐기했다.

기후 변화

지구 온난화

지구의 평균기온은 지난 100년 동안 0.74℃ 높아졌고, 그 상승 속도가 점점 더 빨라지고 있다.[1] 온난화의 최대 원인으로 대기 중의 온실가스, 특히 이산화탄소 증가가 지목된다.[2] 이는 인류가 산업화로 석유와 석탄 같은 화석연료를 태우고 숲을 파괴했기 때문이다.

기온이 오르면서 빙하가 녹아 해수면이 상승했다. 나사NASA[3]는 온난화로 그린란드의 빙하가 녹아내려 100년 동안 해수면이 23cm 상승했다고 발표했다. 북극해의 빙하도 30년 안에 모두 녹아 없어질 것으로 예상된다.[4]

배출된 이산화탄소의 3분의 1이 바다에 흡수되는데 100년 뒤면 바다 전체가 부식성 있는 산성으로 변할 수도 있다. 또 기후 변화가 생물의 적응 속도보다 빠르면 대량 절멸을 불러오게 된다. 이미 어류의 30%가 사라졌고, 식물의 70%와 포유류의 20%가 멸종 위기에 놓여 있다.

이 같은 지구 온난화 이론에 대해 반대 진영에서는 기후학자들이 사실을 오인하거나 과장하고 있다고 주장한다.[5] 온난화 반대론자들은 세계 기후가

---

1 지구의 평균기온은 최근 50년 동안 매 10년마다 0.13℃씩 올라갔다. 이는 그 전 50년보다 기온 상승 속도가 7배나 빨라진 것이다.

2 1800년대만 해도 대기 중 이산화탄소의 농도가 280ppm에 불과했지만 2000년에는 367ppm으로 상승했다. 200년 동안 30%가 증가한 것이다. 이산화탄소 등 일부 기체들은 지구 표면이 반사한 태양에너지 가운데 일부를 다시 흡수해 온실효과를 일으킨다. 특히 이산화탄소는 지난 200년간 대기 중 농도가 크게 높아져 온난화의 주범으로 지목된다.

3 나사 NASA(National Aeronautics and Space Administration) 미항공우주국. 군사 용도 이외의 우주 개발을 실시하는 미국의 정부기관.

4 일부 학자들은 지금 상태로 간다면 2130년에는 전 세계 빙하가 모두 녹아 해수면이 75m나 높아질 수 있다고 주장한다.

5 온난화 반대론자들에게 가장 큰 빌미를 준 것은 유엔 IPCC(기후변화위원회) 2007년 보고서의 오류였다. IPCC 보고서는 '히말라야 빙하가 2035년 모두 사라질 수 있다'고 기술했는데, 2350년을 잘못 인용한 인도 잡지 기사를 아무 검증 없이 옮겨 썼던 것으로 밝혀졌다. 또 아프리카의 작물 수확이 2020년까지 반으로 감소할 것이라는 예측도 근거 없는 것으로 드러났다. 그러나 다수의 기후학자들은 일부 발표 내용이 잘못됐다고 해서 모든 지구 온난화 연구를 거짓으로 매도할 수는 없다고 반박한다.

1940년대부터 1970년까지는 오히려 추워졌고, 2002년부터 2009년까지도 기온이 약간 내려갔다는 사실을 지적한다. 이에 대해 기후학자들은 2차 대전 직후 세계 각국과 2000년대 초반 중국에서 석탄 소비가 늘면서 배출된 황이 햇빛을 차단해 한동안 기온이 내려갔지만, 황 분자는 곧 소멸되고 각국 정부가 탈황시설을 갖추도록 유도하면서 기온이 상승 추세로 돌아갔다고 반박한다.

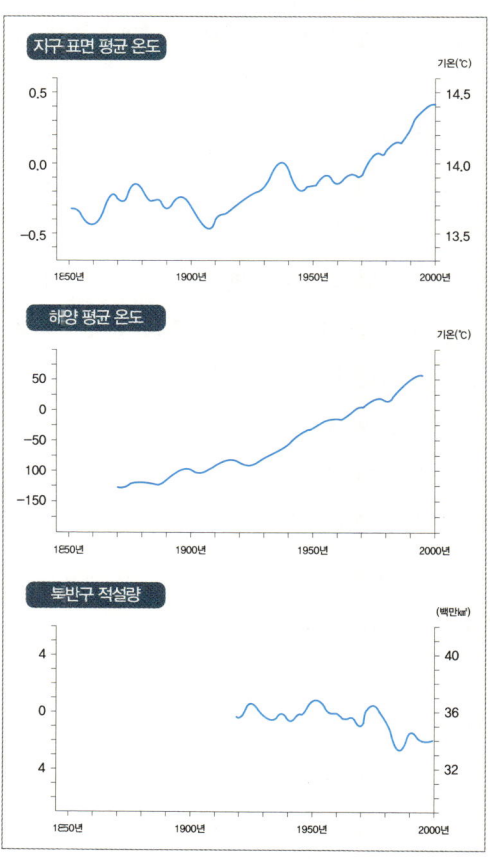

온난화의 양상은 지역별로 차이가 있고, 그 원인과 결과에 대해 더 많은 연구가 필요하다. 그러나 대다수의 학자들은 지구 온난화를 사실로 여기고 있으며, 각국 정부 역시 온난화를 당면한 위기로 받아들이고 범지구적인 대책 마련에 고심하고 있다.

온실가스 감축 노력

온실가스 배출을 줄여 온난화를 늦춰보자는 노력은 교토의정서[6]로 첫 결실을 맺었다(1997). 38개 선진국들은 2012년까지 이산화탄소 등 6가지 온실가스 배출량을 1990년보다 평균 5.2% 줄이겠다고 약속했다. 미국이 탈퇴해 한때 협정이 무산될 위기에 놓였지만,[7] 다행히 유럽연합[8]의 설득으로 러시아가 가입해[9] 교토의정서는 공식 발효되었다(2005).

교토의정서 이후의 온실가스 저감 목표를 정하기 위해 190여개 나라 대표들이 다시 모였다(2009). 그런데 이번에는 세계 최대 이산화탄소 배출국이 된 중국이 거의 모든 안건에 거부권을 행사했다. 산업혁명 이후 막대한 온실가스를 내뿜어 온 선진국들이 이제 와서 후발 국가들의 경제개발 권리를 제약한다는 게 기후변화협상에 임하는 중국 정부의 인식이었다. 2년간의 논의 끝에 겨우 이뤄낸 합의는 2012년까지였던 교토의정서 시한을 최소한 5년 더 연장하자는 것뿐이었다.

한국은 2002년 교토의정서를 비준했다. 아직 개발도상국으로 분류돼 온실가스 감축 의무는 없었지만, 선진국들이 OECD[10] 회원국인 한국에 동참 압

---

6 교토의정서 Kyoto Protocol 1992년 6월 유엔환경회의에서 채택된 기후변화협약을 이행하기 위해 1997년 만들어진 국가 간 이행 협약으로, 교토기후협약이라고도 한다. 1992년 지구 온난화가 국제적 문제임을 인식한 세계 각국의 정상들이 브라질의 리우데자네이루에 모여 지구 온난화를 야기하는 화석 연료의 사용을 제한한다는 원칙에 합의했다. 1997년 일본의 교토에서 열린 제3차 당사국 총회는 선진국들에게 일정 비율의 온실가스 감축을 의무화하는 교토의정서를 작성했다. 지구 온난화를 일으키는 온실 가스에는 이산화탄소, 메탄 등 여러 가지가 있으나, 이 중 인위적 요인에 의해 배출량이 가장 많은 물질이 이산화탄소이기 때문에 이것의 규제에 초점을 맞추어 국가별 목표 수치를 제시하고 있다.

7 미국은 온실가스의 강제 감축보다 기술투자와 국제협력 등 다른 방법으로 지구 온난화를 막겠다고 주장했다. 미국 정부가 산업계의 압력에 굴복한 것이다. 교토의정서는 ① 전 세계 온실가스 배출량의 55%를 차지하는 ② 55개 나라 이상이 비준해야 효력을 발휘한다는 조건이어서, 미국의 탈퇴는 큰 타격이었다.

8 유럽연합 EU(European Union) 27개국으로 이루어진 유럽의 정치·경제 공동체.

9 푸틴 러시아 대통령은 유럽연합이 WTO(세계무역기구) 가입을 도와준 데 대한 답례로 교토의정서를 비준했다.

10 경제협력개발기구 OECD(Organization for Economic Cooperation and Development) 상호 정책 조정 및 정책 협력을 통해 회원국의 경제 사회 발전을 모색하고 세계 경제 문제에 공동으로 대처하기 위한 정부 간 정책 연구 및 협력 기구. 제2차 세계대전 이후 유럽의 경제 부흥을 추진해 온 OEEC를 경제 정세 변화에 적응시키기 위해 개편한 것으로, 1961년 9월 OEEC 회원국 18개국과 미국·캐나다가 참여하여 발족했다. OECD는 각종 국제기구와 밀접한 관계를 쌓아 경제 정책뿐 아니라 식량, 환경, 과학, 노동 등과 같은 사회 분야 전반에 관해 논의하고 협력한다. 본부는 프랑스 파리에 있다.

1997년 교토 기후변화협약 총회

력을 가했다. 이에 따라 한국 정부는 2020년까지 온실가스 배출량을 2005년 보다 4% 줄이겠다는 자발적 감축 목표를 발표했다. 이는 예상 배출량의 30%를 줄이는 쉽지 않은 과제이다.

온실가스 감축은 각국 경제에 큰 부담을 지울 수밖에 없다. 그러나 한편으로 온실가스 배출을 막고 대체에너지를 개발하는 새로운 기술이 또 다른 산업을 만들어낼 것이며, 이는 기업들에게 새로운 기회가 될 수 있다.

각국의 이산화탄소 배출량

세계에서 이산화탄소를 가장 많이 배출하는 나라는 중국이다.[11] 중국은 급속한 공업화 탓에 2007년부터 미국을 제치고 이산화탄소 배출 1위국의 오명을 쓰게 됐다. 인도도 2006년부터 일본보다 이산화탄소 배출량이 많아졌다.

반면에 독일과 영국은 지난 20년간 온실가스 감축 노력을 꾸준히 펼친 결과 이산화탄소 배출량이 오히려 줄었다.[12] 러시아와 동유럽 국가들은 공산주의 정권이 무너지고 정치·경제적 격변을 거치면서 대부분 이산화탄소 배출량이 급격히 줄었다가 1990년대 중반부터 다시 조금씩 늘고 있다.

한국의 이산화탄소 배출량은 2008년 5억100만 톤으로 세계에서 10번째로 많았다. 이것은 인구 5억인 남아메리카 전체 배출량의 반에 가까운 양이다. 북한은 2008년 2,940만 톤의 이산화탄소를 배출해 1990년보다 배출량이 39% 줄었다.

---

11 중국은 2008년 한 해 무려 65억 톤의 이산화탄소를 대기 중에 쏟아냈다. 이는 전 세계 배출량의 20%가 넘는다. 18년 전보다 이산화탄소 배출량이 2배나 늘었는데도, 중국은 아직 이를 줄이려는 의지가 크지 않다.
12 독일의 2008년 이산화탄소 배출량은 1990년에 비해 15.4% 줄었고, 영국은 7% 줄었다.

각국의 이산화탄소(CO_2) 배출량

단위 : 100만 톤

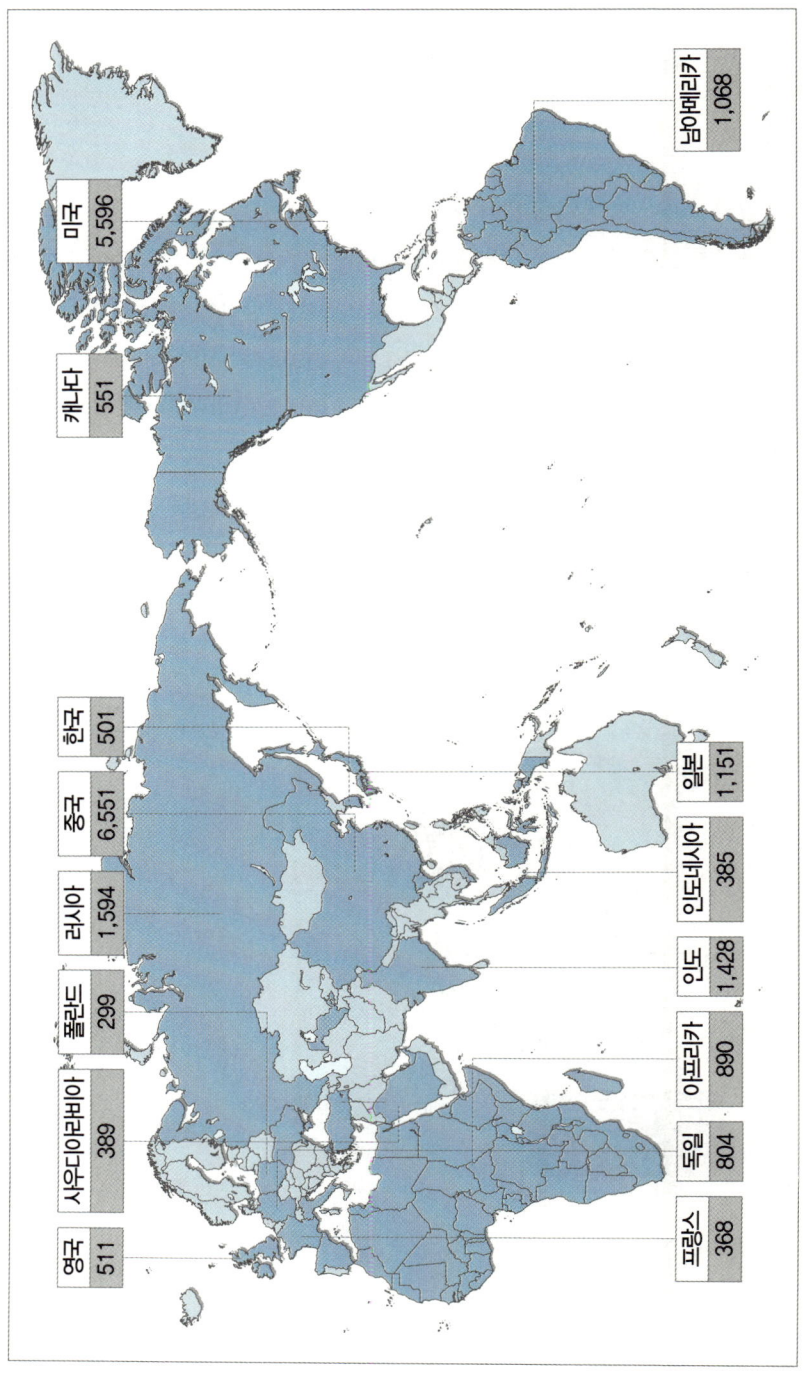

| 영국 | 사우디아라비아 | 폴란드 | 러시아 | 중국 | 한국 | 미국 | 캐나다 |
| 511 | 389 | 299 | 1,594 | 6,551 | 501 | 5,596 | 551 |

| 프랑스 | 독일 | 아프리카 | 인도 | 인도네시아 | 일본 | 남아메리카 |
| 368 | 804 | 890 | 1,428 | 385 | 1,151 | 1,068 |

출처 : IEA(에너지기구) 통계

자연 재해

쓰나미

크리스마스 축제의 흥분이 채 가시지 않은 2004년 12월 26일 아침 인도네시아 수마트라섬 북서부 해저에서 리히터 규모 9.1의 강력한 지진이 일어났다. 이 지진으로 최대 30미터 높이의 쓰나미지진해일가 만들어져 각 나라 해안으로 밀려갔다. 인도네시아, 스리랑카, 인도, 태국 등 12개 나라에서 무려 23만 명이 사망했다. 진원에서 7,000km 떨어진 아프리카 소말리아에서도 수백 명의 사상자가 발생할 정도였다.

그후 쓰나미에 대한 경각심이 높아지고 각국이 나름대로 대비체제를 갖췄지만, 2010년 인도네시아 수마트라섬 서부해안의 쓰나미와 2011년 일본 동부를 강타한 쓰나미는 자연의 힘 앞에 인간의 나약함을 느끼게 했다.

출처 : 경향신문(2004.12.27)

지진

2008년 중국 서부의 쓰촨성에서 규모 8.0의 지진이 발생했다. 엄청난 인명피해가 나자 원자바오 중국 총리는 그날 현지에 들어가 구조를 지휘했다.[1] 중국 정부는 과거와 달리 외국 언론에 지진 현장을 공개하고 국제사회의 지원을 받아들였

쓰촨 지진 피해 현장

다. 전국에서 자원봉사자와 성금이 답지하는 성숙한 시민의식을 보였고, 재해 복구 과정에서 그동안 쌓은 막대한 국부를 과시했다. 그러나 공무원들의 수뢰와 날림공사 때문에 학교 건물들이 무너져 많은 학생들이 숨지는 등 중국 사회의 문제점도 함께 노출됐다.

쓰촨 지진은 인도 지각판이 유라시아판[2]을 미는 힘 때문에 티베트 고원과 쓰촨 분지가 부딪혀 일어났다. 대륙판의 충돌과 지진은 환태평양 지진대[3]에서도 빈번하게 일어난다. 2004년 남아시아 쓰나미와 2010년 아이티 지진[4] 모두 환태평양 지진대 위에서 일어났다.

---

1 2008년 5월 중국 쓰촨성 지진으로 8만 7,000명이 죽거나 실종되고 37만 명이 다친 것으로 집계됐다.

2 인도판과 유라시아판 지구의 표면은 판(plates)이라 불리는 크고 작은 조각들로 나누어지는데, 특히 지표면에는 주요한 7개의 판이 있다. 유럽과 아시아대륙을 포함하는 유라시아판, 호주와 인도를 포함하는 호주-인도판, 남극 대륙을 포함하는 남극판, 아프리카대륙 및 마다가스카르섬을 포함하는 아프리카판, 북아메리카대륙을 포함하는 북아메리카판, 남아메리카대륙을 포함하는 남아메리카판, 대륙을 포함하지 않은 유일한 판인 태평양판이 있다.

3 환태평양 지진대 남미 칠레와 미국, 캐나다, 일본, 동남아시아, 뉴질랜드를 연결한 거대한 지진대를 말한다. 지구상의 화산 폭발 70% 이상이 이 지역에 집중돼 불의 그리(ring of fire)라고도 불린다.

4 아이티 정부는 2010년 1월 지진으로 30만 명이 죽었다고 발표했다. 그러나 미국 국무부는 실제 사망자는 8만 명 정도이고 아이티 정부가 국제사회의 지원을 더 많이 받기 위해 인명피해를 부풀린 정황이 있다고 밝혔다.

세계 주요 강진 일지

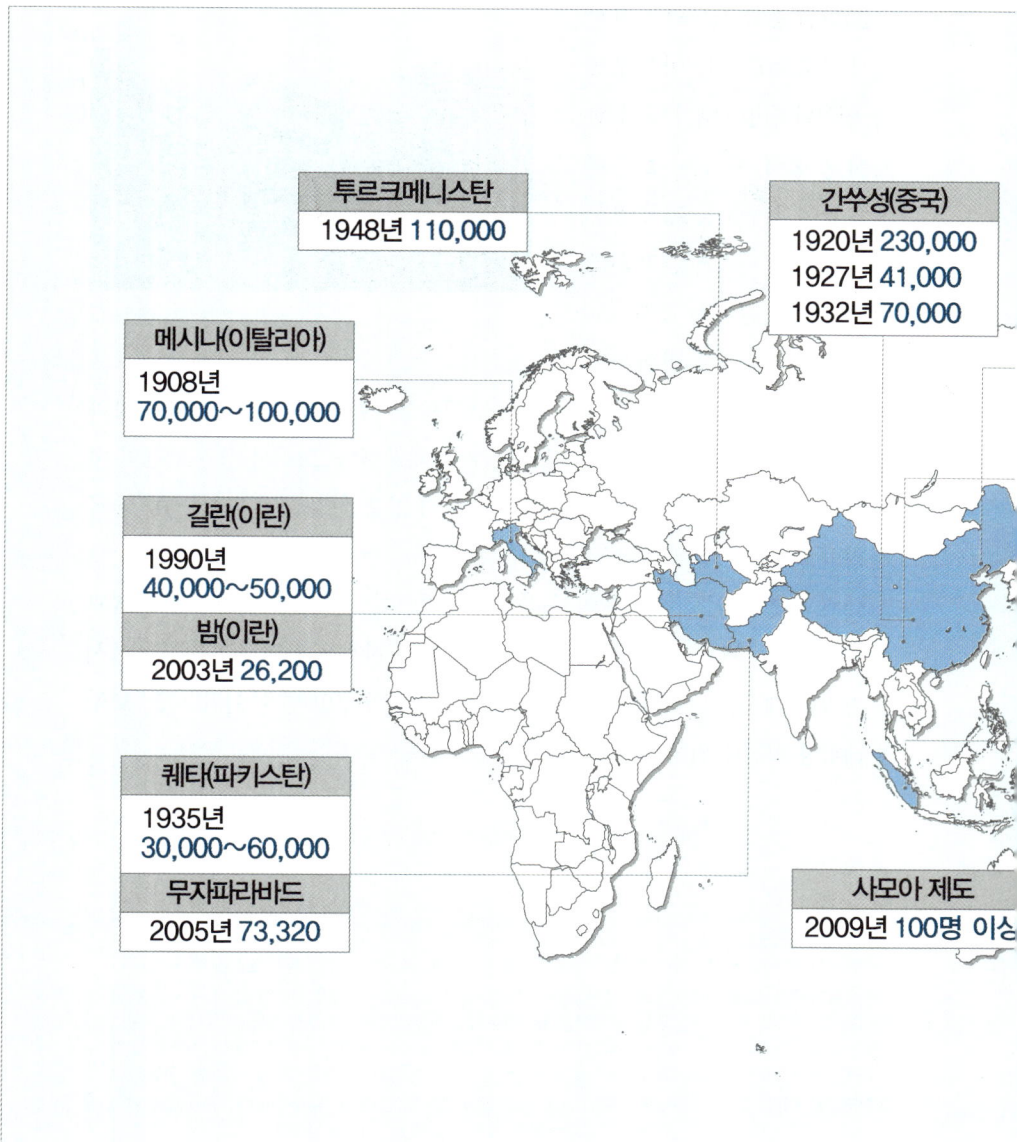

투르크메니스탄
1948년 110,000

간쑤성(중국)
1920년 230,000
1927년 41,000
1932년 70,000

메시나(이탈리아)
1908년
70,000~100,000

길란(이란)
1990년
40,000~50,000

밤(이란)
2003년 26,200

퀘타(파키스탄)
1935년
30,000~60,000

무자파라바드
2005년 73,320

사모아 제도
2009년 100명 이상

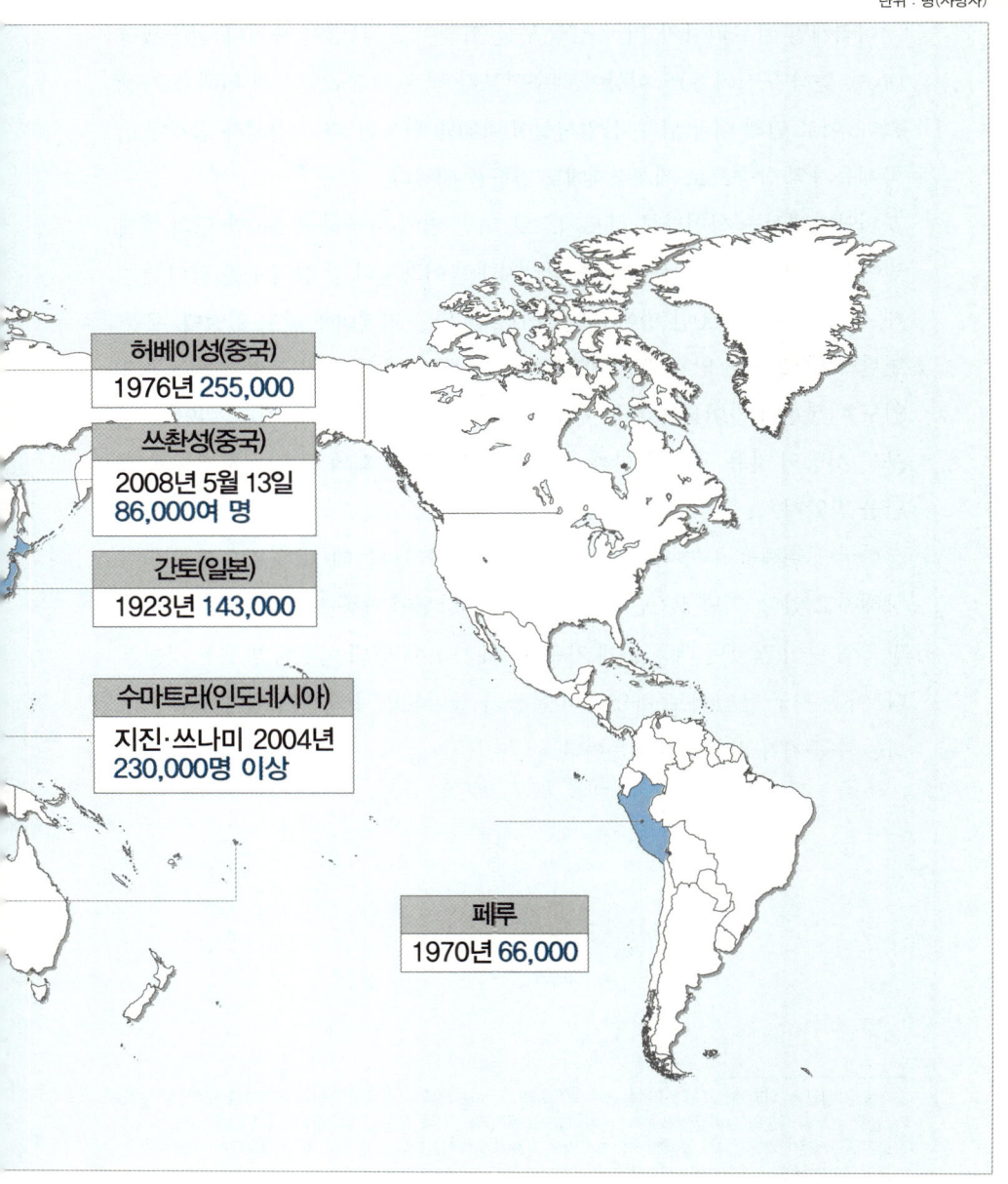

허베이성(중국)
1976년 255,000

쓰촨성(중국)
2008년 5월 13일
86,000여 명

간토(일본)
1923년 143,000

수마트라(인도네시아)
지진·쓰나미 2004년
230,000명 이상

페루
1970년 66,000

출처 : 연합뉴스(2009.9.30)

태풍, 사이클론, 허리케인[5]

허리케인 카트리나가 미국 남동부를 휩쓸어 2,541명이 죽거나 실종됐다 (2005). 특히 도시의 80% 이상이 해수면보다 낮은 뉴올리언스의 피해가 가장 컸다. 이로 인해 미국 남부 산업시설이 마비돼 한동안 미국 경제가 침체됐고, 국제유가의 상승으로 세계경제에도 영향을 미쳤다.

미얀마에서는 사이클론 나르기스로 14만 명이 사망하고 240만 명의 이재민이 발생했다(2008). 나르기스는 곡창지대인 이라와디 강 삼각주를 강타했는데, 이 지역 주민 200만 명이 해발 5m도 안 되는 저지대에 살고 있었다. 무분별한 개발로 자연 방파제인 해안의 맹그로브 숲이 파괴됐고, 미얀마 정부가 인도 기상청의 사이클론 접근 경고를 무시하여 피해가 더욱 컸다. 미얀마 정부는 서방의 자유 풍조가 함께 들어올까 봐 국제사회의 구호마저 거부해 비난을 받았다.

한국에 피해를 주는 태풍은 주로 8, 9월에 나타나는데, 해가 갈수록 위력이 강해지고 있다. 지난 100년간 가장 바람이 강했던 태풍 10개 가운데 8개, 가장 강수량이 많았던 태풍 10개 가운데 7개가 1990년대 이후에 발생한 것이었다. 이는 지구 온난화로 바닷물의 온도가 높아지면서 태풍에 에너지를 공급하는 수증기가 많아졌기 때문이다.

---

5 **태풍, 사이클론, 허리케인** 태풍이란 최대풍속이 초당 17m 이상이며 폭풍우를 동반하는 열대성 저기압을 말한다. 같은 현상이 태평양에서 발생해 동북아시아 쪽으로 올라가면 태풍, 인도양에서 발생해 인도와 동남아 서부로 향하면 사이클론, 대서양에서 발생해 북아메리카로 향하면 허리케인이라고 부른다. 적도 아래에서 발생해 호주 쪽으로 내려가는 열대성 저기압을 윌리윌리라고 하는데 폭풍우 규모가 작은 편이다.

자원 고갈

석유매장량과 고갈 논란

2009년 현재 전 세계 석유매장량은 1조3천억 배럴이다. 이 가운데 5분의 1이 사우디아라비아에 묻혀 있다. 매장량 2위는 베네수엘라, 3위는 이란, 4위는 이라크이다.

많은 학자들이 앞으로 40년 뒤에는 석유매장량이 바닥날 것이라고 말한다. 전체 매장량 가운데 절반 이상이 채굴되는 시점, 즉 석유 생산의 정점이 이미 지났거나 곧 지날 것이라고 경고한다.

이에 대한 반론도 만만치 않다. 1950년대 발표된 석유의 가채년수[1]가 40년이었고, 그후 60년 동안 지구상의 가채년수는 계속 40년이었다.

비전통석유의 하나인 오일샌드[2]도 주목을 받고 있다. 주로 베네수엘라와 캐나다 등 미주 대륙에 묻혀 있는 오일샌드는 매장량이 석유보다 많은 2조5천억 배럴이다. 석유를 분리하는 데 비용이 많이 들고 환경이 오염돼 개발에 어려움을 겪지만, 한국을 비롯한 각국이 투자를 아끼지 않고 있다.

그러나 언젠가는 석유가 고갈되고 그 훨씬 전에 지금의 석유문명이 유지될 수 없을 만큼 유가가 비싸질 것이라는 데는 모두가 동의한다. 그리고 대체에너지가 석유의 빈자리를 메울 수 있을지는 아무도 장담할 수 없다.

---

1 **가채년수** 확인된 매장량을 그해 생산량으로 나눈 값이다. 여기서 확인된 매장량이란 '지금의 기술과 경제성으로' 개발할 수 있는 양을 말하는데, 현재 석유 매장량 가운데 3분의 1에 불과하다. 앞으로 채굴 기술이 발전하고 유가가 더 오르면 나머지 3분의 2도 경제성을 갖출 수 있을 것이다.
2 **오일샌드** 석유를 품고 있는 다공질 사암을 말한다.

세계 산유국들의 석유매장량

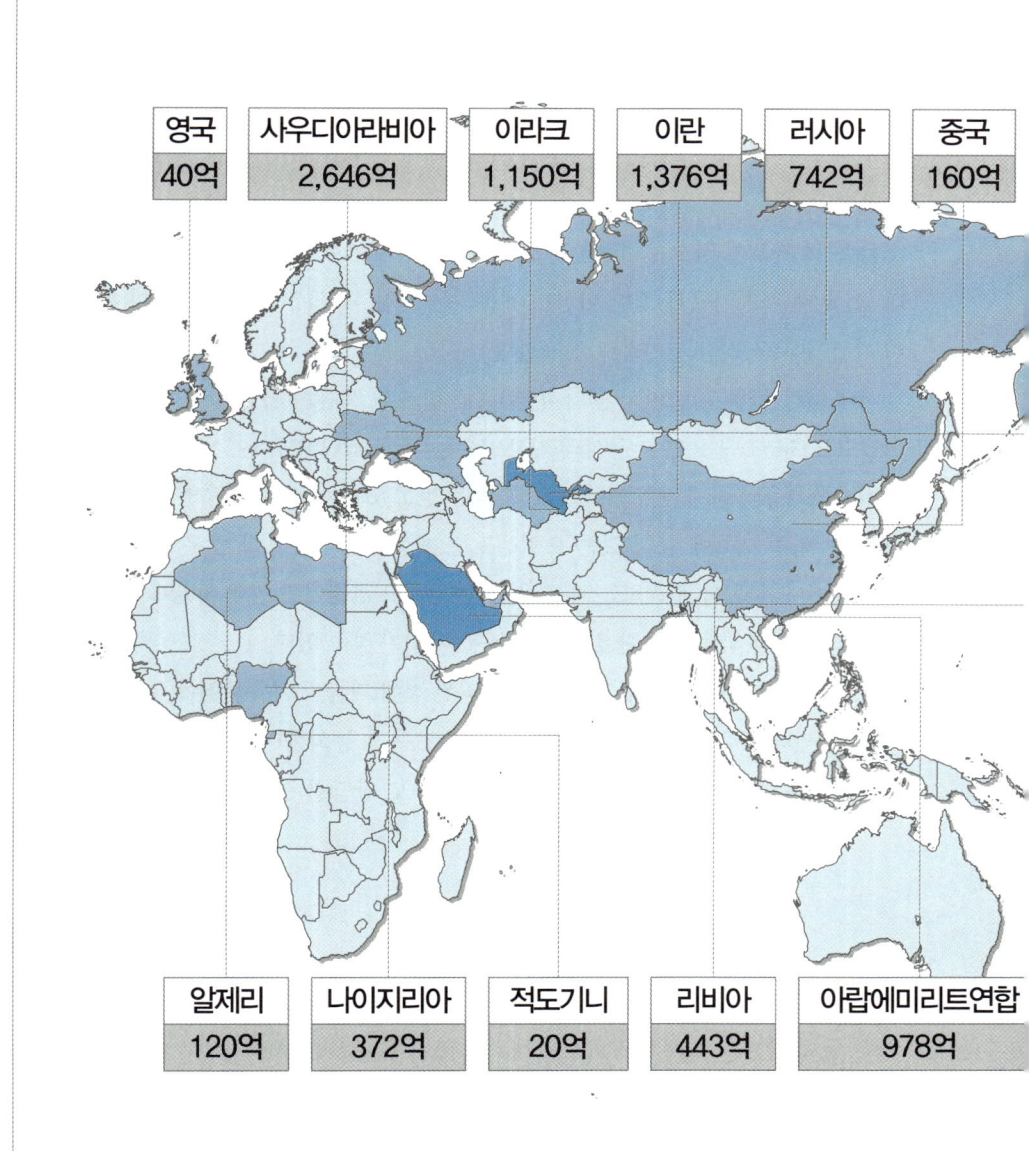

영국	사우디아라비아	이라크	이란	러시아	중국
40억	2,646억	1,150억	1,376억	742억	160억

알제리	나이지리아	적도기니	리비아	아랍에미리트연합
120억	372억	20억	443억	978억

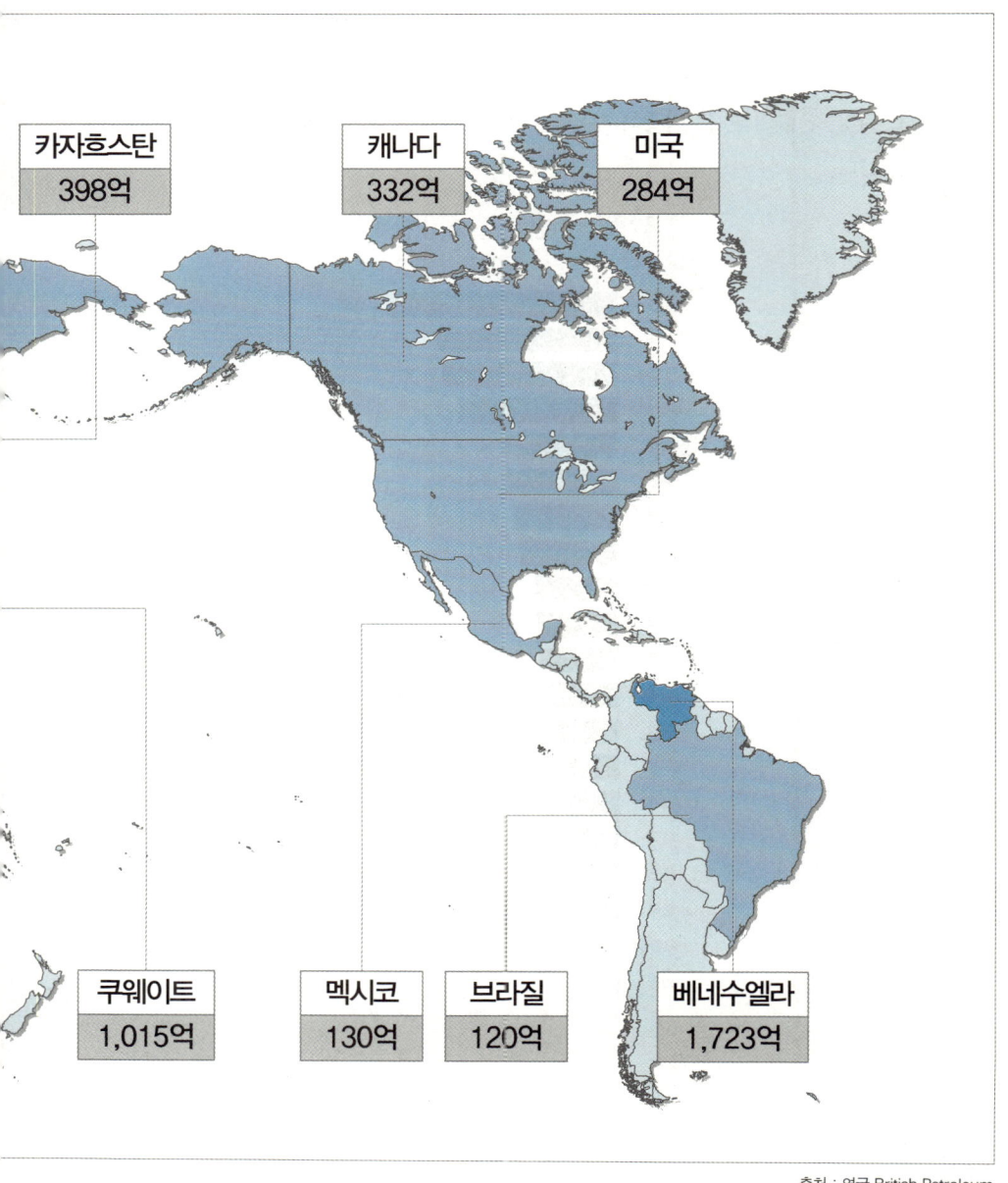

카자흐스탄
398억

캐나다
332억

미국
284억

쿠웨이트
1,015억

멕시코
130억

브라질
120억

베네수엘라
1,723억

출처 : 영국 British Petroleum

석유소비량 증가

미국은 2009년 한 해 동안 53억 배럴의 석유를 소비했다. 전 세계 석유생산량의 5분의 1을 미국이 사용한 것이다. 큰 차와 넓은 집, 일회용 식기를 좋아하고 자동차 없이는 잘 외출하지 않는 미국의 생활문화가 에너지 과소비를 낳고 있다.[3]

국가별 1인당 석유 소비 순위 단위 : 배럴

출처 : ENI

---

3 미국의 일인당 석유소비량은 사우디아라비아에 이어 두 번째로 많다. 3위는 역시 산유국인 캐나다, 4위는 한때 북해에서 대량의 원유를 생산했던 네덜란드, 그리고 5위는 한국이다.

선진국의 에너지 과소비뿐 아니라 중국과 인도 등 신흥개발국의 공업화도 석유 소비가 급증하는 원인이다. 2009년 미국의 석유소비량은 금융위기로 인한 경기침체까지 겹치면서 10년 전보다 오히려 3억 배럴이 줄었다. 그러나 중국은 같은 기간 연간 석유소비량이 13억 배럴에서 25억 배럴로 늘었고, 인도도 6억 배럴에서 9억 배럴로 50% 가까이 증가했다.

석유소비량이 얼마나 많은지 알기 위해 한국의 예를 들어 보자. 2009년 한국은 7억7,850만 배럴, 즉 1,237억 리터의 석유를 소비했다. 29미터 높이의 제방으로 한강을 막은 팔당댐의 총 저수량이 2,440억 리터이므로, 한국 국민들이 2년 동안 소비한 석유를 모으면 거대한 팔당호를 가득 채우게 된다. 가구당 하루 20리터나 되는 석유 소비를 줄이는 노력이 필요하다.

각국의 발전 에너지원

미국의 2010년 연간 발전량은 4,165TWh테라와트로 세계 1위였다. 세계에서 가장 많은 원자력발전소를 가지고 있지만, 워낙 전기생산량이 많아 그중 71%를 화력발전에 의존한다. 중국의 연간 발전량도 이제는 미국과 비슷한 수준에 이르렀다. 전기 수요가 급격히 늘다보니 역시 화력발전 비율이 77%가 넘는다. 러시아와 인도의 화력발전 비율도 매우 높다.[4]

수자원이 풍부한 노르웨이와 브라질은 발전의 대부분을 수력에 의존하고, 캐나다와 스위스도 수력발전 비율이 반이 넘는다. 스위스의 화력발전 비율은 5%에 불과하다.[5]

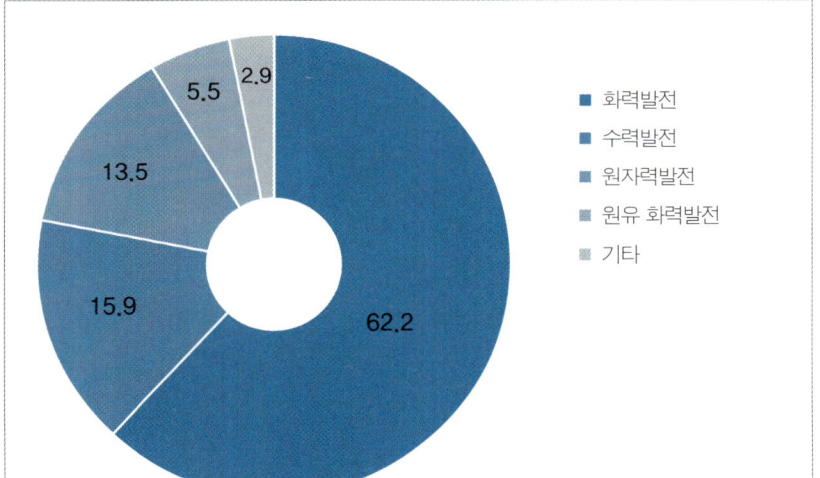

세계 전력 생산에서 각 에너지가 치지하는 비중   단위 : %

- 화력발전
- 수력발전
- 원자력발전
- 원유 화력발전
- 기타

5.5   2.9

13.5

15.9   62.2

출처 : IAE

---

4 화력발전 비율 인도 83%, 중국 77%, 미국 71%, 러시아 68%.
5 수력발전 비율 노르웨이 95%, 브라질 80%, 캐나다 60%, 스위스 57%.

원자력발전 비율이 높은 나라는 프랑스와 헝가리, 스위스, 스웨덴 등이다. 핀란드와 일본, 독일도 원자력 발전 비율이 20%가 넘는다.[6]

태양열과 풍력 등 대체에너지를 이용한 발전 비율은 선진국인 OECD 국가들조차 평균 4%에 불과하다. 그러나 포르투갈과 스페인, 뉴질랜드는 20%에 가까운 전기를 대체에너지로 만들어낸다. 중국의 대체에너지 발전 비율은 1% 정도에 불과하지만, 세계에서 가장 많은 돈을 대체에너지 개발에 투자하고 있다.[7]

한국의 연간 발전량은 461TWh로 영국보다 많고 독일, 프랑스보다는 적은 수준이며, 발전의 98% 이상을 화력과 원자력에 의존한다.[8]

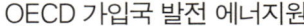

OECD 가입국 발전 에너지원

단위 : %

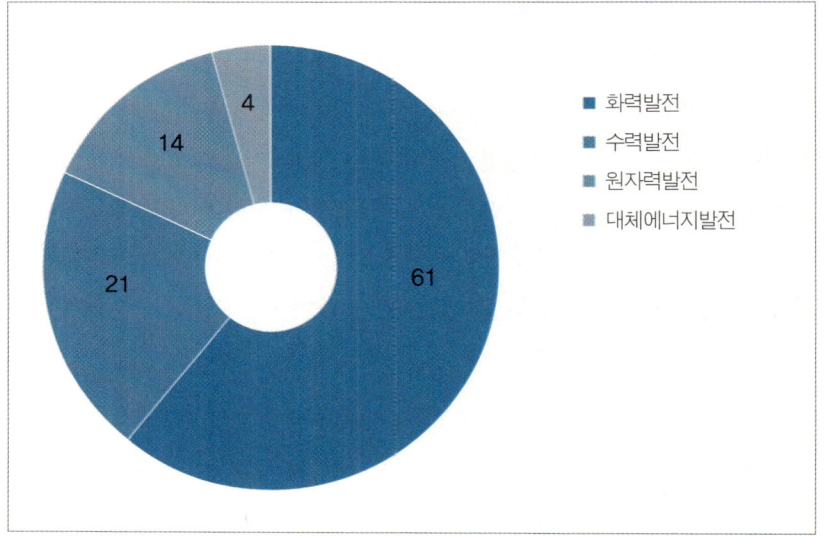

- ■ 화력발전
- ■ 수력발전
- ■ 원자력발전
- ■ 대체에너지발전

4
14
21
61

---

6 원자력발전 비율 프랑스 75%, 헝가리 43%, 스위스 38%, 스웨덴 37%, 핀란드 28%, 일본 26%, 독일 23%.
7 대체에너지발전 비율 포르투갈 18%, 스페인 17%, 뉴질랜드 17%.
8 대한민국 발전 비율 화력 67.5%, 원자력 30.8%, 수력 1.3%, 대체에너지 0.4%.

각국의 원전 정책 재검토

2011년 후쿠시마 원전 사고는 원자력의 안전성에 대한 믿음을 뒤흔들어 놓았다. 그러나 원자력 발전의 경제성 또한 쉽게 포기할 수 없다. 각국 정부는 고심 끝에 서로 다른 길을 선택했다.

먼저 사고 당사국인 일본은 새로운 원전 건설을 보류하고 원자력 정책을 재검토하기로 했다. 자원 부족을 극복하기 위해 세계 3위의 원전 대국으로 성장해온 일본으로서는 힘든 결정이었다.[9] 독일은 원전 17곳을 단계적으로 모두 폐쇄하기로 결정했다. 메르켈 총리[10]가 이끄는 기민당CDU 연립 정부가 노후 원전의 사용 기한을 연장하려다 지방선거에서 참패하자 백기를 든 것이다. 스위스도 모든 원전을 폐쇄할 예정인데, 원자력을 대체에너지로 전환하려면 최대 44억 달러가 들 것으로 보고 있다.[11] 이탈리아도 국민투표에서 원자력 발전소 재가동 안을 압도적으로 부결시켰다.[12]

반면에 후쿠시마 원전 사고 직후 원전 건설 계획을 잠정 중단하겠다고 밝혔던 중국은 석 달 후 '원자력과 같은 청정에너지의 비중을 높이는 게 중국 에너지 전략의 중요 내용'이라며 말을 바꾸었다.[13] 미국, 러시아도 원전 건설을 계속 추진하겠다는 방침이다. 또한 프랑스에서는 후쿠시마 원전 사고 직후 여론조사에서 국민의 77%가 원자력 발전 중단에 찬성했지만, 사르코지 대통령은 온실가스를 감축하려면 원자력이 유일한 대안이라며 기존 정책을 고수했다.

---

9 후쿠시마 원전 사고 전 일본은 2030년까지 원자력발전 비율을 50%로 끌어올리고, 원전 수출을 신성장동력으로 삼겠다는 전략이었다.

10 앙겔라 메르켈Angela Dorothea Merkel 2005년에 CDU에서 선출된 독일 최초의 여성 총리. 여성청소년부 장관을 시작으로 정치에 입문하여 2000년 4월 CDU 최초의 여성 당수 겸 원매총무가 되었으며, 2005년 9월 총선에서 CDU와 기독교사회연합(CSU)을 이끌어 집권 독일사회민주당(SPD)에 승리했다. 2005년 10월 우파인 CDU와 CSU, 좌파인 SPD와 연립정부를 구성하는 데 성공하며 총리로 선출되었다. 독일 최초의 여성 총리, 최초의 동독 출신 총리, 최초의 과학자 출신 총리로 뛰어난 정치 수완과 감각으로 '독일의 마거릿 대처'라는 별명을 가지고 있다.

11 독일은 2022년, 스위스는 2034년까지 모든 원전을 폐쇄할 예정이다.

12 50% 이상의 투표율, 반대 94%.

13 중국은 2020년까지 모두 66기의 원전을 건설할 예정이다.

한국 정부도 '대체에너지가 개발될 때까지는 가교에너지로서 원자력은 불가피하다'는 입장이다. 정부는 원자력 발전으로 값싼 전기를 공급하지 않으면 산업발전이 불가능하다고 설명한다.[14] 이에 맞서 환경단체들은 수만 년간 유해성이 지속되는 고준위 폐기물 등의 문제를 정부가 외면하고 있다고 주장한다.

---

14 정부는 kW당 전기 판매가격이 화력은 187원, 수력은 133원인데, 원자력은 39원에 불과하다고 밝혔다.

주요국 원전 현황 및 일본 대지진 이후 정책 변화

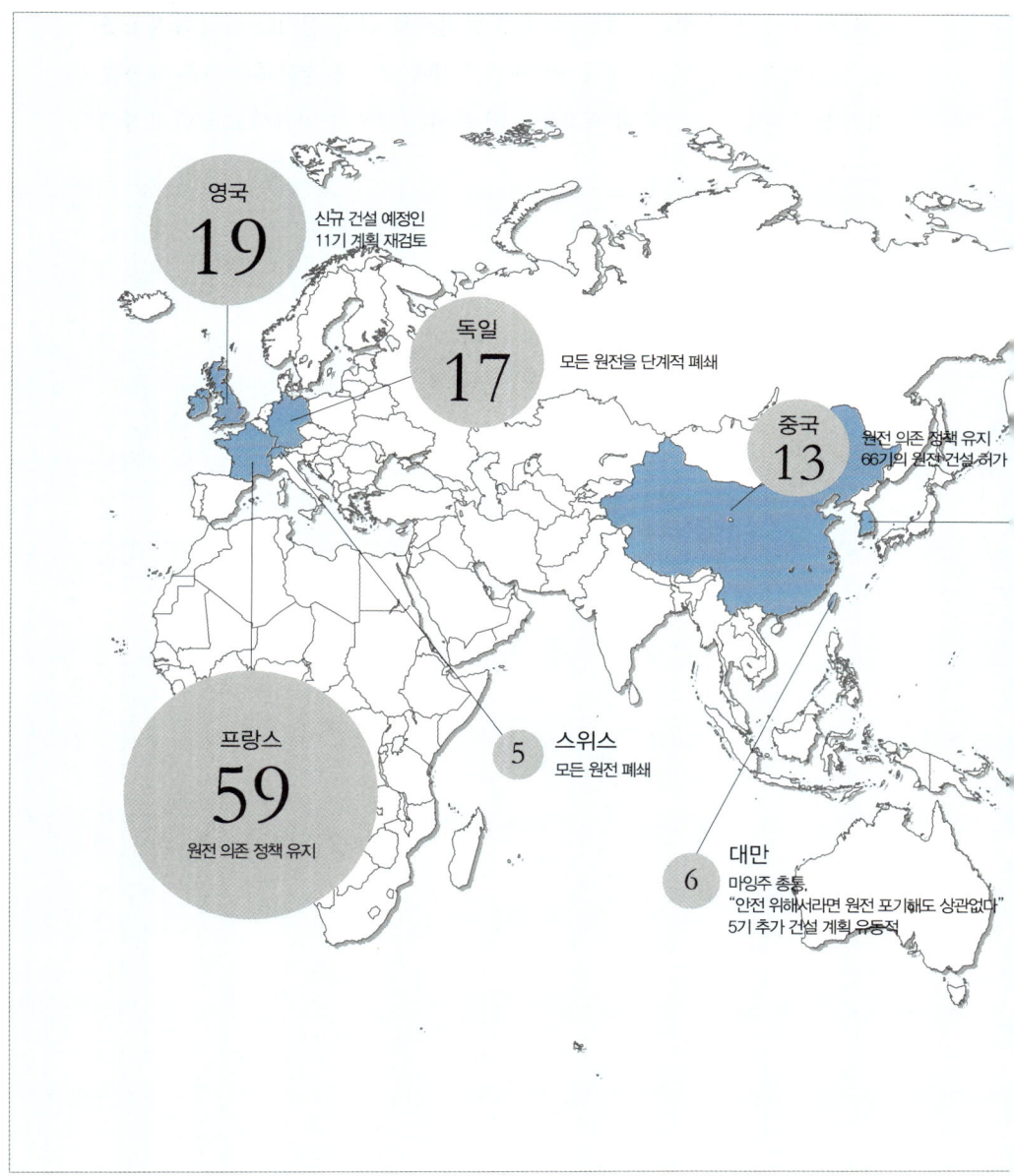

영국
19
신규 건설 예정인
11기 계획 재검토

독일
17
모든 원전을 단계적 폐쇄

중국
13
원전 의존 정책 유지
66기의 원전 건설 허가

프랑스
59
원전 의존 정책 유지

스위스
5
모든 원전 폐쇄

대만
6
마잉주 총통,
"안전 위해서라면 원전 포기해도 상관없다"
5기 추가 건설 계획 유동적

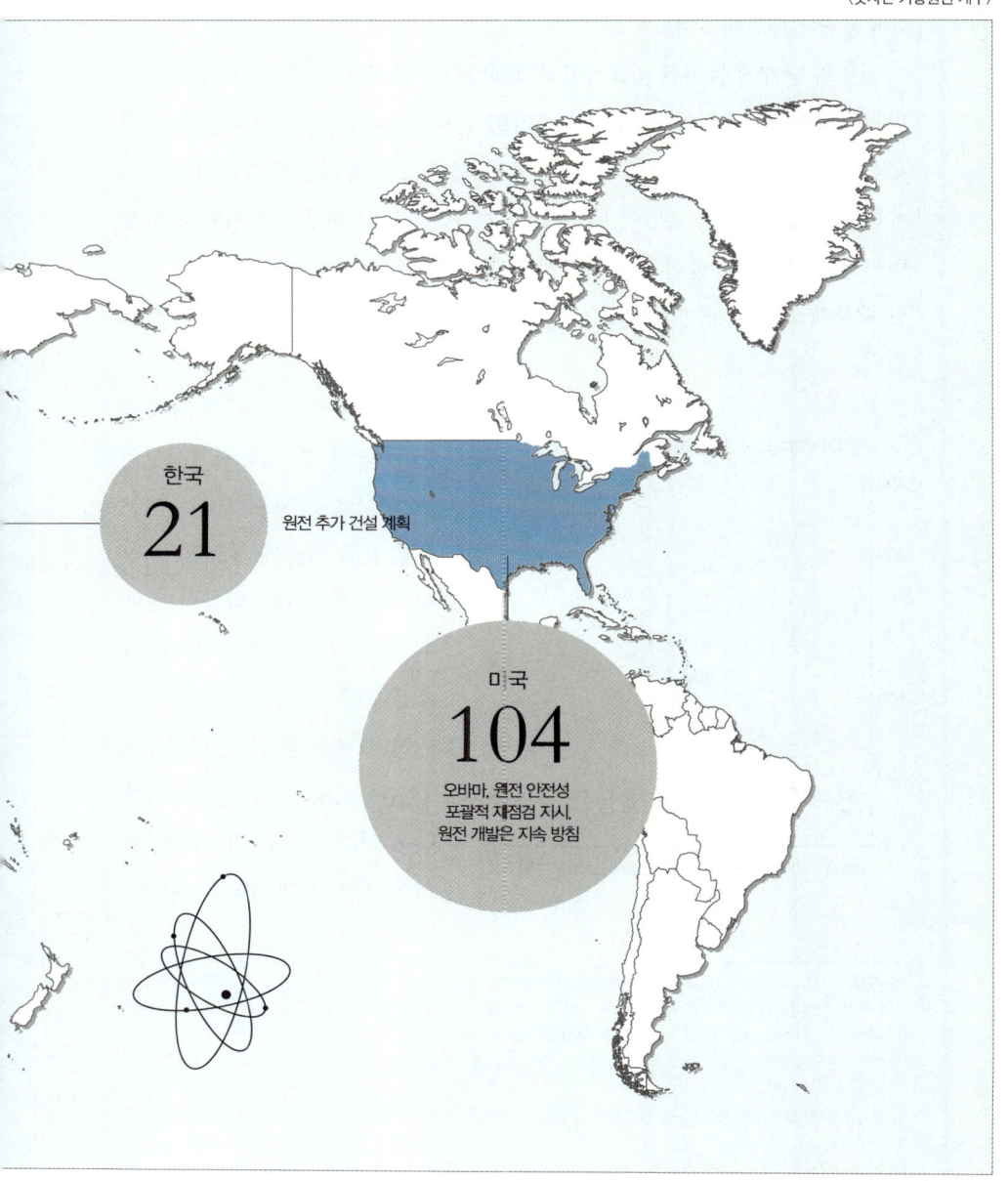

한국
21

원전 추가 건설 계획

미국
104

오바마, 원전 안전성
포괄적 재점검 지시,
원전 개발은 지속 방침

출처 : 한국수력원자력, 외신종합

대체에너지[15] 개발 경쟁과 한계

■ 풍력 · 태양에너지

실용화 단계에 들어선 대표적인 대체에너지는 풍력과 태양에너지이다. 풍력발전은 지난 10년 동안 10배 이상 증가했다. 중국은 시설 규모에서 단숨에 미국을 뛰어넘어 1위에 올랐고, 독일, 스페인, 인도 등도 풍력발전 강국이다.[16]

태양광발전에서는 독일이 단연 앞서고 있다.[17] 독일 정부가 태양광 전력을 비싼 값에 사주는 '발전차액 지원제도'를 실시해왔기 때문이다. 일본은 재정난 때문에 이 제도를 폐지했었으나 태양광 산업이 침체되자 2009년 다시 도입했다.

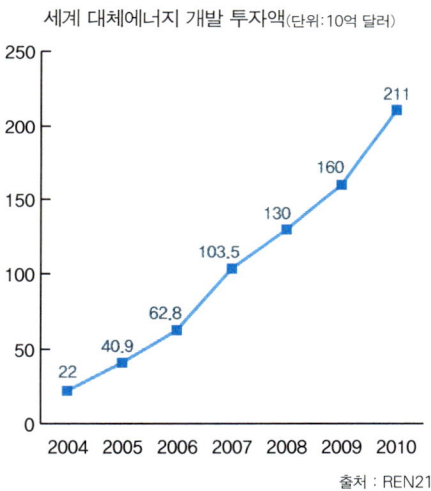

세계 대체에너지 개발 투자액(단위:10억 달러)

출처 : REN21

난방에 주로 쓰여 온 태양열은 중국이 전 세계 집열시설의 반 이상을 가지고 있다.[18] 태양열발전도 새롭게 부각되고 있다. 미국은 캘리포니아와 네바다 주 사막에 6개 태양열발전소를 세울 예정인데, 완공되면 기존 세계 태양열발전량의 2배가 넘는 2.8GW의 전기를 생산하게 된다. 독일은 아프리카 사하라 사막에 25GW급 태양열

---

15 대체에너지 화석연료나 원자력을 대체한다는 뜻이며 재생에너지라고도 부른다. 목재 등 전통적인 바이오매스와 수력을 제외하고도 이미 전 세계 에너지 공급의 2.8%를 차지하고 있다. 석유가격이 오르고 온실가스 규제가 본격화되면서 각국은 경쟁적으로 대체에너지 개발 투자를 늘리고 있다.

16 2010년 풍력발전 규모는 중국이 45GW(기가와트), 미국 40GW, 독일 27GW, 스페인 21GW, 인도 13GW이었다(REN21 보고서).

17 2010년 태양광발전 규모는 독일이 13GW, 스페인과 일본이 4GW, 이탈리아 3GW, 미국 2GW였다(REN21 보고서).

18 2009년 전 세계 태양열 집열시설 가운데 64%가 중국에 각각 5%가 터키와 독일에 있었다.

강원 대관령 풍력 발전기

전남 신안의 태양광 발전소

발전소 건설을 추진 중이고,[19] 중국도 10년 안에 태양열발전량을 10GW 이상으로 늘이겠다는 목표이다.

■ 바이오 연료

석유의 대체연료로 가장 각광받는 것이 생물체를 발효하거나 열분해해 만드는 바이오 에탄올과 바이오 디젤이다. 바이오 에탄올의 원료로 미국은 옥수수, 브라질은 사탕수수와 카사바, 유럽은 밀과 사탕무를 주로 쓴다. 바이오 에탄올은 대부분 휘발유에 섞어 사용한다.

바이오 디젤은 콩과 팜기름야자, 해바라기, 유채 등으로 만든다. 아주까리와 비슷한 자트로파도 바이오 디젤의 원료인데 황무지에서도 잘 자라 아프리카

---

19 데저텍 프로젝트Desertec Project 사하라 사막은 일조시간이 1년에 3,500시간이나 된다. 여기에 2025년까지 620조 원을 투자해 태양열 발전소를 짓고 생산되는 전기를 해저케이블로 유럽에 공급하겠다는 계획이다.

바이오 연료 생산량(2010년)

국가	바이오 에탄올	바이오 디젤	총계
미국	490	12	502
브라질	280	23	303
독일	15	29	44
프랑스	11	20	31
중국	21	2	23
아르헨티나	1	21	23
스페인	6	11	17
캐나다	14	2	16
태국	4	6	10
이탈리아	1	8	9
세계 총생산	860	190	1,050

출처 : REN21

와 남아시아 각국이 대규모 개발을 추진하고 있다. 또 클로렐라 같은 수중 미생물도 바이오 디젤의 원료로 연구 중이다.

바이오 연료의 생산량은 미국과 브라질, 유럽연합EU이 가장 많고 중국도 생산에 박차를 가하고 있다. 최대 약점은 경제성인데, 최근 국제 유가가 배럴당 100달러를 넘나들면서 바이오 연료들이 손익분기점을 넘어가고 있다.

■ 대체에너지의 한계

대체에너지 생산은 지역적인 한계가 크다. 예를 들어 한국은 풍력 발전에 적합한 곳이 동해안과 제주도 등에 국한되고,[20] 소음과 경관 훼손 때문에 건설 과정에서 많은 민원을 겪게 된다. 건설 부지도 훨씬 넓어야 한다. 같은 전력을

20 풍력발전에는 초속 12m 정도의 안정적인 바람이 필요한데, 한국은 대부분 풍속이 초속 2~3m에 불과하다.

생산하려면 태양광은 원자력 발전소의 200배, 풍력은 무려 460배의 땅이 필요하다.[21] 황무지나 바다 위가 아니라던 태양광과 풍력으로 대규모 발전을 하기가 불가능하다. 가격도 문제이다. 풍력이 태양광보다는 경제성이 높다고 하지만, 정부 지원을 받고도 여전히 화력보다는 반 이상 그리고 원자력보다 5배 이상 발전 비용이 많이 든다.[22] 여기에는 반론도 만만치 않다. 핵폐기물 처리와 나중에 발전소를 폐쇄할 때 드는 비용을 감안한다면 원자력 발전 비용은 실제로 훨씬 더 크다는 것이다. 화석연료 또한 시장 가격에 환경파괴 비용까지 더한다면 결코 싼 연료로 볼 수 없다.

석유 대신 바이오 연료를 쓰면 온실가스를 줄일 수 있다고 생각하지만, 현실은 정반대라는 주장도 있다. 바이오 연료용 작물을 심기 위해 이산화탄소를 훨씬 많이 흡수하는 다른 작물들을 베어내기 때문이다. 실제로 인도네시아는 수출용 바이오 디젤을 만들기 위허 팜 농장이 급격히 늘어나면서 탄소배출 순위가 21위에서 3위로 치솟았다. 식량이 감소되는 것에 비해 생산되는 바이오 연료량도 너무 적다. 미국의 전체 경작지를 바이오 연료용으로 바꾼다 해도 필요한 휘발유의 5분의 1도 감당하기 힘들다.

그러나 석유와 석탄은 언젠가 고갈된다. 화석연료가 줄어들수록 대체에너지로의 전환은 필연적이다. 또 기술 발달에 따라 대체에너지의 경제성 또한 높아질 것이다. 다만 그 시기를 섣부르게 낙관해 투자를 결정하는 것은 아직도 위험하다.

---

21 1000MW급을 기준으로 원자력 발전소 부지는 49만㎡가 필요한 반면, 태양광 발전은 1억㎡ 풍력 발전은 2억 3,000만㎡의 땅이 필요하다.
22 2011년 한국전력거래소에 따르면 원자력은 kW당 20~30원, 화력발전은 90원, 풍력발전은 160~170원에 전기가 거래됐다.

물 부족[23]

가뭄으로 말라붙은 중국의 저수지

부족한 물은 국제 분쟁의 원인이 된다. 중동의 요르단강과 유프라테스강 문제가 대표적이다. 레바논과 시리아에서 발원해 이스라엘 갈릴리 호수를 지나 사해로 들어가는 요르단강은 유역 국가들의 과도한 물 소비로 수량이 10분의 1로 줄어 개천처럼 변했다.[24] 하류인 요르단강 서안의 팔레스타인 자치 지구는 심각한 물 부족에 직면했다. 게다가 이스라엘 정착촌들이 지하수를 마구 뽑아 쓰면서 상황을 더욱 악화시키고 있다.[25]

터키는 유프라테스강 상류에 댐을 건설하면서 '산유국이 원유를 무기로 삼으면 터키는 물을 무기화할 것'이라고 말해 시리아와 갈등을 일으켰다. 하류의 이라크는 가뭄 때마다 터키와 시리아가 댐 방류량을 줄여 피해가 가중되고 있다.

인도가 인더스강 지류인 키셴강가강에 대형 댐을 건설하겠다고 발표하자, 파키스탄은 강 흐름이 바뀌어 수량이 3분의 1로 줄어든다며 반발하고 있다. 파키스탄의 한 이슬람단체는 '인더스강 하류가 마르면 대신 그곳에 피가 흐를 것'이라고 경고했다.

중국 정부는 남부 윈난성에 가뭄이 계속되자 메콩강 상류에 11개의 댐을 건설하고 지하수를 대대적으로 개발했다. 그러자 중하류의 라오스, 캄보디

---

23 인구 급증과 도시화 등으로 이미 세계 인구의 3분의 1이 물 부족에 시달리고 있다. 그 가운데 11억 명은 식수마저 제대로 공급받지 못한다. 특히 아프리카 중·서부의 상황은 심각하다. 최소한 1인당 하루 50ℓ의 물이 필요하지만, 잠비아와 말리, 소말리아 등은 그 5분의 1도 채 공급하지 못하고 있다. 반면에 미국은 하루 575ℓ를 사용하는 등 선진국과 후진국 사이의 물 불평등 문제도 심각하다.

24 1960년대 13억㎥였던 요르단강 수량이 최근 1억㎥로 감소했다.

25 요르단강 서안에 정착한 이스라엘인 45만 명이 소비하는 물이 팔레스타인인 230만 명이 쓰는 물의 양과 비슷하다. 팔레스타인 주민의 1인당 하루 물 소비량이 70ℓ인 데 비해, 이스라엘들은 300ℓ를 소비하고 있다.

세계의 물분쟁 지역

출처 : 국민일보(2010.05.25)

아, 태국, 베트남이 일제히 강이 말라 피해를 입고 있다고 주장했다.[26]

반대로 아프리카 나일강은 상류의 우간다, 르완다, 탄자니아, 에티오피아, 케냐 등이 하류에 있는 이집트가 수자원을 독식한다며 집단 대응에 나서 긴장이 고조되고 있다.

한국도 역시 물 부족 국가로 분류돼 있다. 면적당 강수량은 세계 평균보다 많지만 워낙 인구밀도가 높기 때문이다. 게다가 강수량이 여름 그것도 장마철에 집중되고, 산악지대가 많아 물 관리도 쉽지 않다.[27] 다행히 물 절약 운동을 꾸준히 벌인 결과 1인당 하루 물사용량이 크게 줄었다.[28]

---

26 중국과 메콩강 중하류 4개국은 2010년 태국 후아힌에서 메콩강 정상회의를 열었지만, 물 관리에 상호 협력하자는 상징적인 선언 외에는 구체적인 성과를 거두지 못했다.
27 한국의 1인당 강수량은 세계 평균의 8분의 1에 불과하다. 그나마 여름에 50% 이상 집중되고, 장마철에만 연간 강수량의 30%가 내린다.
28 한국 국민의 1인당 하루 물 사용량은 1997년 409ℓ에서 2011년 275ℓ로 줄었다.

식량 부족

지금도 9억2,500만 명의 사람들이 굶주림에 시달리고 있다.[1] 6초에 어린이 한 명이 굶주림과 그로 인한 질병으로 숨진다. 우리가 점심 식사를 마치고 자리에 돌아오는 한 시간 동안 600명의 어린이들이 먹을 것이 부족해 죽어가는 것이다.

식량 부족은 무엇보다 늘어나는 인구 때문이다. 전 세계 경지면적은 1년에 0.3% 증가하는 데 비해 인구는 1.6%씩 증가한다.[2] 기후변화로 강우대가 계속 북쪽으로 이동하면서 아시아와 아프리카의 많은 지역이 건조해졌다. 또 평균 기온이 상승하면 벼와 밀 등 주요 곡물의 수확이 줄어든다.[3]

그러나 식량 부족은 곡물의 분배 구조와도 관련돼 있다. 육류 소비의 증가가 식량 부족을 부채질한다. 고기를 생산하려면 훨씬 더 많은 양의 곡물을 가축에게 먹여야 하는데[4] 미국 등 선진국뿐 아니라 아시아 신흥국의 육류 소비가 늘고 있어 곡물의 소비량도 늘고 있다.[5] 또한 대체에너지인 바이오 연료도 식량 부족을 심화시킨다.[6] 지금도 바이오 연료를 생산하는 데 매년 1억 톤의 곡물이 소비되는데, 석유 가격 폭등으로 각국 정부는 바이오 연료 증산에 더욱 힘을 기울이고 있다.[7]

부자나라들이 가난한 나라에 조금만 더 양보한다면 아직은 식량 부족을

---

1 유엔식량농업기구(FAO) 2010년 보고서.

2 오는 2050년이면 식량 소비가 지금보다 70% 증가할 것이라는 예측도 있다.

3 일부 전문가들은 기온이 섭씨 0.5도 상승할 때마다 곡물 수확량이 3~5% 감소한다고 주장한다.

4 돼지고기 1kg 생산에 옥수수 7kg, 쇠고기 1kg 생산에 옥수수 11kg이 들어간다.

5 중국의 경우 1980년 20kg이던 1인당 연간 육류 수요가 2008년에는 50kg으로 늘었다. 또 힌두교를 믿는 인도 사람들은 모두 채식을 할 것 같지만, 1991년 경제 개방 이후 고기를 먹는 인구가 60%를 넘어섰다. 이와 관련해 월스트리트저널은 '중국과 인도에서 풍요로운 개인이 증가해 식량난이 깊어지고 있다'고 보도했다.

6 IBRD(세계은행)는 '자동차 한 대에 들어가는 에탄올을 만들려면 한 사람이 일 년간 먹을 수 있는 곡물이 필요하다'고 지적했다.

7 현재 미국산 옥수수의 40%, 브라질산 사탕수수의 50%가 에탄올의 원료로 사용되고 있다.

식량을 배급 받기 위해 줄 서 있는 아프리카 난민들

해소할 수 있다.[8] 또 음식물 절약만으로도 세계의 굶주림을 해결할 수 있다. 유엔식량농업기구FAO는 유통과 소비 과정에서 버려지는 음식이 연간 13억 톤으로 가축 사료를 제외한 전 세계 곡물생산량의 3분의 1이라고 밝혔다. 한국도 1년에 버려지는 음식물 쓰레기가 500만 톤, 20조 원어치에 달해 굶주리는 지구촌 이웃들을 보다 배려하는 식생활이 요구된다.

---

8 미국 농무부 집계에 따르면 2010년 세계 곡물 생산량은 22억 2,900만 톤, 소비량은 21억 5,900만 톤으로 생산이 7,000만 톤 더 많았다. 곡물을 식량으로 우선 사용한다면 굶주리는 사람은 없어질 것이다.

신종 전염병 : 에이즈 · 조류 인플루엔자 · 사스

세계보건기구WHO[1]는 1980년 천연두가 지구상에서 완전히 소멸됐다고 선언했다. 사람들은 의학의 발전으로 드디어 전염병에서 해방된 것으로 믿고 감격했다. 그러나 바로 다음 해 에이즈가 출현해 인류를 다시 공포에 몰아넣었다. 그후로도 조류 인플루엔자와 사스 등 새로운 전염병들이 줄지어 나타났다. 대부분 동물과 인간을 동시에 감염시키는 인수공통 감염병이었다. 동물에게만 병을 일으키던 바이러스가 변형돼 인간에게까지 해를 미친 것이다.[2] 세계화 · 도시화된 현대 사회에서 신종 바이러스는 삽시간에 각 나라로 퍼져나갔다.

---

1 세계보건기구WHO(World Health Organization) 보건 위생 분야에서 국제 협력을 하는 유엔의 전문 기구 중 하나. WHO의 목적은 건강을 기본 인권의 하나로 보아 모든 사람이 최상의 건강 수준에 도달하도록 하는 데 있다. 〈WHO 헌장〉에서는 건강을 '단순히 질병이 없거나 병약하지 않은 상태가 아니라 육체적 · 정신적 · 사회적으로 완전히 안정된 상태'로 정의하고 있다. WHO는 국제 위생 규칙의 시행 감시, 전염병 발생 상황 보고, 위생 통계 정보의 수집과 간행, 전문가 파견, 의료 기구와 자재의 공급과 같은 기술 원조 외에 건강한 라이프스타일의 추진에도 힘을 쏟고 있다. 2009년 현재 전 세계 193개국이 가입하고 있다.
2 WHO는 최근 20년간 사람에게 발생한 신종 전염병의 60%가 인수공통 감염병이었다고 밝혔다.

에이즈

　1981년 미국 보건당국은 동성애자 5명이 폐렴에 걸렸는데 이들의 면역 기능이 심각하게 떨어졌다고 발표했다. '현대판 흑사병'으로 불리는 후천성면역결핍증에이즈이 처음 발견된 순간이었다. 몇 년이 지나고서야 이 병이 바이러스에 의한 전염병이며, 아프리카 원숭이에서 인간에게 옮겨왔다는 사실을 밝혀냈다. 그후 지금까지 약 3,000만 명이 에이즈로 목숨을 잃었다.[3]

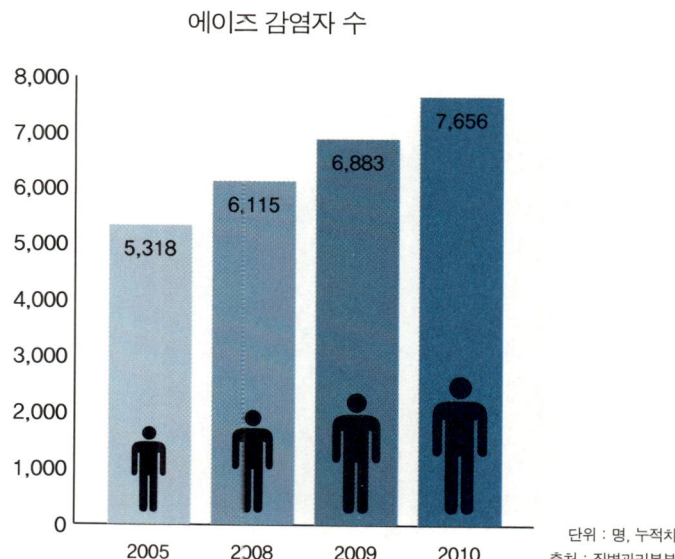

에이즈 감염자 수

단위 : 명, 누적치
출처 : 질병관리본부

---

3 세계에서 매일 7,000명이 새로 에이즈에 감염된다. 다행히 에이즈 증가율은 낮아져, 1997년에 320만 명이었던 연간 신규 감염자가 2009년에는 260만 명으로 줄었다. 한국의 에이즈 감염자 수는 2011년 3월 말 현재 7,835명으로 이 가운데 1,393명이 숨졌다. 과거에는 에이즈에 걸리면 무조건 죽는 줄 알았지만, 바이러스를 억제하는 약들이 개발돼 이제는 치료만 잘 받으면 얼마든지 생명을 이어갈 수 있다. 다만 에이즈를 완전히 치료하는 약은 아직 만들지 못했다.

조류 인플루엔자[4]

닭이나 오리, 야생 조류들이 걸리는 조류 인플루엔자는 최근에 발견된 동물 질병이다. 생닭 요리를 즐기는 홍콩에서 처음으로 인체에 감염돼 6명이 사망하면서 알려지게 됐다(1997). 당시 홍콩 정부는 도시 안의 모든 닭을 죽이는 극단적인 조치를 취했지만 조류 인플루엔자는 사라지지 않았다. 조류 인플루엔자는 몇 년 뒤 한국을 비롯한 동아시아 전역을 강타했다(2003년 말).

조류 인플루엔자는 사람에게는 잘 옮지 않지만 한번 걸리면 치사율이 매우 높다. 이 때문에 각국 정부는 조류 인플루엔자가 발생하면 부근의 모든 닭과 오리를 땅에 묻고 있다. 그러나 바이러스가 열에 약해 고기를 충분히 가열해 요리하면 인체에 감염될 가능성은 거의 없다.

---

4 조류 인플루엔자avian influenza virus 닭과 칠면조에 발생하는 급성 바이러스성 전염병으로 고병원성, 약병원성, 비병원성 등 3종류가 있다. 고병원성은 닭의 경우 최고 75%의 폐사율을 보일 정도로 치명적이다. 또한 인간에게 감염되어 1997년 홍콩에서 6명이, 2004년 베트남에서 16명이 사망했다. 가금류 사이에 호흡기 또는 접촉에 의해 전파되며 고기를 75℃에서 5분간 열처리하면 바이러스가 모두 죽기 때문에 고기를 통한 전파 가능성은 낮다. 초기 증상은 고열과 두통, 전신 쇠약 등 독감과 비슷하다. 한국에서는 2003년 12월 충청북도 음성에서 조류독감이 발생해 전국적으로 확산되었으나 인체에는 전염되지 않은 것으로 확인되었다. 조류독감이 발생하면 전 세계 대부분의 국가에서는 전량 도살 처분하며, 발생 국가에서는 양계 산물을 수출할 수 없다.

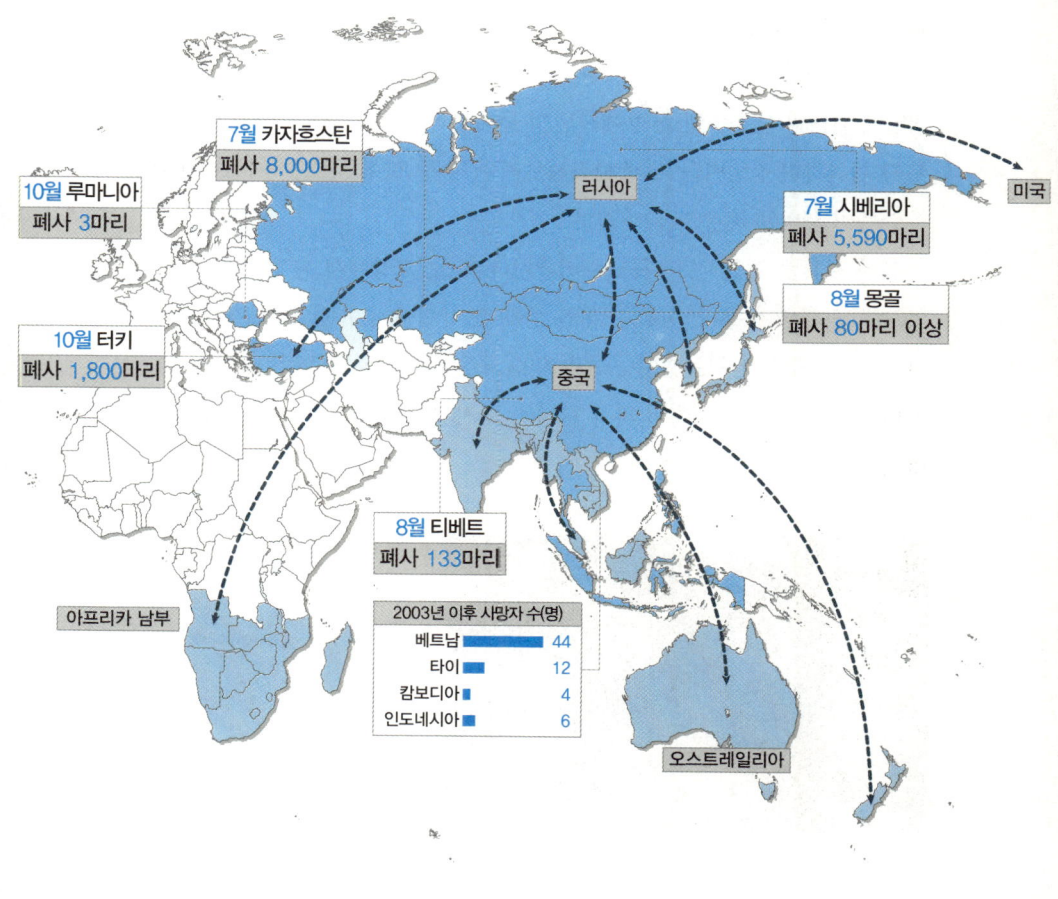

10월 루마니아
폐사 3마리

7월 카자흐스탄
폐사 8,000마리

러시아

미국

7월 시베리아
폐사 5,590마리

8월 몽골
폐사 80마리 이상

10월 터키
폐사 1,800마리

중국

8월 티베트
폐사 133마리

아프리카 남부

2003년 이후 사망자 수(명)
베트남	44
타이	12
캄보디아	4
인도네시아	6

오스트레일리아

사스[5]

2003년 2월 10일, WHO 베이징 지부는 중국 보건부로부터 이메일 한 통을 받았다. 광둥성에서 300여 명이 이상한 전염병에 감염돼 여러 명이 사망했다는 내용이었다. 처음에 고열과 기침 증세를 보이던 환자들은 바이러스가 폐에 침입해 혈액의 산소운반을 방해하면서 물에서 익사하듯 숨을 거뒀다. 중국 정부가 쉬쉬하며 전염병을 자체 해결해보려던 몇 주 사이 사스는 세계에서 가장 사람들이 붐비는 홍콩으로 퍼졌다.

공기를 통해 전염되는 사스는 비행기나 버스, 직장에서 환자 옆에 있는 것만으로도 감염이 됐다. 사스는 삽시간에 전 아시아와 유럽, 미주까지 확산됐다. 사스는 특별한 치료법이나 예방 백신도 없어 대재앙을 피할 수 없을 것 같았다. 그런데 2003년 4월이 되자 갑자기 환자 수가 줄었고, 여름이 되자 사스 바이러스는 완전히 사라졌다.[6]

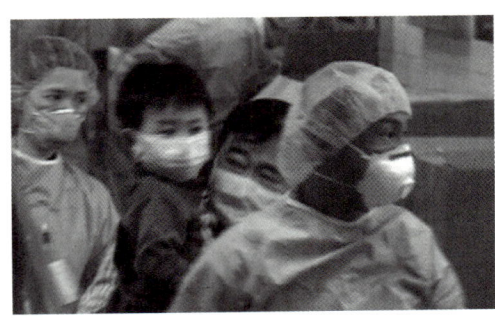

2003년 4월 홍콩 정부가 사스 환자가 발생한 한 아파트 주민 전체를 격리하고 있다.

5 사스SARS(Severe Acute Respiratory Syndrome) 2003년 3월 중순 홍콩의 미국인 사업가가 사망하면서 처음으로 보고되었고 그를 치료한 중국 · 베트남 · 홍콩의 의료진이 차례로 감염되며 전 세계로 빠르게 확산된 전염병. 호흡기 질환이 발생해 5명이 사망한 중국 광둥성이 진원지로 추정되고 있다. 갑작스런 발열, 기침, 호흡 곤란이 주된 증상이며 폐렴으로 진행되어 죽음에 이르기도 한다. 세계보건기구(WHO)는 이 질병을 중증 급성 호흡기 증후군으로 명명하고 전 세계에 경보령을 내렸다. 한국에서는 사스 환자로 의심되는 사람이 나왔으나 아닌 것으로 밝혀졌다. WHO는 호흡 기관에서 나온 전염성이 강한 작은 물방울을 매개로 눈과 코, 입 등을 통한 직접 접촉에 의해 감염된다고 밝혔다.

6 사스는 2002년 11월에서 2003년 7월까지 전 세계 30개국으로 번져 8,300여 명이 감염돼 이 중 840명이 목숨을 잃었다. 학자들은 박쥐의 바이러스가 사람에게 옮아왔던 것으로 보고 있지만, 정확한 전이 경로는 밝혀지지 않았다. 또한 사스 바이러스가 자연계에서 없어진 것인지 아니면 어딘가 잠복해 있는지에 대해서도 의견이 엇갈린다.

3

전쟁과 테러

끝내 미군은 이라크에서 철수했다.

이스라엘과 팔레스타인의 영토 분쟁은 끝이 보이지 않는다.

세계 곳곳에서 자살 폭탄 테러가 이어지고 있다.

소수민족들은 자국 독립을 위해 싸우고 있다.

일본은 끊임없이 독도 침탈 야욕을 드러내고 있다.

지금 세계는 전쟁과 테러로 물들어가고 있다.

아프가니스탄 전쟁

2001년 10월 7일 걸프 만과 아라비아 해에 집결해 있던 미국과 영국 항공모함에서 폭격기들이 이륙했다. 동시에 이지스함과 핵 잠수함들이 토마호크 크루즈 미사일을 발사했다. 9·11 테러에 대한 보복 전쟁이 시작된 것이다.

미국과 동맹국들은 직접 지상군을 투입하는 대신 아프가니스탄 북부동맹[1]을 이용했다. 1980년대 소련 침략군을 몰아냈던 무자헤딘 출신의 북부동맹은

오사마 빈 라덴

탈레반[2]에 패한 뒤 거의 붕괴 직전에 몰려있었다. 미국의 지원을 받은 북부동맹은 1만5천 명의 병력을 동원해 마지르 이 샤리프와 헤라트, 카불을 점령하고 두 달 만에 탈레반 본거지인 남부 칸다하르를 함락시켰다.

1 북부동맹Northern Alliance 러시아와 우즈베키스탄·타지키스탄·인도·이란 등의 지원으로 유지되는 여러 종족별 군사 조직 연합체로, 1996년 9월 탈레반의 카불 제압 후 반탈레반 정권으로서 북부 아프가니스탄을 통치한 세력. 정식 명칭은 아프가니스탄구국민족 이슬람통일전선이나 파키스탄에 의해 북부동맹이라고 불린 것이 미디어를 통해 굳어졌다. 탈레반이 지배 지역을 확대함에 따라 북부동맹의 지배지는 2001년까지 후퇴를 계속해 궁지에 몰렸다. 하지만 탈레반이 9·11 테러 사건 후 주모자로 지목된 오사마 빈 라덴의 인도를 거부했기 때문에 미국의 전면적인 지원을 받자, 이를 계기로 공세로 돌아서 2001년 11월 수도 카불을 탈환하고 국토의 대부분을 지배 하에 두게 되었다. 북부동맹은 같은 해 하미드 카르자이를 의장으로 하는 잠정 행정 기구의 수립에 합의하며 과반수의 각료를 확보했다.

2 탈레반Taleban, Taliban 수니파* 이슬람교 원리주의자들이 1994년 아프가니스탄 남부 칸다하르주에서 결성한 무장 이슬람 정치 단체. 페르시아어로 '구도자', '학생'을 뜻하는 탈레반 또는 탈리반은 이슬람 이상 국가 건설을 목표로 아프가니스탄 국토의 대부분을 장악하고 랍바니 대통령 정권을 수도 카불에서 몰아냄으로써 실질적 지배 세력이 되었다. 그러나 이들에 의해 축출된 시아파**가 북쪽을 근거지로 반군(북부동맹)을 결성하여 내전을 벌이자, 지역 지휘관들과 전략적 협정을 맺어 지역에서 일어나는 심각한 위법 사항과 인권 침해를 도외시하여 많은 문제가 발생했다. 더욱이 이슬람교에 대한 엄격한 해석으로 인해 사회 차별이 심해지고 여학교 폐쇄, 여성의 고등 교육과 취업 및 자유로운 외출 규제, 텔레비전 금지, 가혹한 이슬람식 처벌 제도 부활, 아동 학대 등의 부작용을 낳아 국제 사회의 비난을 샀다. 게다가 2001년 3월 우상화 배격 운동의 일환으로 모든 불상을 파괴하도록 명령하여 세계문화유산으로 지정받은 바미안석불을 파괴하기도 했다. 그리고 9·11 테러 사건의 배후자인 오사마 빈 라덴과 그 추종 조직인 알 카에다를 숨겨 둔 채 인도하지 않아 미국과 동맹국들의 반발을 사, 결국 아프가니스탄을 전쟁의 도가니로 몰아넣었다. 2001년 10월 말 현재 아프가니스탄에서는 150만 명의 난민이 발생했으며, 미국과 동맹국들의 지원을 받은 북부동맹의 반격도 치열해 탈레반 정권은 결국 무너지고 말았다.

* 수니파 74쪽에서 설명.
** 시아파 74쪽에서 설명.

탈레반은 동부 파키스탄 국경으로 달아났다.

카르자이 대통령

미국은 북부동맹의 온건파 지도자인 카르자이[3]를 대통령으로 세웠다. 탈레반의 학정에 시달리던 많은 아프가니스탄 국민들이 정권 교체를 환영했지만, 카르자이 정부는 부패와 무능을 드러냈다. 그 사이 전열을 재정비한 탈레반이 아편 재배 보호를 미끼로 농민들에게 파고들면서 점차 힘을 회복했다. 미국과 동맹국의 연간 전사자 수는 2001년 12명에서 2010년 711명으로 늘어났고, 연간 전비도 1,200억 달러를 넘어섰다.[4]

미국 정부는 아프가니스탄에서 철군하라는 국내외 압력에 직면했다. 미군 특수부대가 파키스탄 북부의 한 저택에 숨어살던 오사마 빈 라덴을 찾아내 사살하자, 철군론이 명분을 더하게 됐다. 미군과 나토군은 2014년까지 아프가니스탄 군대와 경찰에 치안권을 넘기고 완전히 철수할 예정인데, 그후 아프가니스탄 정부가 탈레반의 공세를 막아낼 수 있을지 우려된다.

한국 정부는 동맹국인 미국을 지원하기 위해 의료와 건설부대인 동의·다산부대를 아프가니스탄에 순차적으로 파견했다. 이들의 활동은 오랜 전쟁에 시달려온 주민들에게 크게 환영받았다. 그런데 2007년 아프가니스탄에 선교

3 하미드 카르자이Hamid Karzai(1957~) 아프가니스탄의 대통령. 아프가니스탄 최대 민족인 파슈툰족 출신으로, 조부와 부친 모두 국회의장을 지낸 명문 출신이다. 인도에서 대학을 다녔고 소련군이 침공해 오자 무자헤딘으로 싸웠다. 소련군 철수 후 이슬람 정권의 외무차관에 취임했으나, 탈레반이 정권을 잡고 나서는 파키스탄과 미국에서 망명 생활을 했다. 2001년 미국의 아프가니스탄 침공으로 탈레반 정권이 붕괴되자 2001년 12월 임시 정부 수반에 선출된 뒤 2002년 6월 임시 정부 대통령이 되었다. 2004년 10월 실시된 선거에서 아프가니스탄 대통령으로 선출되었다.

4 오바마 미국 대통령은 이라크의 미군 병력을 아프가니스탄으로 옮겨 전력을 집중하면 탈레반을 소탕할 수 있다고 생각했다. 이에 따라 3만2천 명이던 아프가니스탄 주둔 미군을 10만3천 명으로 증강한 뒤, 2010년 마르자와 칸다하르 등에서 대공세를 펼쳤다. 그러나 퇴각했던 탈레반은 미군이 철수하면 다시 돌아와 지배권을 회복했다.

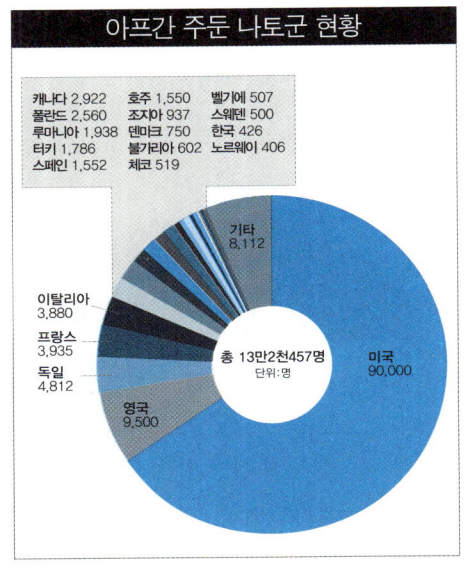

아프간 주둔 나토군 현황

캐나다 2,922	호주 1,550	벨기에 507
폴란드 2,560	조지아 937	스웨덴 500
루마니아 1,938	덴마크 750	한국 426
터키 1,786	불가리아 602	노르웨이 406
스페인 1,552	체코 519	

기타 8,112
이탈리아 3,880
프랑스 3,935
독일 4,812
영국 9,500
미국 90,000

총 13만2천457명
단위: 명

여행을 갔던 한국 기독교 신도 23명이 탈레반 무장 세력에게 납치되는 사건이 발생했다. 한국 정부는 인질 석방을 위해 동의·다산부대를 철수할 수밖에 없었다. 정부는 그러나 미국의 끈질긴 요청에 따라 2009년 아프가니스탄에 지방재건팀과 이들을 경비할 병력을 다시 보내겠다고 발표했다. 주민 교육과 의료 봉사를 위해 민간인과 경찰, 군 병력 등 350여 명이 파견됐다. 주둔 지역은 비교적 안전한 것으로 평가되는 파르완이며, 활동 기간은 2012년 말까지로 결정됐다.

파키스탄 탈레반

미군과 동맹군에 밀려난 아프가 니스탄 탈레반은 파키스탄 접경 산 악지대로 퇴각했다.[1] 그들의 영향을 받아 파키스탄에도 탈레반 조직들 이 만들어졌다. 파키스탄 탈레반은 국경인 와지리스탄주에서 시작해 인

근 북서변경주로 세력을 넓혔다. 북서변경주의 스와트 계곡은 세계적인 관광 지였지만 파키스탄 정부군이 패퇴하면서 사실상 탈레반의 통치 아래 놓였다. 파키스탄 정부는 2009년 2월 영구 휴전을 조건으로 스와트에서 탈레반의 율 법 통치를 인정하는 협정을 맺었다. 이때부터 탈레반은 TV 시청과 음악 감상, 여성의 교육을 금지했다. 주민들은 매일 라디오로 탈레반의 선전 방송을 들어 야 했고, 사소한 위법에도 태형이나 참수형을 당했다.

2009년 4월 탈레반이 협정을 어기고 수도 이슬라마바드 50km 앞까지 진 격하자 파키스탄 정부는 인도 국경에 있는 병력까지 차출해 대대적인 소탕전 에 나섰다. 정부군은 격전 끝에 스와트 계곡에서 탈레반을 몰아내고 와지리 스탄까지 장악했다고 발표했다. 그러나 국경지대의 탈레반 세력은 여전히 건 재하고 도시의 자살 폭탄 테러는 더 빈발해졌다.

탈레반은 일부 국민들의 지지를 받고 있지만 더 많은 사람들에게는 공포의 대상이다. 2008년 총선에서 친탈레반 정당이 세속주의 정당들에 참패하자 주 민들에게 보복 테러를 가하기도 했다.

---

1 미국 등 서방국가들은 파키스탄 정부가 자국 내 아프가니스탄 탈레반 거점을 일부러 방치했다고 의심한다. 이는 파키스탄이 친인도 성향의 현 아프가니스탄 정권보다 구 탈레반 정권을 더 선호하기 때문이다. 과거 파키스탄은 탈레반 정권의 유일한 우방이었고, 인도는 북부동맹을 지원했다. 이를 반영하듯 카르자이 현 아프가니스탄 대통 령은 취임 후 여러 차례 인도를 방문했고, 인도는 12억 달러의 경제 원조로 화답했다.

이라크 전쟁

후세인의 동상을 때리는 사람들

후세인[1] 이라크 대통령은 1991년 걸프전에서 패배한 뒤에도 남부 시아파[2]의 반란을 대량 학살로 진압하고 독재 정권을 이어갔다. 미국은 1980년대 이란·이라크 전쟁과 북부 쿠르드족 봉기 때 화학무기를 사용했던 후세인이 대량살상무기,[3] 즉 생화학무기를 보유하고 있다고 의심했다. 후세인은 유엔의 무기사찰을 거부하며 마치 대량살상무기가 있는 것처럼 행동해 미국의 의심을 부채질했다. 부시 미국 대통령은 이런 이라크를 북한, 이란과 함께 '악의 축'으로 규정했다.

미국은 유엔 안보리의 동의를 얻지 못한 채, 2003년 영국, 호주 등과 함께 이라크로 진격해 들어갔다. 100만 명이 넘는 이라크군은 미군에 일방적으로

---

1 사담 후세인Saddam Hussein(1937~2006) 이라크의 전 대통령. 이라크 북부 티크리트에서 태어나 외삼촌의 손에 자랐으며 의붓형제가 있는 등 복잡한 가정 환경에서 성장했다. 20세에 바트당에 입당한 후 쿠데타로 정권을 장악한 카셈을 암살하려다 미수에 그쳐 1959년 이집트에 망명했다. 1963년 바트당이 정권을 잡은 후 귀국하여 요직에 올라 차기 지도자로서의 지위를 굳혔고, 1979년 마침내 대통령이 된 후 독재 체제를 구축했다. 정치에서 이슬람을 배제하는 후세인은 남부의 시아파 지역을 중심으로 일어난 이슬람원리주의의 움직임을 탄압하여 많은 시아파 법학자(이슬람 성직자)를 체포, 살해, 국외 추방했다. 그러나 미국과의 대립을 명확하게 하고부터는 이슬람 세계의 연대를 주장했다. 1980~1988년에는 이란과 전쟁(이란·이라크전쟁)을 벌였으며, 1990년에는 쿠웨이트를 공격(이라크의 쿠웨이트 침공)하면서 미국과 적대 관계가 되었고 국제사회의 비난을 받았다. 그리고 쿠웨이트 침공의 결과로 1991년 발발한 걸프전쟁에서 패배했다. 이후 강권 정치를 펼치는 한편 경제적으로 몹시 궁핍해졌다. 결국 9·11 테러 후 이라크가 대량 살상 무기를 보유하고 있다는 명분을 내건 미국으로부터 공격을 받았는데, 전쟁이 벌어지는 내내 행방을 감추고 있던 후세인은 2003년 12월 14일 고향 티크리트의 한 농가에서 미군에게 생포되어 2006년 이라크 정부에 의해 사형이 집행됐다.

2 시아파Shia branch 74쪽에서 설명.

3 대량살상무기WMD(Weapons of Mass Destruction) 핵이나 미사일, 생화학 무기 등 한번에 많은 사람을 희생시킬 수 있는 무기.

바그다드를 점령한 미군(2003)

미군의 폭격으로 파괴된 이라크 정부청사

패배했고, 후세인 정권은 붕괴됐다. 미국 조사단은 이라크 전역을 뒤졌지만 '이라크에 대량살상무기는 존재하지 않는다'고 보고했다.

　부시 대통령은 개전 40일 만에 항공모함에 전투기를 타고 내려 '이라크에서 주요 전투는 끝났다'고 선언했다. 그러나 본격적인 전쟁은 그때부터였다. 미군이 이라크의 군과 경찰을 해산시키자 치안이 무너졌다. 또 후세인 추종 세력 등 수많은 무장단체들이 미군을 공격해 약 4,500명의 미군 병사가 전사했다.[4] 미국은 이라크에서 모든 전투 병력을 철수하고 2011년 12월 종전을 공식 선언했다.

---

4 미군에 대한 이라크인들의 저항은 2005년 2월 시아파 최고 성지인 아스카리야 사원이 테러로 파괴되면서 다수 시아파와 소수 수니파의 내전으로 바뀌었다. 인구의 60%를 차지하면서도 후세인 치하에서 수니파에 억압당했던 시아파는 가장 반미적인 알 사드르조차 메흐디 민병대를 해산하는 등 미국과 타협했고, 2005년과 2010년 총선에서 모두 집권했다. 현재 수니파와 알 카에다의 연계조직인 '이라크이슬람국가(ISI)'가 이라크 정부와 시아파 주민들을 상대로 가장 극렬한 테러 공격을 가하고 있다.

한국 정부는 이라크전 발발 직후 전후복구와 의료지원을 위해 공병지원단인 서희부대 573명과 의료지원단인 제마부대 100명을 파병했다. 이라크에서 예상 밖의 저항에 직면한 미국이 추가 파병을 요청해오자 정부는 다시 3천여 명의 병력으로 자이툰부대를 결성해 파병했다. 자이툰부대는 2008년 무사히 임무를 마치고 귀국했다.

이라크 총선 의석 배분

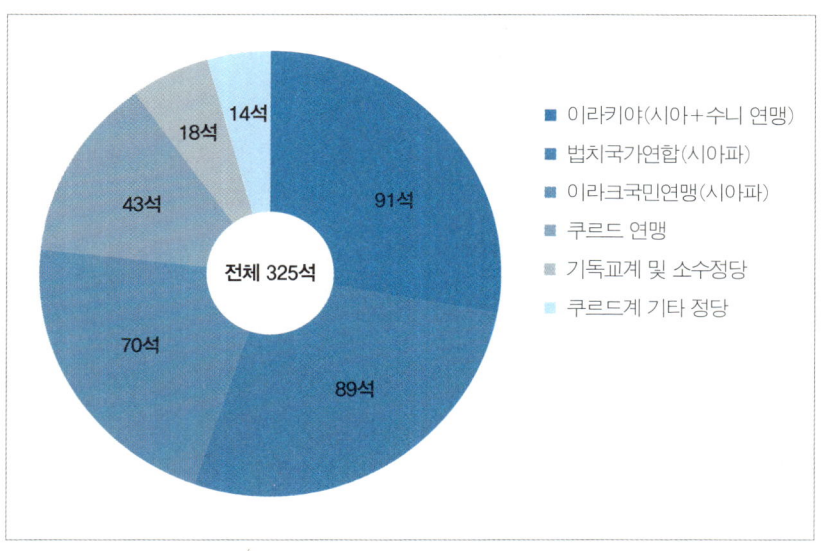

- 이라키야(시아+수니 연맹)
- 법치국가연합(시아파)
- 이라크국민연맹(시아파)
- 쿠르드 연맹
- 기독교계 및 소수정당
- 쿠르드계 기타 정당

14석
18석
43석
91석
전체 325석
70석
89석

출처 : 이라크 선거관리위원회

팔레스타인

독립 당시 이스라엘은 팔레스타인 지방의 56%를 할양받았다(1948). 유엔 총회의 결의에 따른 것인데, 조상 대대로 살아온 팔레스타인 사람들로서는 도저히 받아들일 수 없는 내용이었다. 이스라엘이 독립을 선포하자 1차 중동전[2]이 벌어졌고, 이스라엘은 오히려 영토를 크게 확장해 팔레스타인 사람들을 요르단강 서안과 가자지구[3]에 몰아넣었다. 이스라엘은 3차 중동전 때 그 두 지역마저 빼앗아 유대인 정착촌을 건설했다(1967).

국제사회의 압력으로 가자지구 정착촌은 철거했지만, 훨씬 비옥하고 안보상 가치가 큰 요르단강 서안에서는 지금도 정착촌을 확대하고 있다. 이스라엘은 러시아와 우크라이나, 에티오피아에서 온 유대인들을 계속 이주시켜 요르단강 서안의 정착민이 50만 명에 이른다.

이스라엘은 정착촌을 보호하고 테러리스트 진입을 막겠다며 요르단강 서

---

1 팔레스타인을 식민 통치하던 영국은 유대인과 아랍인에게 모두 독립국가 건설을 약속했다. 2차 대전이 끝난 뒤 양측의 의견 조정이 어려워지자 영국은 유엔에 문제를 떠넘기고 손을 떼버렸다.

2 **중동전쟁**Arab-Israeli Wars

제1차 중동전쟁 제2차 세계대전 이후 유대 난민이 대량 유입되어 분쟁이 격화되던 중 1948년 5월 14일 영국군이 물러나자, 유대인은 이스라엘의 독립을 선언했다. 그러자 5월 16일 이집트를 비롯한 아랍 측의 2만 병력이 팔레스타인을 침입했으나 아랍 측은 패퇴를 거듭했고 1949년 유엔의 조정으로 휴전이 성립되었다. 이 전쟁으로 100만의 팔레스타인 난민이 발생했고 아랍 게릴라가 조직되었다.

제2차 중동전쟁 1956년 이집트의 초대 대통령 나세르는 수에즈운하를 국유화하여 이스라엘로 향하는 선박의 통행을 거부했다. 이에 이스라엘은 1956년 10월 29일 시나이반도를 침공했고 곧이어 영국과 프랑스가 수에즈운하를 공격했다. 유엔은 같은 해 11월 14일 이스라엘군의 즉시 철수와 유엔군 파견 결의를 채택했고, 이스라엘은 1957년 점령지에서 철수했다.

제3차 중동전쟁 제2차 중동전쟁 이후 아랍 게릴라가 활동하기 시작했는데, 이스라엘은 게릴라의 기지가 된 시리아에 1967년 4월 대규모 공격을 감행했다. 이에 이집트는 대군을 시나이반도에 투입하여 전투가 개시되었고 전장은 확대되었다. 이스라엘은 시나이반도를 점령했으며 요르단강 서안 지역, 골란고원을 공략했다. 1967년 6월 유엔의 안전보장이사회가 정전을 결의했고 양쪽이 이를 수락하여 정전되었다.

제4차 중동전쟁 이집트의 대통령이 된 사다트는 1973년 10월 6일 이스라엘에 기습 선제 공격을 가해 서전에서 승리를 거두었으나, 시리아군이 패퇴하여 전선은 고착화되었다. 유엔은 즉시 1967년 정전의 이행을 내용으로 하는 결의안을 채택했고 당사국이 수락하여 정전되었다. 이 전쟁 중에 아랍석유수출국기구(OAPEC)가 석유의 생산 제한과 수출 금지를 실시하여 세계는 심각한 석유 파동을 겪으며 막대한 타격을 입어야 했다.

3 **가자지구**Gaza Strip 팔레스타인 남서단에 있는 구역으로 현재 어느 국가에도 속해 있지 않다. 이스라엘에 대항하는 팔레스타인 조직의 주요 기지이기도 하여 팔레스타인과 이스라엘의 무력충돌이 잦은 곳이다.

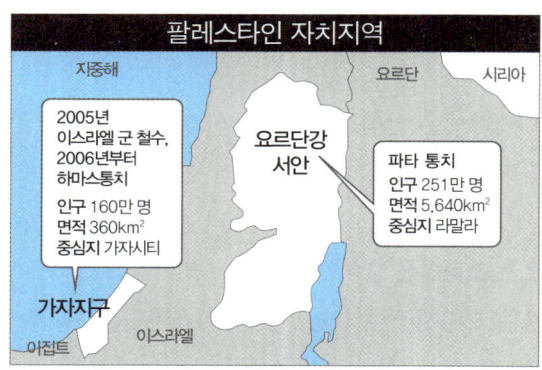

팔레스타인 자치지역

지중해 · 요르단 · 시리아

2005년 이스라엘 군 철수, 2006년부터 하마스통치

인구 160만 명
면적 360km²
중심지 가자시티

가자지구

요르단강 서안

파타 통치
인구 251만 명
면적 5,640km²
중심지 라말라

이집트 · 이스라엘

안과 가자지구 경계선에 장벽을 세웠다. 특히 가자지구는 이집트 접경에도 장벽을 세우고 해안마저 출입을 막아 '하늘만 열린 감옥'으로 만들었다. 이것은 무장조직인 하마스[4]가 2007년 온건파 집권당인 파타를 무력으로 몰아내고 가자지구를 접수했기 때문이다.

하마스는 봉쇄에 맞서 이스라엘의 여러 도시에 로켓과 박격포 공격을 가했고, 이스라엘은 공중폭격에 이어 지상군을 투입해 하마스에 타격을 입혔다 (2008). 이 공격으로 1,400명 이상의 팔레스타인 사람들이 목숨을 잃었다.[5]

압바스가 이끄는 팔레스타인 자치정부는 유엔의 독립 승인을 받으려 노력하고 있다. 교착 상태에 빠진 이스라엘과의 평화협상 대신 국제사회의 도움으로 독립을 이루려는 것이다. 그러나 미국은 팔레스타인 국가를 세우되 이스라엘과 합의를 거쳐야 한다고 주장해 팔레스타인의 일방적인 독립 추진에 반대하고 있다.

---

4 하마스HAMAS '용기' 혹은 '이슬람 저항 운동'이라는 뜻의 이슬람 수니파 원리주의 조직체로, 1987년 말 아마드 야신(Ahmad Yasin)이 창설하였다. 이스라엘의 존속을 전제로 하는 중동 평화교섭에 반대하는 등 모든 정치적 협상에 반대하며 협상에 적극적인 팔레스타인 해방기구 지도자에 대한 테러도 서슴지 않는다. 하마스는 이슬람 전통과 혁명사상을 강조하면서 적극적인 조직활동을 통하여 지지세력 기반을 넓히고 있다.

5 고립된 가자지구에는 전기와 수도는 물론 식량과 의약품마저 부족했다. 팔레스타인 주민들은 이집트 국경 너머로 1km가 넘는 땅굴 수백 개를 팠다. 이스라엘이 발견되는 족족 땅굴을 파괴하고 땅굴을 한 번 이용하는 데 무려 1,500달러나 비용을 내야 했지만, 각종 생필품과 무기가 반입될 수 있었다. 이집트에서 시민혁명이 일어나고 친이스라엘 성향의 무바라크 대통령이 물러나자 이집트 정부는 2011년 가자지구 국경을 개방했다.

러시아의 체첸 침공

체첸은 러시아에 대한
모진 저항의 역사를 가지
고 있다. 체첸인들은 19세
기 제정 러시아가 침략해
오자 격렬하게 저항했다.
체첸의 수도를 '무섭다'
는 뜻의 '그로즈니Grozny'
라 이름 지었을 정도로 곤
욕을 치른 러시아는 체첸
인 4만 명을 외국으로 추
방했다. 러시아에 공산혁
명과 내전이 진행되는 동
안 체첸인들은 '다게스탄
체첸 이슬람국'을 세웠지
만, 소련군이 진주해 이를

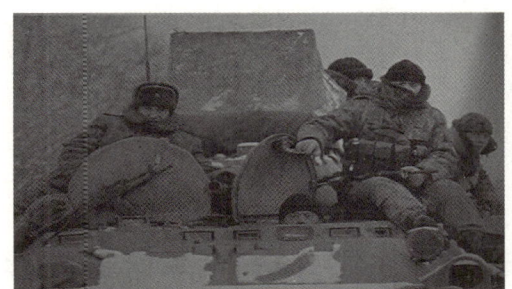

체첸을 공격하는 러시아군

체첸 난민촌

분쇄했다. 2차 대전 말기에는 스탈린이 무려 50만 명의 체첸인과 인근 인구시
Ingush인들을 시베리아와 카자흐스탄으로 강제 이주시켰다. 독일 점령군에 협
조했다는 이유였다. 체첸인들은 흐루시초프의 개혁정책이 실시된 뒤에야 고
향으로 돌아올 수 있었다.

1991년 소련이 해체되자 두다예프 체첸 대통령이 독립을 선언했다. 그러나
이를 인정할 수 없었던 러시아는 국내 사정이 어느 정도 정리된 뒤 체첸을 공
격해 수도 그로즈니를 점령했다(1994). 그러나 체첸인들은 산속으로 후퇴해 집

요하게 게릴라전을 펼쳤고, 2년 만에 그로즈니를 탈환했다.[1] 휴전이 이루어지고, 러시아군은 철수했다(1996).

새로 선출된 마스하도프[2] 체첸 대통령은 러시아와 유연한 관계를 유지하려 노력했다. 그러나 강경파인 이슬람 민병대가 무장해제를 거부하고 그 자신도 암살 위협에 시달리며 통제권을 잃어갔다. 체첸 반군이 이웃나라를 침공하고 러시아 각지에서 테러를 일으키자 푸틴 러시아 대통령은 다시 군대를 투입했다(1999).[3]

더욱 치밀하게 게릴라전에 대비한 러시아군은 격전 끝에 그로즈니를 점령했다. 체첸 반군은 남부 산악지역을 중심으로 끈질기게 저항했지만 시간이 흐르며 전력이 약화됐다.[4] 체첸에서 밀려난 무장 세력은 인근 다게스탄과 잉구세티아로 이동했다. 체첸은 두 차례 전쟁을 거치며 120만 인구가 80만 명으로 줄 정도로 황폐해졌다.[5]

---

1 그로즈니에서 러시아군은 스탈린그라드에서 독일군이 그랬듯 더 좋은 무기를 가지고도 도시의 폐허를 이용한 적에게 유인돼 궤멸됐다.

2 마스하도프Aslan Maskhadov(1951~2005) 체첸의 정치인. 1997년 1월 대통령에 당선되었으나 1999년 강경파 무장 세력이 다게스탄에 침공하자 러시아군이 다시 공격해 와 제2차 체첸 분쟁이 일어났다. 2000년 무장 반란 지휘 용의자로 지명 수배되었고 2005년 3월 8일 톨스토리 뮤르트에서 러시아 연방 내무부 소속 특수부대에 사살되었다.

3 바샤예프가 이끄는 체첸 반군은 다게스탄 공화국으로 넘어가 마을들을 점령하고 '체첸-다게스탄 공화국'을 세우려다 격퇴됐다. 다게스탄의 러시아 장교 아파트에 폭탄 차량이 돌진했고, 모스크바 등 러시아 주요 도시의 아파트와 쇼핑몰들이 연쇄 폭파돼 수백 명이 죽거나 다쳤다.

4 러시아는 2009년 체첸에서의 작전 종결을 선언했다.

5 러시아가 체첸의 독립을 끝내 용납하지 않은 것은 국내 소수민족 자치공화국들에 대한 파장을 우려했기 때문이다. 또한 체첸 자체가 유전지대이며 카스피해에서 흑해로 이어지는 송유관을 장악하기 위해서라는 분석이 많다.

각국의 내전

예멘 내전 : 부족이 지배하는 나라

자본주의 북예멘과 사회주의 남예멘은 모든 권력을 50 대 50으로 나누기로 하고 평화롭게 통일을 이뤘다(1993). 그러나 세력이 미약한 남부는 차별대우에 불만을 품고 통일 3년도 안 돼 전면 내전을 일으켰다.[1] 내전은 북부의 일방적인 승리로 끝났고 예멘은 다시 통일되었다.

예멘 남부에는 여전히 분리 독립을 요구하는 무장 세력들이 활개를 치고 있다. 각지의 크고 작은 부족들을 중앙정부가 모두 통제할 힘이 없기 때문이다.[2]

예멘의 부족 반군

사우디아라비아와의 국경인 북부 사다 지역에서는 알 후티 반군이 활동 중이다. 본래 종교단체였는데 지도자인 후세인 알 후티를 정부군이 살해하자 반란을 일으켰다(2004). 알 후티는 소수인 시아파에 속한다. 이 때문에 알 후티 진압을 놓고 중동의 두 맹주인 수니파의 사우디아라비아와 시아파 이란[3]이 개입

---

1 인구 1,800만 명인 북예멘과 200만 명인 남예멘의 대등한 통일은 처음부터 어려웠다. 공무원 임용에서 북예멘이 우대를 받고, 북예멘 사람들이 통일 뒤 남예멘의 땅을 사들이는 등 경제적 격차가 드러나자 남예멘 사람들은 다시 분리 독립을 요구했다.

2 예멘의 부족들은 중무장한 사병을 보유하고 있다.

3 수니파*와 시아파**의 분리는 마호메트의 후계 갈등에서 시작됐다. 마호메트의 사위인 3대 칼리프 알리가 암살되고 새로운 칼리프가 등극하자 마호메트의 혈통을 중시하는 세력이 '시아 알리(알리의 추종자)'파를 이루었다. 시아파는 지금도 알리의 아들 후세인이 칼리프 지위를 되찾으려다 비참하게 숨진 날인 아슈라가 되면 자신의 몸을

2009년 3월 예멘 시밤에서 발생한 한국인 관광객 겨냥 자살폭탄 테러 현장

채찍으로 때리며 애통해한다. 전체 무슬림 가운데 90%가 수니파, 10%가 시아파이며, 시아파는 이란과 이라크에 집중돼 있다.

* 수니파Sunni branch 여러 분파의 총칭을 가리키는 시아파와 상대되는 이슬람교 종파. 수니파 혹은 정통파라고도 한다. '관행'을 뜻하는 수나를 지키는 사람들의 파를 말하는데, 이들의 형성에는 칼리프('계승자', '대리자'라는 의미) 제도의 확립과 보유. 아랍 민족의 우월권 확보 같은 정치적 이유가 작용했다. 수니파 교도는 아랍과 이집트를 중심으로 이슬람권의 주요 부분을 형성하고 있다.

** 시아파Shia branch 수니파와 더불어 이슬람교의 2대 종파. 시아란 '분파'라는 뜻으로 수니파 이외의 분파를 총칭한다. 교조 마호메트에게 아들이 없어 후계를 둘러싸고 대립이 시작되면서 시아파가 생겨났다. 수니파는 마호메트의 후계자를 정통 칼리프 왕조와 역대 칼리프 왕조의 칼리프로 보는 데 반해, 시아파는 마호메트의 사위 알리만을 정통 칼리프로 본다.

해 직접 반군을 공격하거나 반군에 무기를 지원하고 있다.

예멘 남부에서는 알 카에다가 준동하고 있다. 아랍에서 가장 빈곤한 예멘[4]은 극단주의자들의 온상으로 '아라비아반도 알 카에다' 본부가 은신해 있다. 한국인 관광객 4명을 살해한 폭탄 테러도 알 카에다의 소행이었다.[5]

2011년 민주화 시위로 정국이 혼란해지자 반군들의 활동도 더욱 활발해졌다. 한 해 전 휴전에 들어갔던 알 후티는 정부군을 기습 공격해 북부의 일부 도시들을 점령했다. 또 알 카에다는 각지에서 테러를 저지르고 남부 일부 도시들을 장악해 정부군과 치열한 교전을 벌였다.

---

4 예멘의 실업률은 35%나 된다. 더구나 예멘 수입의 상당 부분을 차지하는 석유가 2017년이면 고갈될 것으로 보여 위기감이 높아지고 있다.

5 2009년 3월 예멘의 남동부 유적 도시인 시밤에서 폭탄 테러가 발생해 한국인 관광객 4명과 예멘인 1명이 사망했다.

미얀마 내전 : 영토 유지의 대가

아웅산 장군

미얀마는 다민족 국가이다.[6] 인구의 3분의 2를 차지하는 버마족이 권력을 쥐고 있지만 소수 민족의 저항이 수십 년째 계속되고 있다.

미얀마는 1948년 영국 식민지에서 독립했다. 아웅산[7] 등 민족주의자들은 2차 대전 중 일본과 협력해 영국군을 몰아냈다. 일본이 약속을 어기고 미얀마를 지배하려 하자 다시 일본에 대항해 싸웠고 연합군보다 먼저 수도 양곤을 해방시켰다. 돌아온 영국은 미얀마의 독립 요구를 거부할 수 없었다.

아웅산은 소수민족이 원한다면 독립시켜주겠다고 약속하고 힘을 합했지만, 그가 정적에게 암살된(1947) 뒤 버마족 권력자들은 약속을 지키지 않았다. 카렌족이 먼저 반기를 들었고, 다른 소수민족들도 무장투쟁을 시작했다. 정부군의 무자비한 진압으로 많은 민간인들이 희생됐고 태국 등 주변국으로 넘어가 난민이 됐다.

반군 가운데 가장 큰 카친독립군KIA이 미얀마 정부와 휴전하면서 반군 세력은 상당히 약화됐다(1993). 마약왕 쿤사가 이끄는 몽타이군MTA도 투항했다.[8] 그러나 카렌국민연합KNU 등 많은 무장단체들이 아직도 산발적인 교전을

6 1983년 미얀마 인구조사에 따르면 135개 종족집단이 있는데, 버마족이 69%이고 샨족 8%, 카렌족 7%, 여카잉족 4%, 중국인 3%, 인도인 2%, 몽족 2%, 기타 종족 5% 순이었다. 몽족은 한때 버마족과 패권을 다투던 민족인데 1755년 마지막 왕조가 멸망한 뒤 소수민족으로 전락했다.

7 아웅산Aung San(1915~1947) 미얀마의 독립운동가. 1947년 1월 런던에서 영국 총리 C. 애틀리와 아웅산 간에 '애틀리-아웅산 협정'을 맺음으로써 미얀마 독립에 한 발짝 다가섰지만 같은 해 7월 암살당한다.

8 쿤사는 미얀마와 태국 라오스 접경의 골든 트라이앵글을 지배하며 마약왕으로 악명을 떨쳤다. 1980년대 중반에는 세계 아편 생산량의 80%를 차지할 정도로 세력이 커졌다. 쿤사는 1만여 명의 몽타이군을 배경으로 1993년 샨족의 독립을 선포하고 자신이 대통령에 취임했다. 그러나 동맹했던 반군들이 정부군 토벌에 밀려 잇달아 휴전협정을 맺고 고립되자, 1996년 몽타이군을 해산하고 투항했다. 쿤사는 항복 조건으로 사면을 받아 양곤에서 감시 속에 생활하다 2007년 사망했다.

미얀마 소수민족 반군

미얀마 정부군

벌이거나 반독립 상태로 미얀마 정부와 대치하고 있다.

　미얀마는 소수민족을 억압해 왕조시대 영토를 지켜냈지만, 그 과정에서 가혹한 군부통치 체제가 자리를 잡았다. 또한 독립 직후만 해도 쌀 수출 1위에 동남아에서 가장 부유했던 나라가 이제는 세계 최빈국 중 하나가 되었다.[9]

---

9 미얀마는 한국전쟁 때 한국에 쌀을 원조해줬다. 또 1959년 싱가포르가 독립할 때 리콴유(이광요) 싱가포르 총리는 국민들에게 '버마(미얀마)만큼 잘살게 해주겠다'그 약속했다고 한다.

인도 마오주의 반군 기승

인도가 공산 반군 때문에 속병을 앓고 있다. 공산 반군은 북부 국경에서 중남부 내륙까지 인도 동쪽에 거대한 세력권을 만들었으며, 농민들을 선동해 정부의 각종 개발정책을 방해하고 무차별 테러로 매년 수백 명을 살해하고 있다.

반란은 작은 사건에서 시작됐다. 인도 동부의 한 시골 마을에서 정부의 토지개혁에 반대하는 지주들이 땅을 받은 소작농을 폭행했다. 농민들의 항의를 경찰이 강제 진압하자 사태가 폭동으로 악화됐다. 마르크스파 인도공산당이 이끄는 주정부는 이를 무자비하게 탄압했다. 그러자 일부 공산당원들이 지도부에 반발해 이탈했고 무장투쟁에 들어갔다.[10] 반군은 자신들의 이념이 중국

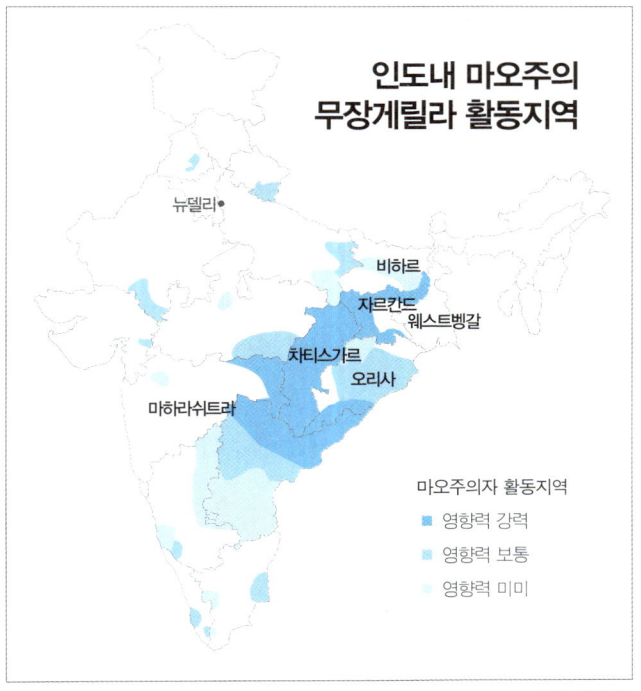

출처 : 한국일보

10 1967년 인도 서벵갈주의 낙살바리 마을에서 일어난 사건이었다. 이를 계기로 봉기한 마오주의 반군을 마을 이름을 따 낙살라이트라고도 부른다.

마오쩌둥[11]의 농민봉기 이론에 근거한다고 주장했다. 의회 민주주의를 부정하고 무장투쟁을 통해 정치권력을 잡을 수 있다는 것이다.[12]

인도 하층민들은 지주를 쫓아내고 땅을 나누어주는 이들을 한때 의적 '로빈 후드'처럼 받아들였다. 대학생들이 학업을 중단하고 반군에 합류하기도 했다. 그러나 반군의 지나친 폭력성은 반발을 불러왔다.[13] 또 시대 변화에 적응하지 못하고 여전히 60년대 이데올로기에 집착하고 있다는 비판을 받는다. 지지가 줄어들수록 반군은 자신들의 건재함을 보여주기 위한 군사행동에 집착했다.

인도 정부는 여러 차례 군대를 동원해 이들을 토벌하려 했지만 큰 성과를 거두지 못했다. 무엇보다 인구의 4분의 1이나 되는 극빈층과 카스트[14] 하층민들이 겪는 소외감이 이들의 토양이 되고 있기 때문이다.

---

11 마오쩌둥毛澤東(1893~1976) 중국 공산당을 창설한 정치가이자 공산주의 이론가. 그는 중국의 독립과 주권을 회복했고 관료 제도를 견제했으며 대중의 정치 참여를 유지하는 등 많은 업적을 쌓았다. 그러나 말년에 펼친 대약진 운동과 문화대혁명은 최대 실수로 평가받는다. 그는 1953~1957년에 전개한 제1차 5개년 계획이 큰 성과를 거두지 못하자 대약진 운동을 통해 중국을 공산주의 단계로 곧바로 진입시키고자 했는데, 이는 인민의 정치적 의식을 개조함으로써 생산력을 증대하려는 것이었다. 하지만 경제적인 실책과 대기근으로 1959~1961년 사이에 4,500만 명이 죽었다. 또 1966년부터는 사회 제도를 사회주의화한 데에서 나아가 인간 자체를 사회주의화하기 위한 문화대혁명을 전개하여 수백만 명의 희생자를 냈으며 이는 그가 사망함으로써 막을 내렸다.

12 중국은 문화혁명 기간 중 인도 마오주의 반군을 침손했다. 그러나 그후 인도 정부와의 우호관계와 지역 안정을 고려해 이들을 외면했다.

13 마오주의 반군은 인민재판을 열어 이른바 '계급의 적'을 즉결 처형하거나 신체 일부를 절단했다. 관리와 경찰뿐 아니라 주민들까지 가리지 않고 공격 대상으로 삼았다.

14 카스트caste 인도 특유의 신분제도. 높은 신분부터 차례로 브라만(Brahman; 사제자), 크샤트리아(Kshatriya; 귀족, 무사), 바이샤(Vaisya; 농민, 상인 등의 서민), 수드라(Sudra; 노예, 수공업자)로 나뉜다.

아프리카의 내전

1990년 아프리카에는 23개 나라가 내전 중이었다. 국가 정체성이 미처 확립되지 못했고, 미·소 이념 대결의 대리전을 치르는 경우도 많았다. 이제는 아프리카도 대부분 내부 갈등을 봉합하고 경제 발전에 매진하고 있지만 몇몇 나라들은 아직도 내전의 포연에서 벗어나지 못했다. 지하자원을 둘러싼 이해 다툼과 부족 간의 갈등이 이를 부추기기 때문이다.

콜탄 채취

■ 콩고민주공화국 : '회색 금'이 되살린 내전의 불씨

콩고민주공화국[15]은 2003년 휴전 때까지 5년간 내전을 거듭했다.[16] 민주콩고 내전은 주변 8개 나라가 개입해 '아프리카의 세계대전'이라고 불렸다.[17] 이 과정에서 540만 명이 전쟁과 질병, 기아로 숨졌다. 이후 카빌라 현 대통령이 선거를 통해 집권하고 6~7%의 높은 경제성장률을 보이며 안정되는 듯했지만, 2007년 동부의 군벌인 응쿤다가 다시 반란을 일으켰다.

민주콩고는 석유와 다이아몬드, 구리, 코발트 등 지하자원이

---

15 옛 자이르이다. 이웃국가인 콩고와는 다르다.
16 콩고민주공화국의 내전은 로랑 카빌라가 반란으로 독재자 모부투를 쫓아낸 뒤 1998년 또 다른 반란이 일어나며 시작돼 2003년 유엔 중재로 각 무장세력들이 휴전할 때까지 계속됐다.
17 짐바브웨·앙골라·나미비아·수단·잠비아가 정부군, 르완다·우간다·부룬디가 반군 편에 서서 싸웠다.

풍부하다. 특히 휴대전화에 들어가는 콜탄은 '회색 금'이라고도 불리는데 전 세계 매장량의 80%가 민주콩고에 있다. 응쿤다는 투치 부족 보호를 명분으로 내걸었지만, 콜탄 광산의 이권이 목적이었다. 반군은 주민들을 끌어다 콜탄을 캐고, 이것을 팔아 무기를 사들였다.[18] 민주콩고 정부는 반란군에 공세를 펴고 있지만 아직 완전히 진압하지는 못했다.

■ 우간다 : 공포의 '신의 저항군'

우간다는 '아프리카의 학살자'로 불리던 이디 아민을 비롯해 오보테, 오켈로 등 여러 독재자들이 쿠데타와 반란으로 번갈아 집권했다. 지금은 1986년 내전에서 승리한 무세베니가 25년째 집권하고 있다.[19]

LRA 활동지역

중앙아프리카공화국 수단

우간다

콩고민주공화국

출처 : 미국진보센터

대규모 내전은 막을 내렸지만 국경 지대의 여러 무장세력들은 근절되지 않았다. 특히 북부 아촐리족의 독립을 내건 '신의 저항군LRA'은 공포의 대상이다. 사이비 교주인 조지프 코니가 이끄는 LRA 는 병력이 수천 명에 불과하고 이제는 자기 부족의 지지도 잃어버렸지만 주민들을 잔인하게 죽이고 마을을 불태운 뒤 소년들을 끌고 가 병사로 이용하며 세력을 키웠다.

우간다 정부군이 공세를 강화하자 LRA

LRA의 학살을 피해 남수단으로 피난한
중앙아프리카 공화국 주민들

---

18 민주콩고 정부 관계자들은 '광물이 없는 곳에는 반군도 없다'고 말한다.
19 무세베니는 2011년 2월 대선에서 압승해 4선에 성공했지만 야당은 부정선거였다고 주장했다.

는 이웃 콩고민주공화국으로 거점을 옮긴 뒤 각국을 넘나들며 만행을 저지르고 있다. 이들 때문에 우간다뿐 아니라 민주콩고, 남수단, 중앙아프리카공화국에서 200만 명이 고향을 떠나 난민이 됐다.[20] 우간다를 중심으로 관련국들이 연합군을 구성해 대대적인 소탕작전을 벌였지만 큰 성과를 거두지 못했다.

니제르

차드

나이지리아

포트하커트항

카메룬

니제르 델타(원유 생산지역)

■ 나이지리아 : 석유는 검은 저주

나이지리아는 세계 10위의 석유 매장량을 가지고 있다. 1950년대 남부 니제르 델타에서 처음 석유가 발견됐을 때 주민들은 부자가 되는 줄 알고 기뻐했다. 그러나 모든 이익은 부패한 권력자들에게 돌아갔다. 중앙정부는 석유를 채굴하고 땅 주인에게 보상을 하지 않아도 되는 법까지 만들었다. 주민들은 오염으로 농사조차 지을 수 없어 더욱 극심한 가난에 시달리고 있다. 주민들은 이제 석유를 '검은 저주'라고 부른다.

정부가 항의 시위를 유혈진압하자 무장투쟁이 시작됐다.[21] '니제르 델타 해방운동MEND' 등 무장단체들은 원유 채굴 시설과 송유관을 파괴하고 외국인들을 납치하고 있다.[22] 열대 우림 지역 깊숙이 숨어 있다 보트를 타고 나타나는 이들을 정부군이 제압하기가 쉽지 않다. 다만 사면을 내세운 정부의 협상으로 8,000명이 투항하는 등(2009), MEND의 세력은 상당히 약화됐다.

---

20 남수단의 독립을 막으려는 수단 정부는 LRA에 무기와 돈을 주고 수단 남부를 혼란에 빠뜨리라고 부추겼다.
21 니제르 델타의 무장투쟁은 1995년 나이지리아 정부가 켄 사로위와 등 평화운동가 9명을 처형하면서 본격화되었다. 국제사면위원회는 이들의 사형 집행을 '국가에 의한 테러'로 규정했다.
22 2006년에는 대우건설과 한국가스공사 직원 5명이, 2007년에는 대우건설 직원 12명이 나이지리아에서 무장단체에 납치됐다 무사히 풀려났다.

■ 차드 : 내전의 수출

차드 내전은 뿌리 깊은 가난과 군벌, 석유 이권, 외세 개입 등 아프리카 분쟁의 전형을 보여준다. 2003년부터 석유를 수출하면서 국내총생산이 50% 이상 늘어났지만 국민의 3분의 2가 여전히 하루 1달러 미만으로 살아간다.

수단에 망명해 리비아의 지원으로 반군을 결성한 데비가 프랑스와 미국이 지지하던 아브레 정권을 타도한 뒤 정권을 장악했다.[23] 데비는 프랑스의 마음을 돌려놓고[24] 불완전하나마 선거를 통해 대통령 임기를 이어가고 있다.

그러나 데비 정권의 전 국방장관 등이 다시 수단으로 망명해 반군을 모은 뒤 여러 차례 공격을 가해왔다. 반군은 한때 수도 은자메나를 점령하기도 했다. 수단은 차드 반군의 뒤를 봐주고, 그에 맞서 차드 정부는 수단 반군을 지원했다. 여기에는 자카와 부족 출신인 데비가 수단 정부의 자카와 부족 탄압에 분노한 점도 작용했다.

차드 정부는 수단 정부와 상대방 반군을 비호하지 않는다는 의정서를 체결하고 화해를 모색 중이다. 또한 반군의 공격을 국경에서 차단하는 데 성공한 뒤(2009), 리비아의 중재로 반군과 평화협정을 맺어 귀추가 주목된다(2010).

---

23 1982년 내전에서 승리해 정권을 장악한 아브레는 1990년 자신의 군 참모총장이었던 데비에게 패배해 쫓겨났다.
24 차드에 군대를 주둔 중인 프랑스는 1992년 수도로 진격하던 반군을 전투기까지 동원해 저지하는 등 데비 정권을 적극 보호했다.

소말리아 해적

축복받은 나라에서 비극의 땅으로

소말리아는 국민의 85%가 소말리족인 사실상 단일민족 국가이다. 수백 개의 부족이 섞여 사는 다른 아프리카 국가들에 비해 통일을 이루기 훨씬 좋은

조건이다. 석유매장량이 60억 배럴이나 되고, 중동의 석유가 통과하는 해상 수송의 요충지이기도 하다.

이런 소말리아가 비극의 땅이 된 것은 집권자의 과욕에서 비롯됐다. 쿠데타로 사회주의 정권을 세운 바레 대통령은 에티오피아 소말리족 땅을 병합하려 '오가덴' 전쟁을 일으켰다 참패했다(1977). 여기에 홀대받던 북부의

불만이 겹치면서 6개 씨족 사이에 분쟁이 일어났다. 본격적인 내전은 군벌 아이디드가 바레를 축출하면서 시작됐다. 임시정부를 세웠지만 소말리아 전역에 무장세력들이 난립하는 무정부 상태가 됐다.

소말리아의 내전과 가뭄으로 30만 명이 굶어죽자, 유엔이 미국 주도의 다국적군을 파견했다.[1] 그러나 군벌 세력들과 예상치 못한 격전이 벌어지고 다수의 전사자가 발생하자 2년여 만에 모두 철수했다.[2]

국제 사회가 인정하는 과도정부가 세워졌지만, 신정정치를 주장하는 이슬

---

[1] 1992년 12월 미국은 소말리아에 상륙해 무장세력 해체와 구호 활동에 들어갔다. 한국도 유엔의 요청에 따라 1993년 7월 건국 이후 처음으로 소말리아에 평화유지군을 파견했다. 상록수부대라는 이름으로 공병 250명을 파견해, 지역 재건과 의료 지원 등 인도적 활동을 수행한 뒤 1995년 철수했다.

[2] 1993년 10월 3일 모가디슈에서 작전 중이던 미군 특수부대의 블랙호크 헬리콥터 2대가 격추됐고 이들을 구조하기 위한 전투가 벌어져 미군 19명이 전사했다. 소말리아인들이 미군 시신을 끌고 다니는 장면을 TV로 본 미국인들은 경악했고, 이것이 소말리아 철군에 큰 영향을 미쳤다. 이 사건은 후에 〈블랙 호크 다운〉이라는 제목의 영화로도 만들어졌다.

람법정연합ICU이 모가디슈를 점령하고 전국을 평정할 기세를 보였다. 반미 이슬람 정권을 우려한 미국은 에티오피아 군을 동원해 이를 분쇄했다. 그후 소말리아는 과도정부와 과격파 이슬람단체인 알샤바브[3], 북부 독립 세력[4]이 서로 맞서는 형국을 유지했다.[5]

---

3 알샤바브는 이슬람법정연합(ICU)의 한 분파에서 시작해 2006년 ICU가 붕괴되자 그 자리를 대신했다. 알샤바브는 더욱 과격한 성향을 지녀 외국인 구호활동가들을 공격하고, 성폭행 당한 소녀를 간통죄로 처형했으며, 축구경기를 봤다는 이유로 주민들을 납치해 살해했다. 대부분의 소말리아인들은 온건한 수피주의자인데 알샤바브가 학교를 파괴하고 자신들의 종교지도자를 암살하자 과거 ICU에 보였던 지지를 철회했다.

4 소말리아 북쪽 지방은 '소말릴랜드'라는 이름으로 1991년 독립을 선언했다. 이 지역은 영국의 식민 지배를 받다 이탈리아의 지배를 받던 남부 소말리아와 합쳐져 독립했는데, 중앙 정부의 차별 정책 때문에 오랫동안 불만이 누적돼왔다. 자국의 화폐까지 있는 실질적인 독립국가지만 - 아직 어느 나라로부터도 독립을 승인받지 못했다.

5 2011년 8월 소말리아 정부군과 아프리카연합(AU) 평화유지군이 알샤바브를 수도 모가디슈에서 몰아냈다. 소말리아 중부와 남부 대부분을 지배해온 알샤바브는 정부군에 밀려 점령지역이 남서부와 케냐 국경지대로 줄어들었다. 더구나 극심한 가뭄까지 겹치면서 반군 이탈자가 늘어 20년 넘게 계속돼온 소말리아 내전에 전환점이 될 수 있다는 기대가 높아졌다.

소말리아 해적의 창궐

국군 청해부대[6] 소속 최영함이 소말리아 해적에게 납치된 삼호주얼리호를 급습했다. 사흘 동안 피랍선박 옆에서 해적들을 교란한 뒤 새벽 어둠을 틈탄 작전이었다. 해군특수전여단UDT 대원들이 해적과 총격전을 벌여 선원 21명을 모두 구출하자 초조하게 기다리던 대한민국 국민들은 환성을 지르며 기뻐했다.[7]

소말리아 내전이 20년 넘게 계속되자 평범한 어부들이 해적으로 변했다. 경제가 마비돼 생계가 어려워진 데다, 무정부 상태를 이용해 말레이시아 대만 등 외국 원양어선들이 영해에 들어와 어족자원을 거의 멸종시키다시피 잡아갔기 때문이다.

돈벌이가 된다는 소문에 범죄 집단들이 가담하고 해적들은 점점 대형화, 기업화되어 갔다.[8] 활동 범위도 더욱 넓어져 인도 앞바다까지 침투했다.[9] 해적들은 이슬람 근본주의 무장 세력에게 해적질로 번 돈을 주고 보호를 받는 협조 관계를 맺었다.[10]

해적에게 납치됐다 구출돼 무스카트 항에 입항중인 삼호주얼리호

삼호주얼리호를 구출한 최영함

---

6 소말리아 해적의 창궐로 한국 선박들의 피해가 늘어나자 국군은 2009년 3월 청해부대를 창설해 아라비아해에 파견했다. 문무대왕함, 대조영함, 이순신함 등 군함들이 교대로 투입됐다.

7 2011년 1월 21일 '아덴만 여명 작전'.

8 소말리아 해적들이 몸값으로 뜯어내는 돈이 연간 1억 달러에 달하는 것으로 추산된다.

9 해적들은 납치한 대형선박을 타고 이동하다 피해선박 부근에서 쾌속정으로 갈아타고 공격하는 수법을 사용했다.

10 ICU는 2000년대 중반 집권했을 때 이슬람 율법에 따라 해적 행위를 금지했다. 그러나 ICU가 에티오피아 군에

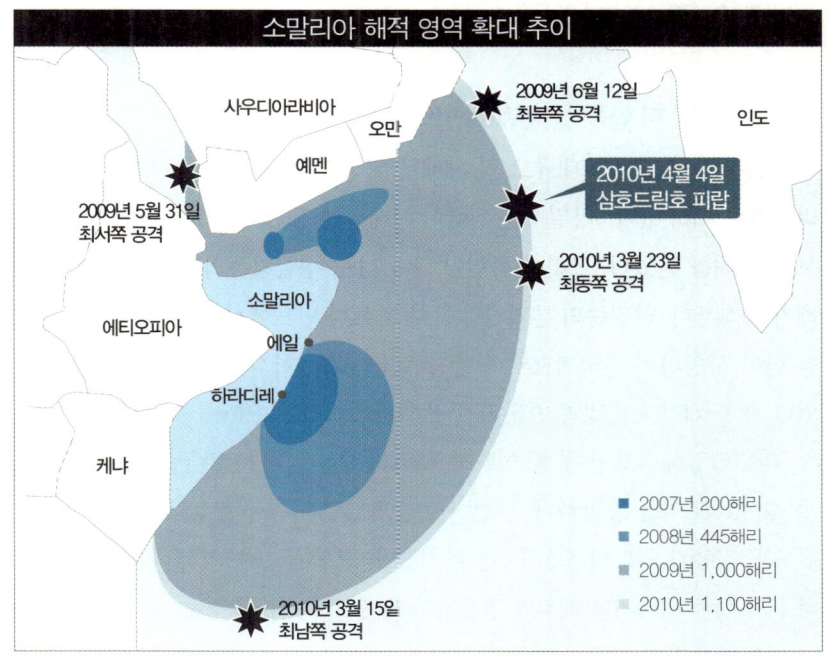

소말리아 해적 영역 확대 추이

2009년 6월 12일
최북쪽 공격

2010년 4월 4일
삼호드림호 피랍

2009년 5월 31일
최서쪽 공격

2010년 3월 23일
최동쪽 공격

사우디아라비아

오만

예멘

인도

소말리아

에티오피아

에일

하라디레

케냐

■ 2007년 200해리
■ 2008년 445해리
■ 2009년 1,000해리
■ 2010년 1,100해리

2010년 3월 15일
최남쪽 공격

출처 : 유럽연합 해군

　　유엔 안보리가 해적에 대한 군사력 사용을 허용했지만, 국제사회는 효율적인 대응을 하지 못하고 있다. 넓은 아라비아 해를 각국이 파견한 20여 척의 군함으로 경비하기는 역부족이다. 또한 청해부대가 체포한 해적들을 한국으로 압송하는 데 어려움을 겪었듯[11], 해적을 붙잡아도 처리할 방법이 없어 풀어주는 경우가 많다. 국제사회가 힘을 모아야 하며, 무엇보다 소말리아 내전의 종식이 근본적인 해결책이다.

밀려 붕괴되자 알샤바브 같은 대체 세력은 해적을 기독교 국가에 맞서는 전사로 보며 보호했다.

11 청해부대는 '아덴만 여명 작전'으로 생포한 해적 5명을 국내로 압송해 법정에 세웠다. 이 과정에서 주변국들이 개입을 꺼려 최영함이 기항지를 못 찾고 공해에서 며칠 동안 대기해야 했다. 다행히 오만과 아랍에미리트 정부가 협조해 문제를 해결할 수 있었다.

내전의 종식

스리랑카 : 타협을 몰랐던 타밀반군

식민지 시절 영국은 대규모 차 재배를 위해 인도 남부에 살던 타밀족을 스리랑카로 데려 왔다.[1] 타밀족은 영국이 지배하는 동안에는 원주민인 싱할리족보다 우대를 받았다. 그러나 독립이 되자 다수 싱할리족의 타밀족에 대한 박해가 시작됐다. 타밀족의 본거지인 북부 자프나 반도에서 정부군 몇 명이 공격을 받아 사망하자 전국적으로 싱할리족의 타밀족 학살이 벌어져 천여 명이 죽었다. 이를 계기로 타밀족 반군의 무장투쟁이 시작됐다(1983).

'타밀엘람해방호랑이'[2]를 이끄는 프라바카란은 다른 반군 지도자들을 모두 죽이고 조직을 통합했다. 탁월한 전술가였던 그는 정부군에 연전연승하며 한때 스리랑카 영토의 3분의 1을 차지했다. 반면에 그는 항복하는 적을 살해하고 타밀족 내부의 잠재적인 경쟁자까지 제거하는 잔혹성을 보였다.

프라바카란의 비타협적인 성격은 몰락의 원인이기도 했다. 2002년 휴전협정을 통해 타밀족은 실질적인 자치를 얻을 수 있었지만, 그는 완전 독립을 주장하며 테러를 계속했다. 또한 인도 평화유지군을 공격해 2,500명을 죽였고, 라지브 간디 인도 총리를 암살했다.[3] 이 때문에 미국 등 국제사회가 타밀반군을 테러조직으로 지정해 각종 제재를 가하자 타밀반군은 무기 구입에 어려움을 겪으며 점점 약화돼 갔다.

스리랑카 정부군은 2009년 타밀반군의 수도 킬리노치치를 점령하면서 결정적인 승기를 잡았다. 탱크를 앞세운 정부군은 반군의 주요 이동로인 엘리

---

1 스리랑카는 불교를 믿는 싱할리족 74%, 힌두교도인 타밀족 18%, 아랍계로 이슬람교를 믿는 무어족 7% 등으로 구성된 다민족 국가이다.
2 타밀엘람해방호랑이LTTE(Liberation Tigers of Tamil Eelam) 스리랑카의 소수민족인 타밀족의 완전독립을 주장하며 무장투쟁을 해온 반군단체로 지난 1983년 결성됐으며 스리랑카 북부에 이람국(State of Eelam) 창설을 목표로 출현하였다.
3 인도 정부는 국내 타밀족의 소요 등을 우려해 스리랑카 내전에서 싱할리족 정부 편을 들었다.

펀트 패스Elephant Pass를 통해 물밀듯이 진격했다. 최후거점인 물라이티부까지 무너지면서 반군은 더 이상 조직적인 저항을 할 수 없었다.[4] 26년 내전이 마침내 끝난 것이다.[5]

스리랑카 내전 상황

자프나 □　무하말라이

킬리노치치(반군 수도)

코카빌

만쿨람　올루마두　알람필

■ 2008년 11월 정부군이 점령한 반군 주요거점

스리랑카 내전 주요일지

1983년 7월	싱할리족의 E·밀족 학살로 무력 충돌 시작
1989년 3월	임시 휴전 합의
1993년 5월	타밀반군, 라나싱헤 프레마다사 대통령 암살
2000년	타밀반군, 북부 요충지역 장악
2002년 2월	노르웨이 중재로 휴전협정 서명
2005년 12월	휴전협정 사둔화로 분쟁 재점화
2007년 3월	정부군, 타밀반군의 동부거점 장악
2008년 11월	정부군, 타밀 관군의 북부거점 장악
2009년 1월	정부군, 타밀반군 수도 킬리노치치 입성

출처 : BBC

---

4 프라바카란은 2009년 정부군의 최후 공세 때 교전 지역을 빠져나가려다 사살됐다.
5 타밀반군이 항복한 뒤 스리랑카 정부는 피난민을 보호하고 반군 병사들을 재교육해 복귀시키는 모습을 언론에 공개하며 두 민족의 통합에 노력하고 있다고 밝혔다.

인도네시아 : 쓰나미가 가져다 준 아체의 평화

수마트라섬 북서부에 있는 아체는 인도네시아에서 가장 먼저 이슬람교를 받아들였고 9세기 초부터 독립 왕국을 세워 번성했다. 아체는 다른 지역과 달리 아랍계 후손이 많고 보수적이며 배타성이 강하다.

19세기 말 네덜란드가 침략해오자 무려 40년간 격렬한 전쟁을 치렀고, 정복된 뒤에도 산발적인 게릴라전을 벌였다. 인도네시아가 독립하면서 아체를 강제 편입하자 저항의 화살을 중앙정부로 돌렸다. 인도네시아 정부도 막대한 석유가 매장된 아체를 결코 포기할 수 없었다.[6] 수하르토 독재 정권의 탄압이 가중되자 '아체자유운동'[7]을 중심으로 무장투쟁이 일어났다. 민주화가 되고 동티모르를 독립시킨 뒤에도 인도네시아 정부는 아체 반군에 대한 진압을 오히려 강화했다. 메가와티 정부는 4만5천 명의 대병력과 전투기, 군함까지 동원해 토벌 작전을 벌였다. 그러나 인명피해만 늘어날 뿐 반란은 진압되지 않았다.

---

6 인구 400만 명인 아체에서 인도네시아 천연가스의 30%, 석유의 20%가 생산된다. 그러나 자원개발에서 얻는 수익의 80%를 중앙정부가 가져가고 아체 주민들은 가난을 면치 못했다.
7 아체자유운동FAM(Free Aceh Movement) 인도네시아 아체지역의 독립을 추구하는 무장단체.

그러던 2004년 말 아체 지역은 동남아를 휩쓴 쓰나미에 정면으로 강타당해 무려 17만 명이 목숨을 잃었다. 외부의 도움 없이는 도저히 재난을 수습할 수 없게 된 반군은 정부와의 협상을 받아들였다. 반군이 독립을 포기하는 대신 인도네시아 정부는 특별자치를 허용하고 지하자원 수입의 70%를 지방정부에 주는 내용의 평화협정을 체결하고 2005년 8월 15일 서명했다.[8]

---

8 2006년 선거가 실시돼 반군 지도자가 주지사로 선출되고 주 의회가 구성됐다. 오랜 내전 끝에 평화가 왔지만 이번에는 아체 내부에서 개혁파와 보수파의 갈등이 빚어졌다. 주지사 등 개혁파는 인권을 신장하고 자본시장을 개방하는 등 전체 인도네시아의 온건 노선을 따르려 노력했고, 주 의회 등 보수파는 간통범을 돌로 쳐 죽이고 동성애자에게 태형을 가하는 등의 샤리아(이슬람 율법)를 실정법으로 채택하자고 주장했다.

네팔 : 민주화의 고된 전진

네팔 왕궁에 참극이 벌어졌다. 국민의 존경을 한 몸에 받던 비넨드라 국왕 부부가 디펜드라 왕세자의 총격으로 숨졌으며 왕세자도 자살했다고 네팔 정부가 발표했다(2001).[9] 많은 국민들이 사건의 진실을 의심하는 가운데 국왕의 동생인 갸넨드라가 즉위했다. 갸넨드라는 전왕과 달리 전제왕권을 되살리려 했다. 수시로 정부를 해산하고 급기야 직접통치를 선언했다. 그러나 갸넨드라의 시도는 시대착오였다.

네팔 국토의 40%가 이미 마오주의 반군의 지배에 놓여 있었다.[10] 반군은 가난한 소작농들 사이에 파고들어 세력을 넓혔고,[11] 정부군은 도시와 연결 도로를 지키는 데 급급했다. 수도 카트만두에서까지 반군을 지지하는 총파업이 일어나자 네팔의 각 정당들이 반군과 타협했다. 헌법 개정으로 왕정을 폐지하고, 총선을 실시해 마오주의 공산당이 과반에 못 미치는 제1당으로 집권했다.[12]

그러나 1년도 안 돼 반군 병사들을 정부군에 편입시키는 문제로 갈등이 일자, 마오주의 공산당을 제외한 모든 좌우익 정당들이 연합해 정권을 교체했다. 졸지에 내전에 이기고 의회에서 정권을 빼앗긴 마오주의 공산당은 연일 지지자들을 동원해 시위를 벌였다. 16차례의 총리 선출 투표가 무산된 뒤 마오주의 공산당은 제3당에 총리 자리를 양보하고 연립내각을 구성하는 타협에 성공해 네팔 정국이 겨우 안정을 찾았다(2011).

---

9 비넨드라 국왕은 민주화를 요구하는 시민혁명이 일어나자 큰 유혈사태 없이 입헌군주제를 수용해 네팔에 다당제 민주주의가 실현되도록 했다. 유능하지는 않았지만 온화한 성품에 백성들을 사랑해 네팔 국민들이 비슈누 신의 화신으로 여길 정도로 존경했다.

10 1996년 봉기한 마오주의 반군은 사실상 내전에서 승리하고 2006년 정부와 휴전했다. 10년 동안의 내전은 1만 3,000명이 숨질 정도로 참혹했다.

11 네팔의 소작농들은 수확량의 80%를 지주에게 바쳐야 해 절대빈곤에서 벗어날 수 없었다.

12 2008년 총선에서 승리한 마오주의 반군 지도자 프라찬다는 집권 전 국내외의 우려를 가라앉히기 위해 외국인 기업들을 찾아다니며 시장경제체제와 개방정책을 유지하겠다고 약속했다. 프라찬다는 내전 중에도 국가경제의 숨줄인 관광산업을 보호하기 위해 외국인 여행객들을 최대한 보호했다. 심지어 그는 집권 뒤 크리스마스를 공휴일로 지정하기도 했다.

아프리카의 내전 종식

우리는 지속적인 경제성장을 이루려면 민주주의가 필요하다고 믿는다. 그런데 아프리카에서는 군사독재를 무너뜨리고 민주주의를 실시하면 사회·경제적으로 오히려 후퇴하는 경우가 많았다. 이를 아프리카 비관주의Afro-pessimism라고 부른다.

오랜 내전을 끝내고 이제 민주주의의 길에 다시 들어선 아프리카 국가들이 과연 정치적 발전과 경제 성장을 동시에 이루어낼 수 있을지 국제사회는 격려와 함께 지켜보고 있다.

■ 르완다 : 아프리카의 불안한 모범생

르완다는 1994년 다수 후투족 강경파가 소수 투치족과 후투족 온건파 100만 명을 학살한 비극을 안고 있다.[13] 후투족 강경파가 대통령을 암살한 뒤 투치족에 뒤집어씌우고 집단 살인극을 벌인 것이다. 선동가들은 라디오로 '투치는 바퀴벌레이니 박멸하자'고 외쳤고, 평범했던 후투족 주민들은 도로를 막고 달아나던 투치족을 잡아 잔인하게 죽였다. 투치족은 1973년 독립 직후

학살 혐의로 재팜을 받는
르완다 후투족 용의자들

---

13 1차 대전 뒤 독일의 아프리카 중부 식민지를 인계받은 벨기에는 소수 투치를 이용해 다수 후투를 지배하는 전략을 취했다. 그때까지 투치와 후투는 별개의 부족이 아니었다. 투치는 소가 있는 부자이고 후투는 그 소를 빌려 농사를 짓는 빈농이라는 계층 차이를 일컫는 말이었다. 그러나 세월이 흐르고 식민정부의 부추김까지 겹치면서 투치와 후투는 구분된 부족이라는 의식을 갖게 되었다. 심지어 투치는 키가 크고 코가 높다는 식의 유전적인 차이까지 만들어내 아무런 의심 없이 믿었다.

후투족에 정권을 잃고 상당수가 이웃 국가로 망명해 반군을 결성하고 있었다. 집단학살이 벌어지자 투치족 반군은 르완다로 진입해 병력의 열세에도 불구하고 후투족 정부군에 승리했다.

르완다의 새 정부는 화합과 경제성장에 매진하고 있다. 별다른 자원이 없으면서도 홍차와 커피 같은 고부가가치 작물을 재배하고 외국 투자를 유치해 연평균 6%의 성장률을 기록하고 있다. 그러면서도 국가 예산의 3분의 1을 교육과 보건에 써 삶의 질을 향상시키고, 수도 키갈리 거리를 밤에도 마음 놓고 걸어 다닐 정도로 안정된 치안을 확보했다.[14]

그러나 시간이 갈수록 투치족 정권의 초심이 흔들려 르완다의 앞날을 낙관할 수만은 없다. 카가메가 앞도적인 득표율로 임기 7년의 대통령에 재선됐지만 선거 과정에서 야당 지도자들이 체포되고 일부는 살해되는 등 공포 분위기가 조성됐다. 또 빈부 격차가 심화되고,[15] 집권당 주변 사람들이 부를 독점하는 등 부패가 고개를 들고 있다.

■ 부룬디 : 투치족과 후투족의 내전으로 30만 명 아사

소수 투치족이 지배층을 형성해 온 부룬디는 1993년 복수정당제에 의한 대통령 선거를 처음으로 실시해 다수 후투족이 정권을 잡았다.[16] 그러나 그해 10월 투치족 장교들이 쿠데타를 일으켜 은다다에 대통령을 살해하고 이것이 내전으로 악화

---

14 르완다의 1인당 GDP는 2008년에 1,041달러에 이르렀다. 초등학교 진학률은 94%이고 모든 교재와 교복까지 정부가 지급한다. 한때 6%였던 에이즈 감염률은 3%로 떨어졌다.
15 유엔개발계획(UNDP)은 '르완다 상위 20%의 소득이 최근 10년간 두 배로 늘어난 반면, 하위 20%의 소득은 거의 증가하지 않았다'고 지적했다.
16 부룬디의 인구 구성은 후투족 85%, 투치족 14%, 피그미족 1%이다.

돼 30만 명이 숨졌다. 후투족 반군과 투치족 정부군의 학살이 계속됐지만, 무엇보다 희생자의 대부분은 굶어죽었다.

다시 실시된 대통령 선거에서 후투족인 은쿠룬지자가 당선되고,[17] 부룬디 정부와 반군 사이에 휴전이 이루어지면서 오랜 내전이 끝났다(2006). 그러나 은쿠룬지자 대통령이 재선되는 과정에서 야당 후보들이 선거부정을 주장하며 전원 사퇴하고 폭탄 테러가 난무하는 등 다시 혼란의 조짐이 보이고 있다.

■ 라이베리아 : 머나먼 자유의 나라

19세기 중엽 미국의 해방노예들이 아프리카로 돌아와 나라를 세웠다. 나라 이름을 '라이베리아자유의 나라'로 지었지만, 극소수 해방노예들은 다수 원주민을 마치 식민지 백성처럼 지배했다.[18] 불만이 높아지자 집권당 외 모든 정당을 불법화하고 독재체제를 강화했다.

독재는 1980년 원주민 출신 육군 상사인 도Doe의 쿠데타로 무너졌다. 도 정권은 부패와 경제악화로 민심을 잃어 반란이 일어났고, 테일러가 이끄는 반군이 수도 몬로비아를 점령한 뒤 도를 살해했다. 테일러는 폭력과 금품 살포로 대통령 선거에서 이겼지만 반대파들은 인정하지 않았다. 유난히도 잔인한 내전이 계속됐다. 테일러는 시에라리온의 내전까지 부추겼다.[19]

---

17 부룬디는 임기 5년의 대통령을 상·하원 합동회의에서 선출한다.

18 미국에서 이주해온 해방노예, 즉 아메리코 라이베리안은 전체 인구의 3%에도 못 미쳤다.

19 테일러는 1999년 '혁명연합전선'이라는 이름의 무장집단을 만들어 시에라리온에 투입했다. 여기에는 다수의 라이베리아 병사들이 용병으로 가담했다. 혁명연합전선은 시에라리온의 도시들을 약탈하고 민간인을 살해했다. 이것은 테일러가 시에라리온의 다이아몬드를 손에 넣기 위한 것이었다. 시에라리온 내전은 유엔이 1만7천 명의 평화유지군을 파견하고서야 2002년 겨우 종결됐다.

테일러는 반군에 국토의 80%를 빼앗기고 미국 등 국제사회가 강력히 압박하자 대통령직에서 물러났다. 유엔이 1만5천 명의 평화유지군을 파견한 뒤에야 각 무장세력은 무기를 내려놓고 과도정부 구성에 합의했다. 아프리카 최초의 여성 대통령이 된 설리프는 취임 직후 부패한 재무부 공무원 전원을 해고하는 등 14년 내전으로 무너진 국가 체제를 바로 세우려 분투하고 있다.

■ 앙골라 : 자원부국의 부흥

앙골라는 무력투쟁 끝에 1975년 포르투갈에서 독립한 뒤 곧바로 독립운동단체들 간의 기나긴 내전에 들어갔다. 냉전 중이던 미국과 소련이 편을 갈라 이들을 지원했고, 남아프리카공화국과 쿠바가 군대를 보내 앙골라를 국제전장으로 만들었다. 내전에서 승리한 좌파 정부는 소련이 무너지자 복수정당제[20]와 시장경제[21]를 천명하며 우파 반군과 휴전을 모색했고, 미국도 반군에게 지지를 철회하겠다고 위협해 평화협정을 강요했다. 몇 차례의 정전과 내전 재개를 거쳐 반군은 휴전협정에 조인하고 야당으로 변신했다(2002).

내전의 포성이 멎자 앙골라는 눈부신 경제성장을 이뤘다.[22] 석유와 다이아몬드 등 막대한 지하자원이 있는[23] 앙골라의 2010년 1인당 GDP는 세계 중위

---

20 복수정당제 2개 이상의 정당을 인정하는 제도. 민주국가에서는 일반적으로 복수정당제를 채택하여 이를 헌법에서 보장하고 있다.

21 시장경제 일반적으로 사회주의 경제를 계획경제라고 부르고 자본주의 경제를 시장경제라고 부른다. 계획경제는 국가의 통제에 의해 생산, 분배, 소비가 이루어지는 경제라면 시장경제는 자유경쟁의 원칙에 의해 시장에서 가격이 형성되는 경제를 말한다.

22 내전이 끝난 2002년부터 금융위기 이전인 2007년까지 앙골라는 두 자릿수 경제성장을 유지했다.

23 석유산업은 앙골라 수출의 90%, GDP의 65%를 차지한다.

권으로 중국보다도 높았다.[24]

　그러나 빈부격차와 장기집권에 따른 반발이 앞으로 정치적 불안을 일으킬 가능성이 있다. 앙골라 여당은 이미 30년 넘게 집권해온 산토스 대통령이 앞으로도 10년 이상 권좌에 머물 수 있도록 헌법을 개정했다.[25]

---

24 세계은행(World Bank)이 추산한 2010년 1인당 GDP는 앙골라가 4,443달러, 중국이 4,393달러, 인도네시아가 3,039달러였다.
25 여당이 의석의 87%를 장악한 앙골라 의회는 2010년 헌법을 개정해 대통령 직선제를 폐지하고, 대통령 연임 제한을 2012년 대선부터 적용하도록 했다.

남수단 독립 : 신생국의 험난한 미래

남수단 분리독립과 유전현황

2011년 7월 아프리카의 남수단이 독립했다. 키르 초대 대통령과 남수단 국민들은 독립기념식을 치르며 눈물을 흘리고 감격해 했다. 남수단의 독립은 아프리카에서 가장 긴 내전을 겪고 200만 명이 목숨을 잃은 대가였다.

수단을 지배하던 영국이 물러가면서 우간다에 속해 있던 남수단을 수단에 병합했다. 무슬림인 북부 아랍인들은 기독교와 토속신앙을 믿는 남부 아프리카계 흑인들을 철저히 무시했다.

반란이 일어났고 10년간의 내전 끝에 남부에 자치권을 주는 평화협정이 체결됐다. 그러나 쓸모없는 땅이었던 남수단에서 석유가 발견되자 수단 정부의 마음이 바뀌었다.[1] 평화협정은 휴지가 됐고, 남부 주민들을 이슬람교도로 개종시킨다는 법이 만들어졌다.

남부 수단인들은 격렬히 저항했고 수단 정부는 무자비한 진압으로 응수했다. 내전은 다르푸르 분쟁[2]을 계기로 국제사회가 수단에 관심을 기울이면서 해결의 실마리를 찾았다. 반기문 사무총장 등 유엔이 적극적인 중재에 나서

---

1 수단의 석유 매장량 75%가 남부에 있다.

2 다르푸르는 수단의 서부 지역이다. 이곳 원주민은 아프리카계 흑인이지만 이슬람교를 믿어 남수단과는 다르다. 2000년대 초 가뭄이 심해지자 북쪽에서 아랍계인 바가라족 유목민이 물을 찾아 내려와 흑인 농민들과 충돌했다. 수단 정부가 유목민 편을 들자 2003년 원주민들이 무장투쟁을 시작했다. 수단 정부는 바가라족 민병대인 '잔자위드(말 등에 탄 악마)'를 앞에 내세워 인종청소를 시도했다. 먼저 수단 공군이 출동해 폭격을 퍼부으면 잔자위드 민병대가 들어가 살인과 약탈을 저지르고, 흑인 민병대가 이들을 뒤쫓으면 정부군이 가로막는 일들이 반복됐다. 수단 정부는 잔자위드를 지원하지 않는다고 발뺌해 국제사회의 비난을 받았다. 다르푸르 분쟁으로 20만 명 이상이 숨지고 250만 명이 고향을 떠나야 했다. 아프리카연합(AU) 평화유지군 7천 명이 파견됐지만 역부족이었다. 2007년에 유엔이 나서 평화유지군 규모를 2만 3천 명으로 늘린 다음에야 분쟁이 겨우 진정됐다.

다르푸르 난민촌의 어린이들

고, 그동안 수단 정부를 지원해 온 미국도 양측에 휴전 압력을 가했다.[3] 평화협정 체결 6년 뒤 남수단에서 주민투표가 실시돼 98.8%의 압도적 찬성으로 독립을 가결했다.

　독립은 이뤘지만 평화는 아직 요원하다. 공교롭게도 수단의 유전은 남수단과의 국경 부근에 몰려 있다. 일부 국경지방은 수단 정부의 반대로 독립투표를 실시하지 못했고, 남수단 주민들을 몰아내려는 수단군의 공격이 계속됐다. 남수단은 독립 때까지 수단과 석유 배분 비율을 정하지 못했다. 또한 신생 정부의 앞에는 세계 최빈국인 국가 경제를 복구할 과제가 놓여 있다.[4] 오랜 내전으로 파괴된 경작지와 목초지를 둘러싸고 부족들이 유혈사태를 벌이고 있다. 에티오피아로부터 독립한 에리트레아처럼 부패한 독재국가가 될 가능성도 경계해야 한다.

---

3 2005년 평화협정으로 남수단은 자치정부를 세웠다.
4 남수단 인구 800만 명 가운데 300만 명이 굶주리고 있다. 인구의 반 이상이 하루 1달러도 못 버는 극빈층이다. 문맹률이 85%이고, 영아 사망률도 세계 최고 수준이다.

국제테러조직

미국의 9·11 테러 이후 알 카에다[1]는 가장 악명 높은 국제테러조직으로 떠올랐다. 대규모 테러가 발생할 때마다 알 카에다는 그 배후로 거론됐다. 이슬람 근본주의를 신봉하는 자생조직들 가운데도 알 카에다의 이념을 추구하거나 그 명성을 빌리는 경우가 많았다.

알 카에다 훈련소

---

1 알 카에다Al-Qaeda 미국에서 발생한 9·11 테러 배후 세력으로 지목된 오사마 빈 라덴이 이끄는 테러 조직. 1979년 구소련이 아프가니스탄을 침공하자 오사마 빈 라덴이 이슬람구제기금, 즉 알 카에다를 설립하여 탈레반에 자금 및 훈련 등을 지원했고 1988년 무장 조직으로 재정비했다. 아랍어로 '근거지'라는 의미를 지닌 알 카에다의 당초 창설 목적은 구소련과의 항전이었으나 소련군이 물러간 이후에도 계속 테러 요원을 양성했다. 알 카에다의 주축은 소련군에 맞서 아프가니스탄 내전에 참전한 아랍인들이다.

알 카에다

소련이 아프가니스탄을 침공하자 의용군으로 참전한 오사마 빈 라덴[2]은 테러조직인 알 카에다를 만들었다. 알 카에다는 미국과 이라크의 1차 걸프전쟁을 계기로 반미 세력으로 바뀌었다. 3억 달러나 되는 빈 라덴의 재산을 이용해 각국 테러조직에 자금을 지원하며 세력을 넓혔다. 예멘에 본부를 둔 '알 카에다 아라비아반도 지부'와 북아프리카의 '이슬람 마그레브 알 카에다'는 직계조직이다.[3]

알 카에다는 이슬람 수니파에 속한다. 이라크에 진출한 알 카에다는 소수 수니파 편에 서서 다수 시아파와 격렬한 보복전을 벌였다. 미군이 철수한 뒤에도 알 카에다 연계조직인 '이라크이슬람국가'가 시아파 정권에 테러 공격을 가하고 있다. 알 카에다는 빈 라덴이 미군에 사살된 뒤 중대 고비를 맞았다. [4]

2 **오사마 빈 라덴**Osama Bin Laden(1957~2011) 사우디아라비아 출신으로 미국의 적을 자임하고 대미 이슬람교 저항 운동을 주도해 왔으며 2001년 미국의 9·11 테러를 자행한 인물. 부호 가문에서 태어나 학창 시절 이슬람 단체에서 활동했으며 한때 건설 회사를 운영했으나, 확고한 종교적 신념에 따라 곧 아프가니스탄으로 건너가 저항 운동을 주도하며 영웅으로 부상했다. 1979년 구소련이 아프가니스탄을 침공하자 이슬람구제기금(알 카에다)을 설립하여 탈레반에 자금 및 훈련을 지원했으며 1988년 무장 조직으로 재정비했다. 그는 아프가니스탄 탈레반의 보호 아래 은신하면서 주로 무자헤딘(이슬람 전사) 출신의 테러리스트들을 훈련시키며 사우디아라비아와 예멘에서 운영하는 비밀 사업체를 통해 자금을 공급받아 온 것으로 알려졌다. 9·11 테러에 대한 미국의 보복 공격으로 탈레반 정권과 알 카에다 조직은 거의 붕괴되었으며 2011년 5월 미국 특수부대의 공격을 받아 사살되었다.
3 미국의 한 연구기관은 1998년부터 2011년까지 알 카에다가 세계 각지에서 84건의 테러를 일으켜 최소한 4,299명을 숨지게 했다고 발표했다. 같은 기간 전 세계에서 6000여 개의 테러조직이 2만 건의 테러를 일으켰는데, 알 카에다와 관련된 테러는 전체의 1%에도 못 미치지만 인명 피해는 20%가 넘었다.
4 2011년 5월 파키스탄에서 미국 특수부대가 빈 라덴을 습격해 사살했다. 빈 라덴은 산악지대에 숨어 있을 것이라는 예상과는 달리 이슬라마바드 인근의 고급 주택에 살고 있었다.

알 카에다 연계 조직

■ 헤즈볼라 Hezbollah

알 카에다는 레바논의 시아파 헤즈볼라[5]와 긴밀히 협력하고 있다. 종파 때문에 서로 경계하던 두 테러조직은 2000년대 들어 협력을 강화했다.

헤즈볼라는 중동지역 최대의 테러조직이다. 이스라엘의 레바논 침공에 맞서기 위해 창설됐고(1982), 이란과 시리아의 지원을 받고 있다. 주로 해외에 나와 있는 미국인과 이스라엘인을 공격하는데, 중동에서 처음으로 자살폭탄 테러를 도입했다.[6] 의회 의석을 가진 정당이기도 하다.

헤즈볼라 병사와 깃발

■ 제마 이슬라미야 Jemaah Islamiah

동남아시아에 이슬람 통합국가를 세우는 것이 목표인 테러조직이다. 소련의 아프가니스탄 침공 때 참전했다 돌아온 이슬람 근본주의자들이 모여 만들

---

5 '신의 당'이라는 뜻이다. 이슬람 지하드라고도 부른다.
6 1983년 레바논 베이루트의 미군 해병대 막사 폭탄테러와 1985년 미국 TWA기 납치, 1992년의 아르헨티나 이스라엘 대사관 폭탄 공격 등이 유명하다.

었다. 인도네시아를 본거지로 말레이시아와 싱가포르, 태국, 필리핀 등에 조직망을 갖췄다. 알 카에다 등 국제 이슬람 테러단체들과 긴밀히 연계돼 있다. 200명 이상의 목숨을 앗아간 인도네시아 발리섬 폭탄 테러[7]도 알 카에다의 지원을 받아 저지른 것이었다(2002).

■ 아부사야프 ASG, Abu Sayyaf Grcup

이슬람 신도가 많은 필리핀 남부 민다나오 섬의 독립을 목표로 한다. 대표적인 이슬람 반군인 '모로민족해방전선[8]에서 강경파가 갈라져 나와 만들었으며(1991), 모로민족해방전선이 필리핀 정부와 휴전을 모색하는 데 대한 주민들의 반감을 이용해 세를 불렸다. 알 카에다 등 아랍의 여러 이슬람 단체들과 무기 및 인력을 교류하고 있다. 주로 외국인을 납치해 인질극을 벌이는데, 미국이 아부사야프 소탕을 위해 직접 군대를 투입하기도 했다(2002).

---

7 2002년에 인도네시아 사상 최대의 인명 피해를 낸 테러 사건. 발리섬의 쿠타 해변에 있는 한 나이트클럽 앞에서 사륜구동 차량이 폭발하면서 발생했다. 당시 나이트클럽 안에는 500여 명의 관광객이 있었는데 폭발로 인해 지붕이 무너지면서 많은 사람들이 죽거나 부상했다.
8 모로민족해방전선Moro National Liberation Front 필리핀 남부에서 이슬람교도 지역의 독립을 요구하는 단체.

남미의 테러조직

남미 각국을 휩쓸던 좌익 테러는 1990년대 들어 대부분의 국가가 민주화되고 정부의 정통성이 커지면서 쇠퇴의 길을 걸었다. 정부의 강력한 토벌로 상당수 테러조직이 와해됐고, 남은 조직들도 마약 등 범죄 집단과 구분이 모호해진 경우가 많았다. 그러나 아직 토지개혁조차 실시하지 못한 정치 후진성은 빈부 격차와 함께 끊임없이 사회 불안 요인을 제공하고 있다.[9]

■ 콜롬비아 무장혁명군 FARC, Fuerzas Armada Revolucionarias

콜롬비아 무장혁명군 병사들

대지주와 군부정권의 탄압에 맞서 일어난 농민 반란군 조직이다(1966). 남미 반군 가운데 가장 규모가 크고 잘 훈련돼 있다. 외국인과 외국계 회사 직원들을 납치하는 것으로 악명 높으며, 어린이들을 징발해 전투에 동원하는 일도 서슴지 않는다. 최근에는 정부군의 토벌에 밀려 세력이 약화됐다.

콜롬비아 무장혁명군은 활동자금 마련을 위해 손 댄 코카인 밀매에 점점

---

9 남미의 경제대국인 브라질조차 경작 가능한 농지의 50%를 인구의 1%가 차지하고 있다. 반면에, 한국과 대만 등 동아시아 국가들은 독립과 동시에 토지개혁을 실시해, 농민의 보수화로 사회 안정을 이루고 토지를 잃은 대지주들이 근대적 기업가가 되도록 만들었다.

더 빠져들고 있다. 좌익 반군에 대항해 결성된 우익 민병대 '콜롬비아 자위대' 역시 사실상 거대한 코카인 밀매 조직이다. 마약 생산이 급증하자 미국은 콜롬비아 정부에 좌익 반군과 마약 조직 소탕을 강력히 요구하고 있다.

■ 빛나는 길 Shinig Path

페루의 반정부 게릴라 조직이다. 교수 출신인 구즈만이 마오쩌둥毛澤東주의 농민혁명을 주장하며 만들었다(1969). 코카인 재배 농민과 밀매업자를 보호해 주고 세금을 받아 세력을 넓혔다. 한때 병력이 만 명이 넘었지만, 구즈만이 체포되면서 타격을 받았다. 여기에 후지모리 대통령의 강력한 토벌작전으로 '빛나는 길'은 사실상 와해됐다.

내륙으로 쫓겨 들어간 잔당들은 탄군이라기보다 마약 밀매업자에 가까워졌다. 이 때문에 페루는 2010년 콜롬비아를 제치고 세계 최대 코카인 생산국이 됐다.

■ 파라과이 국민군 EPP

1990년대 출현한 파라과이의 무장 게릴라 조직이다. 조직원이 3천 명에 달할 정도로 세력을 확장 중이다. 강도와 납치, 살인, 마약밀매 등 각종 범죄를 저지르고, 농업주권을 지킨다면서 자국 내 브라질인 농장주들을 공격한다. 콜롬비아 무장혁명군, 브라질의 폭력조직들과 연계를 강화해 관련국 정부들이 긴장하고 있다.

체첸의 테러조직

2011년 1월 모스크바 도모데도보 국제공항에서 자살폭탄 테러가 일어나 35명이 사망했다. 러시아 경찰은 체첸의 여성 테러단인 '검은 과부들'을 범인으로 지목했다.[10] 검은 과부들은 체첸의 독립을 위해 싸우다 죽은 남편이나 남자 형제를 둔 여성들이다. 이들은 어려서부터 러시아군의 만행을 보고 자라고 가족이 끌려가 고문을 받아 죽는 일을 겪으며 절망감에 테러조직에 가담한다. 2000년 처음 등장해 모스크바 극장 인질 사건[11], 북오세티야 베슬란학교 점거 사건[12], 모스크바 지하철 폭발 사건[13] 등 대형 테러에 빠지지 않고 가담해왔다.

검은 과부들이 언제 만들어지고 어떤 조직인지는 베일에 싸여 있다. 체첸의 반군 지도자 바사예프가 '리야드 우스 샬리힌 순교자단'의 일부로 여성 조직을 만든 것이라는 주장이 유력하다. 그러나 체첸의 또 다른 테러단체인 '이슬람불리 여단'과 '캅카스 에미라트' 안에도 검은 과부들이 있는 것으로 보인다.

---

10 목격자들은 도모데도보 공항 대합실에서 검은 옷을 입은 여성이 고함을 지른 뒤 들고 있던 가방이 폭발했다고 증언했다.

11 2002년 10월, 러시아 모스크바에 있는 오페라 극장에서 발생한 인질극으로 체첸 독립을 주장하는 테러리스트 50여 명이 공연을 관람하던 시민 800여 명을 인질로 붙잡은 사건. 러시아군은 극장 안에 강한 화학가스를 주입하여 무력으로 진압하였는데 이 과정에서 인질 130여 명과 테러리스트들이 숨졌다.

12 2004년 9월, 체첸 반군 30여 명이 체첸 주둔 러시아군의 철수를 요구하며 북오세티야 공화국의 베슬란학교에서 1,500여 명을 볼모로 잡고 대치하다 400여 명이 죽고, 1,000여 명이 부상한 사건.

13 2010년 10월, 러시아의 수도 모스크바 시내 지하철역 두 곳에서 연쇄 테러가 발생하여 40여 명이 죽은 사건.

영토 분쟁

뭄바이 테러와 카슈미르 분쟁

2008년 11월 파키스탄 테러범 10명이 배를 타고 인도의 최대 도시 뭄바이에 잠입했다. 테러범들은 유명 호텔과 기차역, 병원, 식당 등을 습격해 시민들을 무자비하게 살육했다. 사흘 동안 179명이 숨진 뒤에야 테러범들을 진압할 수 있었다. 분노한 인도 정부는 파키스탄의 무장단체 '라시카르 에 토이바LeT'를 공격 배후로 지목하고, 파키스탄 정부가 주모자들을 체포하지 않으면 직접 응징하겠다고 경고했다.

파키스탄 정부는 국내 반인도 정서 때문에 LeT를 단속하는 흉내만 냈다.[1] 또한 뭄바이 테러의 목표가 잠무 카슈미르의 독립이었다는 인도측 주장도 강력히 부인했다. 두 나라는 국경에 병력을 증강하고 한때 전쟁 직전까지 치달았다.

인도 뭄바이 테러로 가장 많은 희생자가 발생한 타지마할 호텔

---

1 인도는 파키스탄 정보부가 LeT를 만들었다고 보고 있다. 파키스탄 민간정부는 정보부를 제대로 통제하지 못하고 있고, 정보부의 지원을 받는 LeT를 단속하려 해도 그럴 만한 힘이 없다.

카슈미르 주민 가운데는 압도적으로 이슬람교도가 많다.[2] 그러나 영국의 식민지에서 독립할 때(1947) 힌두교도인 카슈미르 번왕藩王이 파키스탄이 아닌 인도로 귀속을 결정했다. 폭동이 일어나고 인도와 파키스탄 군대가 충돌했다. 유엔의 중재로 두 나라는 카슈미르를 분할했지만, 국경 분쟁과 인도령 잠무 카슈미르 주민들의 저항은 계속됐다.

인도와 파키스탄 정부는 50여 년 만에 휴전협정에 서명했다. 그러나 '잠무 카슈미르 해방전선'과 같은 민간 무장단체들은 파키스탄 정부 대신 인도군과 싸우고 있다. 주민들의 시위도 잦아들 기미가 보이지 않는다.

또한 카슈미르 일부를 중국이 차지해 영토분쟁을 더욱 복잡하게 만들었다. 중국이 인도와의 국경충돌 때[3] 잠무 카슈미르 북동부를 점령해 돌려주지 않고 있는 것이다.[4]

---

2 인도령 잠무 카슈미르도 이슬람교도가 64%이다.

3 중국과 인도는 국경선에 대한 견해가 서로 엇갈려 갈등을 빚고 있다. 인도는 영국의 식민지였던 시대에 영국이 설정한 '맥마흔 라인'*을 국경선으로 보고 있는 데 반해 중국측은 영국 침략 이전의 전통적 경계선을 국경선으로 주장한다. 그러다 1962년 맥마흔 라인에서 인도군과 중국군은 무력충돌을 일으켰다.

* 맥마흔 라인 영국측 대표 맥마흔이 영국령 인도 동북부와 티베트 간의 국경선으로 그은 선으로 1914년 심라 (Simla) 회의 개최중에 영국과 티베트가 합의했다. 중국은 이 맥마흔 라인이 영국제국주의의 유산이라고 하여 승인하지 않고 있다.

4 중국은 잠무 카슈미르 점령지를 돌려달라는 인도의 요구에, 인도가 지배하고 있는 아루나찰 프라데시주가 자국 땅이니 돌려달라고 맞서고 있다.

센카쿠 열도 분쟁과 희토류

센카쿠 열도[5]는 동중국해 남서부에 있는 5개 무인도와 3개 암초를 이른다. 일본이 실효 지배하지만, 중국과 대만도 영유권을 주장한다.[6] 부근 해저에서 대규모 석유와 천연가스가 발견되면서 관련 국들의 분쟁이 더욱 치열해졌다.

센카쿠 열도는 중국 명나라 책에 '조어서'라는 이름으로 처음 등장했고, 청나라 말기 중국 지도에도 푸젠성 소속으로 기재돼 있다. 그런데 일본이 청일전쟁[7] 중 이 섬들을 주인 없는 땅이라며 영토에 포함시켰다.

2010년, 중국 어선이 센카쿠 열도 부근에서 조업하다 단속하는 일본 순시선을 들이받은 사건이 발생했다. 일본은 선장을 구속했고 중국 정부가 석방을 요구해 외교 문제가 됐다. 중국인들의 일본행 관광을 제한하고 일본 가수 공연을 취소하는 등 제재를 해도 물러서지 않던 일본 정부는 중국이 희토류[8] 수출을 중단하자 백기를 들고 중국인 선장을 풀어줬다. 그후에도 중국이 어업지도선을 센카쿠 열도 영해 안으로 진입시키고, 일본은 부근 섬에 자위대를 배치하기로 하는 등 긴장이 계속되고 있다.

---

5 조어도(釣漁島) 또는 댜오위다오 군도라고도 부른다

6 센카쿠 열도는 일본 오키나와에서 300km, 대만과는 200km 떨어져 있다.

7 청일전쟁 1894~1895년 사이에 청나라와 일본이 조선의 지배권을 놓고 다툰 전쟁.

8 희토류 란탄, 세륨, 디스프로슘 등을 일컫는 말로 희귀 금속의 한 종류이다. 화학적으로 안정적이며 열과 전기 전도율이 높아 다양한 전자 제품의 핵심 부품으로 쓰인다. 세계 생산량의 97%를 중국이 공급하고 있다. 덩샤오핑은 1990년대 '중동에 석유가 있다면 중국에는 희토류가 있다'고 말해 자원무기화 가능성을 언급했다.

난사군도 분쟁과 각국의 일전불사

2011년 5월, 난사군도[9]에서 중국 순시선이 석유 탐사를 하던 베트남 시추선의 케이블을 잘랐다.[10] 사회주의 국가인 베트남에서는 이례적으로 대규모 항의 시위가 벌어졌다. 하노이 시민들은 중국 오성홍기를 해적기로 만들어 흔들며 중국 정부를 규탄했다.

난사군도는 남중국해 남쪽의 100여 개 작은 섬과 암초로 이루어졌다. 대부분 무인도지만, 군사상 요지인 데다 막대한 석유가 매장된 것으로 추정된다. 난사군도는 프랑스에 이어 일본이 지배하다 2차 대전 종결과 함께 중국 국민당 정부에 이관됐다. 그후 중국뿐 아니라 대만, 베트남, 필리핀, 말레이시아, 브루나이 등이 모두 영유권을 주장했다.

베트남이 가장 적극적이어서, 남베트남의 사이공 정부는 난사군도를 자국 영토로 선언하고 군대를 보내 점령했다가 중국과 무력 충돌했다.[11] 통일 뒤 하노이 정부도 난사군도 앞바다에서 중국과 해전을 벌였다(1988). 전투에서는 패했지만 베트남은 난사군도에 꾸준히 주둔 병력을 늘리고 유사시 전면전도 불사하겠다는 자세다.[12]

현재 난사군도는 중국과 베트남뿐 아니라 대만, 필리핀, 말레이시아가 분할 점령하고 있다.[13] 관련국들은 충돌을 막기 위해 아무도 난사군도를 개발하지 않기로 약속했지만 분쟁은 계속되고 있다.

---

9 남사군도(南沙群島) 또는 스프래틀리 군도(Spratly Islands)라고도 부른다.
10 중국은 베트남 군함에 쫓기던 중국 어선이 베트남 석유탐사선의 케이블과 엉키는 바람에 잘랐다고 해명했지만, 베트남의 석유 탐사가 중국의 주권 침해라는 입장은 굽히지 않았다.
11 1973년 9월 남베트남 정부는 난사군도 10여 개 섬을 자국 영토에 편입하고 인근 서사군도(파라셀군도)에도 병력을 파견했다. 1974년 1월 중국 해군이 반격해 남베트남 군함 5척을 격침시키고 서사군도를 점령했다.
12 베트남은 1993년부터 난사군도에 군대를 주둔시키고 계속 병력을 증강해왔다. 2004년에는 2개의 섬에 비행장을 건설했다.
13 난사군도 섬들 가운데 베트남이 28개, 중국이 9개, 그밖에 대만과 필리핀, 말레이시아가 17개 섬을 실효 지배하고 있다.

태국과 캄보디아의 고대 유적을 둘러싼 충돌

아시아의 거의 모든 국가들이 서구열강의 식민지로 전락했을 때 태국은 주권을 지켜냈다. 태국이 강국이기도 했지만, 프랑스의 영토할양 요구를 전부받아들이며 승산 없는 전쟁을 피했기 때문이다. 태국이 정복했던 옛 캄보디아 영토를 반환하기 위해 프랑스와 태국 관리들이 새 국경을 측량했는데, 실수로 프레아비히어 사원이 캄보디아 쪽으로 넘어갔다(1904). 프레아비히어는 10세기에 만들어진 힌두교 사원 유적이다. 프랑스가 물러간 뒤 태국과 캄보디아는 사원의 소유권을 놓고 오랜 분쟁을 벌였는데, 국제사법재판소가 캄보디아의 손을 들어주었다(1962).

잠복했던 갈등은 양국 내부의 정치적 이유 때문에 다시 불거졌다. 탁신[14] 전 총리를 지지하는 푸어타이당이 집권하자 중산층과 지식인 그룹이 격렬한 반정부 시위를 벌였다. 시위대는 친탁신 정부가 캄보디아와 함께 프레아비히어 사원을 유네스코 세계문화유산으로 지정하려는 것을 매국 행위로 몰아붙였다.[15] 오랜 가두시위로 친탁신 정부가 무너진 뒤 집권한 민주당 정부는 프레아비히어 사원 문제에 강경 대응할 수밖에 없었다. 반면에 훈센 캄보디아 총리도 국민들의 반베트남 정서로 인한 정치적 약점을 가리기 위해 태국과의 국경분쟁을 은근히 부채질했다.[16]

소규모 무역과 관광업에 의존해온 두 나라 국경지역 주민들은 생계에 위협을 받았다. 프레아비히어 사원의 유일한 진입로가 태국 쪽으로 나있는 데다

---

14 탁신Thaksin Shinawatra(1949~) 태국 정보통신 분야 사업에서 뛰어난 경영 능력을 발휘하여 억만장자가 되는 등 사업가로서의 역량이 탁월했다. 1994년 외무장관을 맡았으나 정경유착 문제로 100일 만에 물러났다. 1997년 8월 부총리 역임, 다음 해 7월 타이락타이(TRT)를 창당해 2001년에는 태국 제23대 총리로 취임했다. 그러나 부패와 부정선거 등으로 민심을 잃어 2006년 태국 군부의 쿠데타로 실각한다.

15 친탁신 정부는 영토분쟁과는 별도로 프레아비히어 사원을 유네스코 세계문화유산으로 등재해 관광업을 활성화시키려 했다. 야당과 시위대의 반대로 태국 정부는 신청을 철회했고, 2008년 7월 캄보디아가 단독으로 세계문화유산 지정을 받았다.

16 훈센은 1979년 캄보디아를 침공한 베트남군과 함께 귀국해 정권을 잡았다. 캄보디아 국민들은 잔혹한 폴 포트 정권이 무너진 것을 환영하면서도, 200년 전 광활한 메콩 델타 지역을 뺏어간 베트남에 대해 아직도 증오심을 품고 있다.

프레아비히어 사원

주변 산이 온통 지뢰밭이라 새로운 길을 내기도 어려워,[17] 국경 폐쇄는 곧 관광 중단을 의미했다. 계속된 무력충돌로 사상자가 늘어나자 국제사법재판소가 양측 병력의 철수를 결정했지만 태국의 거부로 실효를 거두지 못했다.

---

17 프레아비히어 사원 일대는 크메르루즈*의 마지막 저항지였다. 끝내 이곳을 점령하지 못한 훈센 정부는 협상을 통해 항복을 받되 크메르루즈 병사들을 정부군에 편입해 해당 지역을 지키도록 했다. 태국과의 분쟁은 이 믿지 못할 병사들의 자부심을 고취하고 중앙정부에 대한 충성심을 이끌어내는 데도 도움이 됐다.
* 크메르루즈Khmer Rouge 게릴라전을 통해 권력을 장악한 후 1975~1979년 동안 캄보디아를 통치한 급진적인 공산주의 운동단체. 크메르루즈 정부는 베트남과의 전쟁에서 패해 1979년 와해되었다.

북극에 드리우는 영토 분쟁

영구 빙하인 줄 알았던 북극의 얼음이 녹고 있다. 지구 온난화 때문인데, 전문가들은 2040년이 되면 1년 중 한 달은 북극해가 완전히 녹아 자원 개발이 쉬워질 것으로 보고 있다. 북극의 바다 밑에는 엄청난 자원이 묻혀 있다.[18] 이에 따라 북극에 접한 미국과 캐나다, 러시아, 덴마크, 노르웨이의 자원 선점을 위한 움직임이 빨라지고 있다.

유엔은 북극해에 대한 개별 국가의 주권을 인정하지 않고, 다만 연안 5개국에 영토에서 200해리370km까지 배타적 경제수역EEZ[19]을 허용했다. 그러나 육지와 연결된 대륙붕은 200해리가 넘더라도 배타적 권리를 갖는다는 조항 때

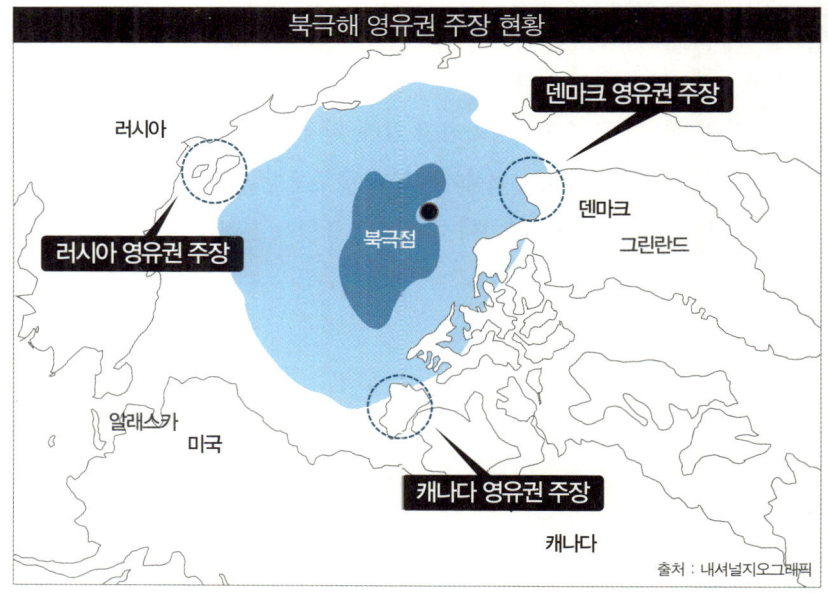

출처 : 내셔널지오그래픽

---

18 전문가들은 북극의 석유 매장량이 전 세계 매장량의 최대 22%, 가스는 최대 30%인 것으로 보고 있다.

19 배타적 경제수역EEZ(Exclusive Economic Zone)은 자국 연안으로부터 200해리까지의 모든 자원에 대해 탐사, 개발 및 보존, 해양환경의 보존, 과학적 조사활동 등 모든 독점적 권리를 행사할 수 있는 유엔 국제해양법상의 수역인데 북극 연안 5개국은 이에 반발해 배타적 경제수역을 350해리까지 확대하라고 요구하고 있다. 한편, 국가의 주권이 미치는 영해는 영토로부터 12해리(약 22km)까지만 인정된다.

북극의 설원

문에, 각국은 해저를 측량하고 자국의 영토가 북극 대륙붕과 연결됐다는 주장을 경쟁적으로 내놓고 있다.

유사시에 대비해 군사력도 강화하고 있다. 미국은 북극해에서 대규모 함대를 동원해 무력시위를 벌였고, 러시아는 북극에 주둔할 2개 여단을 창설할 계획이다.[20] 캐나다도 북극권에서 해마다 대규모 군경 합동 훈련을 실시하고 있다.

---

20 러시아는 2007년 유인 잠수정을 북극점 아래 4,000m 해저로 보내 국기를 꽂고 영유권을 주장하기도 했다.

일본의 독도 침탈 야욕

도발과 대응

독도는 영토 분쟁 지역이 아니다. 역사적으로나 국제법상으로 논란의 여지가 없는 대한민국 영토이다. 그 독도를 침탈할 길을 찾기 위해 일본의 일부 국수주의자들이 분쟁 지역으로 만들려는 것뿐이다. 영토 문제는 국민의 감성을 쉽게 자극해 점점 더 많은 일본인들이 독도에 대해 잘못된 인식을 갖게 됐다. 더욱이 일본 정부가 청소년들에게 대한민국이 독도를 불법 점거하고 있다고 가르치고 있어 장차 양국 관계에 불행의 그림자를 드리우고 있다.

한국 정부는 독도를 분쟁지역화하려는 일본의 시도에 실효지배와 무대응으로 맞서고 있다. 정부의 대응이 원칙적으로 옳으나, 지나치게 소극적이라는 주장도 있다. 1990년대 후반 일본과 어업협정을 개정하면서 우리 외교부가 독도가 아닌 울릉도를 배타적 경제수역 기점으로 발표해 많은 비판을 받기도 했다. 외교부 방침은 바뀌었지만 이미 신新한일어업협정(1998.11)이 체결된 뒤였다.

독도 침탈의 역사

우리 조상들은 고대부터 독도의 존재를 알았고 우리의 영토로 인식해왔다.[1] 독도를 울릉도의 부속 도서로 여겼으며,[2] 『세종실록지리지』 등 수많은 문헌에 독도를 직접 기록했다.[3] 조선 태종 때 여진족과 왜구의 노략질 때문에 울릉도 주민들을 모두 육지로 데리고 나왔지만, 그 기간조차도 관리들이 정기적으로 울릉도를 순찰했다.

세종실록지리지

일본은 독도가 옛날부터 자신들의 땅이었다고 주장하지만 이를 입증할 사료를 단 하나도 찾지 못했다. 찾으면 찾을수록 오히려 그 반대 사료들만 나왔다. 도쿠가와 막부가 울릉도 침략을 노리던 대마도 도주에게 쓸데없는 분쟁을 일으키지 말라고 명령한 기록도 있다.[4]

독도에 별 관심이 없던 일본은 러일전쟁[5]이 일어나자 태도가 바뀌었다. 독도에 러시아 해군을 감시할 망루를 세우면서 군사적 중요성이 부각된 것이다. 1905년 1월 일본 내각회의에서 '주인 없는 독도를 일본에 편입한다'는 결정을 내리고 이를 관련국 어디에도 알리지 않은 채 시마네현 관보에 게재했다. 일본

---

1 『삼국사기』는 서기 512년 신라가 지금의 울릉도인 우산국을 병합했다고 기록했다.

2 독도는 울릉도에서 맑은 날 선명히 보일 정도로 가까운 거리에 있다.

3 1432년 발간한 세종실록지리지는 '于山(독도)과 무릉(武陵) 두 섬이 울진현 동쪽 바다 가운데 있다. 서로 거리가 멀지 않아 풍일이 청명하면 바라볼 수 있다'고 기록했다. 울릉도와 별개로 독도를 지목한 것이다.

4 1696년 도쿠가와 막부 관백은 대마도 도주에게 '죽도(울릉도)는 조선에 가까워 그 나라 땅이라는 것을 의심할 수 없을 것 같다. 우리가 병력으로써 임한다면 무엇을 요구하여 얻지 못하겠는가? 다만 쓸모없는 조그마한 섬을 가지고 이웃 나라와의 우호관계를 잃는 것은 좋은 계책이 아니다'라고 지시했다. 도쿠가와 막부는 또 어민들에게 주었던 일종의 원양어업 허가인 죽도도해면허(竹島渡海免許)와 송도도해면허(松島渡海免許)를 취소하고 울릉도와 독도 인근의 어업을 금지했다.

5 러일전쟁 1904~1905년에 만주와 한국의 지배권을 두고 러시아와 일본이 벌인 전쟁.

독도 전경

은 독도 편입 사실을 을사조약 뒤어야 대한제국에 통보했다. 이에 을사오적[6] 인 박제순과 이지용조차 강력히 항의했다.

　2차 대전에서 패한 일본이 과거 강탈했던 영토를 반환하면서 독도는 대한 민국에 귀속됐다. 일본은 독도만은 자기들 영토로 남기기 위해 갖은 노력을 다했다. 샌프란시스코 강화조약에 유리한 문구를 넣으려다 영국과 뉴질랜드 의 반대로 실패했고, 남의 땅인 독도를 미군에 폭격 연습장으로 제공해 한국 어민들이 사망하기도 했다.

---

6 을사오적乙巳伍賊 조선 말기 일제의 침략과정에서, 1905년 일제가 을사조약을 강제 체결할 당시, 조약에 찬성 하여 서명한 다섯 대신. 박제순(朴齊純, 외부대신), 이지용(李址鎔, 내부대신), 이근택(李根澤, 군부대신), 이완용 (李完用, 학부대신), 권중현(權重顯, 농상부대신)을 일컫는다.

타이완과 '하나의 중국'

'하나의 중국'이라는 중국의 원칙은 단호하다. 타이완은 결코 분리할 수 없는 중국의 일부라는 것이다. 중국은 타이완이 독립을 선언하면 무력을 사용하겠다고 밝히고 있다. 타이완의 독립 선언이 티베트나 위구르 같은 소수민족들을 자극할 수 있기 때문이다.[1]

타이완은 중국의 태도가 자존심 상하기는 하지만 현실로 받아들이고 있다. 타이완은 유엔에서 축출당하고[2] 수교 국가가 23개에 불과할 만큼 수세에 몰려 있다. 그래도 하나의 국가로서 외교와 국방 주권을 유지하고 아시아의 신흥국 가운데 하나로 존재하는 데 나름대로 만족하는 분위기이다. 중국과의 국력이 천양지차로 벌어진 만큼 타이완은 과거 장제스蔣介石나 장징궈蔣經國 총통 시절의 '멸공통일'이나 '대륙수복' 같은 구호를 버린 지 오래다.[3] 오히려 미국 다음의 경제대국이 된 중국과 경제 협력에 힘쓰는 등 평화 공존을 꾀하고 있다.[4]

---

1 타이완을 독립된 국가로 인정하지 않겠다는 입장은 중국의 공식 호칭에서도 잘 나타난다. 중국은 타이완을 '중국 타이완 성'으로, 마잉쥬 타이완 총통을 '타이완지구 영도자 마잉쥬 선생'으로 부르고 있다. 또 타이완 문제를 외교부가 아닌 국무원 산하 타이완사무판공실에서 다루고 있다.

2 중화인민공화국의 국제무대 발언권이 점차 강화돼가자 미국과 일본은 중화민국에게 두 개의 중국을 수용할 것을 촉구했지만 장제스 총통은 강력히 거부했다. 유엔 회원국 자격과 관련해서도 미국은 중국의 대표권과 안보리 상임이사국 지위를 포기하고 일반 회원국으로 유엔에 남으라고 권했지만 중화민국은 이를 거부했고, 결국 1971년 유엔 총회 결의에 의해 추방되었다.

3 타이완의 대중국 정책은 정당에 따라 뚜렷한 차이를 보인다. 대륙에서 패퇴해온 국민당은 분단 초기 중국 공산당과 타협하지 않겠다던 입장에서 180도 전환해 대륙과의 화해를 추구하는 반면, 타이완 원주민이 지지층인 민진당은 고유의 정체성을 내세우며 독립을 추구하고 있다. 2000년 대선에서 타이완 사상 첫 정권교체를 이룬 민진당의 천수이볜 총통은 일변일국(一邊一國)론*을 내세우며 독립 의지를 보였다. 중국은 반분열국가법을 제정해 대만의 독립 움직임에 강력히 경고했고, 천수이볜은 이에 맞서 국가통일위원회와 국가통일강령을 폐지했다. 8년 만에 정권을 되찾은 국민당의 마잉쥬 총통은 '하나의 중국' 원칙에는 동의하지만 통일과 독립 중 어느 것도 원하지 않는다는 현상유지 입장을 취하고 있다. 양안(兩岸)의 미래는 후손들이 결정해야 할 문제라는 것이다.

* 일변일국론 타이완과 중국은 각각 1개의 국가라는 것으로, 타이완의 독립을 주장하는 논리다.

4 타이완은 경제적으로는 사실상 홍콩 마카오를 포함한 대중화 경제권에 편입돼 수혜를 누리고 있다.

중국 소수민족 소요 사태

티베트[1]

티베트는 7세기 초 최초의 통일 국가를 세우고 전성기를 누렸다. 그뒤 원나라와 청나라에 잇따라 정복됐지만, 원은 티베트를 성직자의 나라로 여겨 세금을 부과하지 않았고 청도 관리를 파견하되 달라이 라마[2]를 정점으로 하는 정교일치 체제를 용인하며 느슨하게 통치했다.

중국이 신해혁명辛亥革命[3]으로 혼란해지자 티베트인들은 각지에서 봉기해

티벳 수도 라싸 전경

---

1 중국의 서쪽 끝에 있는 티베트는 이제는 시짱자치구(西藏自治區)로 불린다. 인근 성들에 편입된 땅을 다 합한다면 티베트의 본래 영토는 중국 전체의 5분의 1에 달할 정도로 광대하다.

2 달라이 라마Dalai-Lama 티베트 불교의 종파인 겔루크파의 수장인 법왕의 호칭으로 티베트의 정신적 지도자. 달라이는 몽골어로 '큰 바다', 라마는 티베트어로 '스승'을 뜻한다. 즉 달라이 라마는 '넓은 바다와 같이 넓고 큰 덕을 지닌 스승'이란 뜻이다. 티베트인들은 달라이 라마가 환생한다고 믿어 후대 달라이 라마를 결정한다. 그 과정은 달라이 라마가 자신이 입적하기 전에 환생할 장소를 예시하거나 신탁에 의해 환생할 달라이 라마에 대해 예시하면 예시의 내용을 가지고 고승들이 후대 달라이 라마가 될 아이를 찾게 된다. 전대 달라이 라마가 환생했다고 여겨지는 아이는 그것을 확인할 시험을 치르게 되고 이렇게 선택된 아이는 달라이 라마로서의 자질을 갖출 교육을 받고 18세가 되면 정식으로 달라이 라마에 즉위한다.

3 신해혁명 1911년에 일어난 중국의 민주주의 혁명으로 쑨원을 대총통으로 하는 중화민국이 탄생하였다.

최근 중국 소수민족 갈등 사건

신장위구르 후허하오터
네이멍구
호탄 베이징
티베트 자치구
라싸

티베트

2008년 3월	라싸 반한족 시위, 19명 사망

신장

2009년 7월 5일	우루무치서 민족갈등 유혈시위, 197명 사망

네이멍구

2011년 5월	광산의 환경파괴에 항의하던 유목민 죽음에 몽골족 대규모 시위

중국군을 몰아냈다(1911). 그러나 중국 국민당 정부나 공산당 정부 누구도 티베트의 독립을 인정하지 않았다. 국공내전이 끝나자 수만 명의 중국 인민해방군이 티베트로 밀고 들어갔다(1950). 티베트군은 상대가 될 수 없었다. 티베트 수도 라싸에서 독립을 요구하는 폭동이 일어나 중국 정부가 무력 진압했는데, 이 과정에서 8만 명 이상이 숨졌다고 티베트인들은 주장한다(1959).[4]

중국인 대부분은 티베트가 합법적인 중국의 영토라고 여긴다. 중국 정부도 95%가 농노였던 티베트인들은 1950년에 해방시켰다고 주장한다. 또 지난 60년간 티베트의 연평균 경제 성장률이 8.3%나 됐고, 평균 수명이 35세에서 67세로 느는 등 발전을 이루었다고 강조한다.

그러나 라싸 인구의 반이 한족일 정도로 이주민이 늘고 이들이 경제를 장악하자, 민족감정과 빈부격차에 대한 불만까지 겹치게 됐다. 2008년 라싸에서 대규모 시위가 벌어져 중국 정부의 발표로만 19명이 숨지는 등, 티베트인들의 독립 열망은 좀처럼 사그러들지 않고 있다.

---

4 1959년 봉기 실패 뒤 달라이 라마는 인도로 망명해 다람살라에 망명정부를 세웠고, 수만 명의 티베트인들이 그를 따라 국경을 넘었다.

신장위구르

지금의 신장위구르 자치구 땅에 위구르족이 들어온 것은 9세기 무렵이다. 13세기 몽골군에 정복된 뒤 역대 중국 왕조의 지배를 받았으며, 서쪽에서 밀려오는 이슬람 세력과 중국의 치열한 격전장이 되었다. 18세기 청나라 건륭제

위구르족 소년들

때 겨우 정세가 안정되었다가 19세기 들어 위구르족의 반란이 수시로 일어났다. 위구르인들은 1944년 동투르키스탄이라는 독립국을 세웠지만, 4년 뒤 중국 인민해방군이 진주해 신장 지역을 접수했다.

이슬람교를 믿는 위구르족은 중국의 소수민족 중에서도 한족과 가장 이질적이며, 소련이 붕괴해 중앙아시아 이슬람 국가들이 대거 독립한 1990년대 이후 본격적인 독립운동을 시작했다. 여기에는 한족의 대규모 이주로 2,000만 인구 가운데 이제는 한족이 더 많아졌고, 이들이 경제발전의 혜택을 독차지하는 데 대한 반감도 크게 작용했다.[5]

그러나 중국 정부로서는 경제적인 이유로도 신장위구르의 독립을 허용할 수 없다.[6] 이 지역에 매장된 막대한 에너지 자원이 없으면 중국 경제의 존립이 불가능하기 때문이다. 중국 정부는 2000년대 들어 신장위구르의 에너지 자원을 파이프와 전력망을 통해 동부 해안 지역으로 운송하는 '서기동수西氣東輸[7] 사업을 진행하고 있다.

---

5 신장위구르 자치구에서는 테러단체들의 활동이 계속되고 있고, 1995년과 1997년 대규모 독립 요구 시위로 수백 명의 사상자가 발생했다. 2009년에도 수도 우루무치에서 위구르족과 한족 노동자의 싸움이 발단이 돼 민족 차별 철폐를 요구하는 시위가 일어났다. 위구르족의 폭동에 한족의 보복 공격과 경찰의 발포가 이어지면서 중국 정부 발표에 의하면 197명이 사망했다.

6 신장 지역에는 중국 전체의 석유 30%, 천연가스 34%, 석탄의 40%가 매장돼 있다.

7 서기동수西氣東輸 '서쪽(西)의 천연가스(氣)를 동쪽(東)으로 운송한다(輸)'는 뜻이다. 중국이 '제10차 5개년 계획'의 일환으로 전개한 서부 대개발 사업 가운데 하나로 가스 수송관 건설 사업이다.

네이멍구内蒙古

중국 네이멍구 자치구의 한 탄광회사 앞에서 몽골족 목동이 목초지가 파괴된다며 항의 시위를 벌이다 석탄 운반 트럭을 가로막았다. 한족인 운전사는 그를 향해 돌진했고 목동은 사망했다. 가해 운전사가 '몽골족의 목숨 값은 몇 푼 안 되며 자신은 보험에 가입했기 때문에 아무 문제없다'고 말했다는 소문이 퍼지면서 수도 후허하오터 등 각지에서 반중국 시위가 일어났다. 비교적 민족 갈등이 적었던 네이멍구에서 대규모 시위가 벌어진 것은 처음이었다 (2011).

네이멍구는 19세기 후반부터 한족 농민들이 대거 이주해와 지금은 전체 인구 2,400만 명 가운데 한족이 80%이고 몽골족은 17%에 불과하다. 네이멍구는 최근 중국 내에서 최고의 경제성장률을 기록해왔지만, 몽골 유목민들은 자원 개발로 목초지를 잃고 쫓겨나야만 했다. 더구나 곳곳에 탄광이 개발되면서 지하수 고갈과 분진 피해에 대한 항의가 이어졌다.

중국 정부는 사태를 조기 진화하기 위해 가해자 엄벌을 약속하고, 주민 생활에 피해를 주는 탄광은 채굴을 금지하겠다고 발표했다. 또 중국 공산당 기관지 인민일보는 네이멍구 자치구 정부가 소수민족 지원에 788억 위안, 약 13조 원을 투입할 예정이라고 보도했다.

탄광회사의 목초지 파괴행위에 대한 항의 시위를 벌이고 있는 네이멍구 학생들(2011)

정치와 군사

김정일의 사망은 국제 정서에 악영향을 미칠 것인가?

막강한 군사력이 과연 국력으로 직결될 것인가?

정권 교체를 정치 개혁의 열쇠로 볼 수 있나?

시민혁명은 민주화의 도화선인가?

세계의 평화를 위해 노력하는 여러 국제기구가 있음에도 불구하고

여전히 각지에서 수많은 분쟁이 일어나고 있다.

김정일 북한 국방위원장 사망

김정일 국방위원장

김정일 국방위원장이 2011년 12월 심근경색으로 사망했다.[1] 김정일은 1974년 김일성 주석의 후계자로 지명된 뒤 37년간 북한을 철권 통치했다.[2] 김정일은 경제 악화와 자연재해로 수많은 주민들이 굶어죽은 이른바 '고난의 행군' 시기에 선군정치를 내세우며 강력한 통제로 북한 체제를 유지했다.[3] 그는 중국의 성장을 모방하고 남북정상회담에 응하는 등 대외 개방을 모색하다가도 군사도발과 개혁과 숙청을 반복하는 등 정책의 양극단을 오가며 북한 경제를 파탄에 이르게 했다. 이는 체제 유지를 위해 핵무기 보유에 집착한 데도 큰 원인이 있었다.

김정일이 사망하자 2년 전 후계자로 지명됐던 셋째 아들 김정은이 권력을 이어받았다.[4] 29살에 불과한 김정은은 권력 기반을 다질 기회와 시간이 부족했다. 많은 전문가들은 고모부인 장성택과 의도적으로 중용돼온 군부 실세 이용호 등이 김정은을 정점으로 집단지도체제를 구성할 가능성이 높다고 전망했다. 그러나 북한의 체제가 군부의 기득권을 보호하고 주민들이 엄격히 통제되는 상황에서 정권 붕괴나 내전 같은 큰 변화는 없을 것으로 보고 있다.

---

1 북한 조선중앙TV는 김정일 국방위원장이 현지지도를 마치고 돌아오다 열차 안에서 사망했다고 발표했다. 사망한 지 만 이틀이 넘은 시점이었다.

2 김정일은 1994년 김일성 주석이 사망한 뒤에도 그의 후광에 기대기 위해 주석직에 오르지 않고 국방위원장 자격으로 북한을 통치했다.

3 1996년부터 2000년까지 '고난의 행군' 기간에 UN 통계로 20~30만 명의 북한 주민들이 굶어죽었다. 일부에서는 당시 사망자가 300만 명에 이른다고 주장한다.

4 김정일은 본래 장남 김정남을 후계자로 키우려 했다. 그러나 김정남이 지나치게 서구적이고 분별없는 행동을 하자 분노해 김정은으로 마음을 바꿨다. 이 과정에서 김정일의 여동생 김경희와 그녀의 남편 장성택이 큰 역할을 했다.

한국 정부는 김정일 사망으로 인한 남북관계와 동북아정세 불안 방지를 목표로 삼았다. 김정일 사망 발표 하루 뒤 한국 정부는 성명을 통해 북한 주민들에게 위로의 뜻을 밝혔고 민간 차원의 조문을 일부 허용했다. 중국은 김정은 후계체제에 대한 지지를 거듭 천명했고, 미국도 한반도 평화를 위해 북한의 안정적인 권력 전환을 희망한다고 밝혔다.

최소한 단기적으로는 김정은이 북한의 새로운 통치자로 자리 잡을 것으로 보인다. 김정은은 어려서 외국생활을 해 상당히 개방적인 반면 성격이 급하고 권력욕이 강하다는 사실 외에 구체적인 성향에 대해 알려진 바가 적다. 그가 이끄는 북한이 어떤 정책을 추구하고 주변국과의 관계를 어떻게 설정할지 아직 의견이 교차할 뿐이다.

UN 안전보장이사회United Nations Security Council

미국 뉴욕의 유엔본부

안전보장이사회는 국제 평화와 안전 유지에 대해 제1차 책임을 지는 UN의 주요기구이다. 2차 대전 승전국인 미국, 영국, 프랑스, 러시아, 중국 5개 상임이사국과 UN 총회에서 선출되는 임기 2년의 10개 비상임이사국으로 구성된다. 상임이사국에는 거부권이 있다.[1]

안보리는 국제 분쟁을 평화로운 방법으로 해결하도록 권고하며, 효력이 없을 때에는 강제 개입할 수 있다. 1950년 6월 25일 한국전쟁이 일어나자 UN 안보리는 그날 북한에 철수를 요구하는 결의안을 채택했고, 불응하자 7월 7일 UN군 파병을 의결했다. 당시 소련은 자유중국타이완 대신 중공을 중국 대표로 인정해야 한다며 유엔 회의에 참석하지 않아 거부권을 행사하지 못했다.

미·소 양국의 거부권 행사로 제 기능을 하지 못하던 UN은 냉전이 끝나자 보다 적극적으로 변모했다. 쿠웨이트에서 이라크 침략군을 몰아내기 위해 다국적군을 구성했고(1991), 아프가니스탄과 앙골라, 나미비아 등의 분쟁 해결에도 기여했다. UN은 북한의 핵개발 저지를 위해 북한의 무기 수출을 금지하고, 관련 선박을 검색하며, 각종 금융과 경제 규제를 실시하는 결의안을 채택(2009)하는 등 여러 차례 대북 제재를 가했다.

---

1 독일과 일본, 인도, 브라질이 지난 2005년 상임이사국을 10개국으로 늘리자고 제안했지만, 한국과 멕시코, 스페인, 이탈리아, 아르헨티나, 파키스탄 등이 반대해 좌절됐다. 한국은 1996년 한 차례 안보리 비상임이사국을 역임했고, 2013년 임기가 시작되는 비상임이사국에 다시 입후보한다.

대한민국의 PKO[1] 참여

유엔은 관련 당사국의 동의를 얻어 유엔 '정전감시단'이나 '평화유지군'을 분쟁지역에 파견한다. 정전감시단은 정전협정을 위반하는 행위가 일어나면 즉시 UN 안전보장이사회에 보고하는 것이 임무이며 무기를 휴대하지 않는다. 반면에 평화유지군PKF(Peace

동티모르에 파병된 상록수 부대

Keeping Forces)은 치안 유지와 구호 활동, 폐허 복구 등의 임무를 수행하고 개인화기와 장갑차 등으로 경무장한다.[2]

유엔의 평화유지활동은 1948년 예루살렘 정전감시단을 시작으로 60여 년 동안 64개의 작전을 펼쳐왔다. 지금도 14개 분쟁지역에 모두 12만 명의 무장 또는 비무장 요원들을 파견해 각종 임무를 수행하고 있다.

한국은 1993년 육군 공병대대인 상록수 부대를 소말리아에 파견해 처음으로 유엔 평화유지활동에 참여했다. 2011년 현재 레바논 동명부대와 아이티 단비부대 등 9개 임무단에 639명이 파견돼 있다.

---

1 유엔 평화유지활동PKO(Peace Keeping Operation) 유엔이 관계당사국의 동의를 얻어 일정한 군대 등으로 구성된 유엔 평화유지군이나 감시단 등을 현지에 파견해 휴전 정전의 감시 또는 치안유지 임무를 수행하는 일을 말한다. 분쟁지역의 평화 유지 또는 회복을 돕는 것이 목즌이다.
2 평화유지군은 교전규칙에 따라 스스로를 방어하는 수준의 무기 사용만 허용된다는 점에서, 다양한 첨단무기로 무장해 전면전을 벌일 수 있는 유엔 다국적군과 다르다.

평화유지활동 임무 중인 단체와 그 분쟁지역

MINURSO	UNMIK	UNFICYP	UNIFIL	UNDOF	UNAMID
서부 사하라	코소보	키프러스	레바논	시리아	수단 다푸르

UNMIL	UNOCI	MONUSCO	UNTSO
라이베리아	코트디부아르	콩고민주공화국	중동

NATO의 국제분쟁 개입

북대서양조약기구NATO(North Atlantic Treaty Organization)는 소련을 중심으로 한 공산주의 국가들의 위협에 대항하기 위해 2차 대전 직후 미국과 캐나다, 유럽 10개국이 참가해 발족시킨 '집단방위기구'이다. 소련과 동유럽 국가들은 '바르샤바조약기구'를 만들어 이에 맞섰다.

소련이 무너지고 바르샤바조약기구가 해체되자 NATO는 상대를 잃고 존립 목적을 새로 찾아야 했다. 이를 위해 NATO는 군사동맹에서 벗어나 지역분쟁에 대처하는 유럽 안보기구로 변신했다.

옛 유고연방의 보스니아 내전이 첫 시험장이었다(1992). 세르비아계 무장 세력에 의해 이슬람교도 대량학살, 이른바 인종청소가 벌어지는데도 미국 등 NATO 국가들은 별 이익도 없는 전쟁에 끼어들기를 꺼려했다. 비인도적인 만행이 극에 달하자 국내외 여론에 밀린 NATO군이 세르비아계 점령지역을 폭격해 3년간의 전쟁을 종식시켰다.

1998년 세르비아의 한 자치주였던 코소보에서 알바니아계가 반란을 일으켰다. 이를 빌미로 다시 한 번 세르비아계의 알바니아계 이슬람교도들에 대한 인종청소가 벌어졌다.[1] NATO는 이번에는 신속히 개입해 두 달여에 걸친 폭격을 통해 세르비아에 평화안 수용을 강요했다.[2]

9·11 테러가 일어난 뒤 NATO는 미국의 보복 전쟁에 적극 참여했는데 이때

---

1 소련과 동구권의 붕괴 속에 옛 유고 연방도 해체의 길을 걸었다. 유고는 티토의 지도력 아래 한 나라로 뭉쳐졌지만 여러 민족이 오랜 분쟁의 역사를 안고 있었다. 특히 다수인 세르비아계 국수주의자들은 '단 한 명의 세르비아인이 사는 곳은 세르비아 땅'이라는 大세르비아주의를 부르짖었다. 이는 2차 대전 때 유고를 유린했던 나치 독일의 '단 한 명의 게르만인이 사는 곳은 독일 땅'이라는 大게르만주의의 판박이였다. 보스니아는 이슬람계 43%에 세르비아계 32%, 코소보는 알바니아계 77%에 세르비아계 13%로 세르비아계가 소수었지만, 세르비아인들은 두 지역을 모두 점령해 새로운 세르비아 국가에 포함시키려 했다. 밀로셰비치 전 유고연방 대통령 등 세르비아 지도자들은 영토 점령으로도 모자라 이슬람계와 알바니아계 주민들을 아예 말살하려 대량 학살과 강간을 저질렀다. 이 사건은 선진문명권을 자부하던 유럽인들의 자존심에 큰 상처를 남겼으며, 아직도 '유럽의 수치'로 불리고 있다.
2 1999년 NATO는 유엔 결의 없이 세르비아에 대한 공격을 시작하면서 유럽 일부에서 발생하는 불안정은 전체 회원국의 위협이 될 수 있다는 논리를 내세웠다. NATO의 성격 변화를 공식화한 것이다.

부터 NATO의 활동 범위가 유럽 밖으로 확대됐다. NATO는 미국으로부터 아프가니스탄의 국제안보지원군[3] 통수권을 인계 받았고, 새로 조직된 이라크 정부군의 훈련을 지원하고 있다.[4]

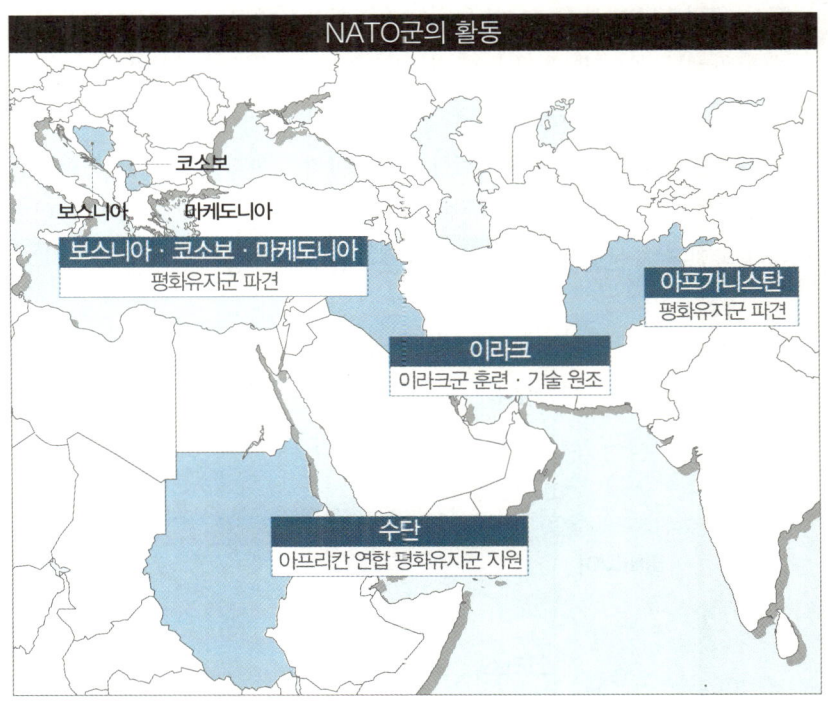

NATO군의 활동

코소보

보스니아   마케도니아

보스니아 · 코소보 · 마케도니아
평화유지군 파견

아프가니스탄
평화유지군 파견

이라크
이라크군 훈련 · 기술 원조

수단
아프리칸 연합 평화유지군 지원

---

3 국제안보지원군 ISAF(International Security Assistance Force) NATO가 주도하는 아프가니스탄 내 치안 및 발전을 맡은 군대.

4 NATO의 회원국 수도 크게 늘어났다. NATO는 러시아의 강력한 반대에도 불구하고 1999년 체코, 폴란드, 헝가리를 회원으로 받아들였고, 2004년에는 에스토니아, 라트비아, 리투아니아 등 발트 3국과 슬로베니아, 슬로바키아, 불가리아, 루마니아를 가입시켰다. 또 2009년에는 알바니아와 크로아티아를 가입시켜 회원국이 모두 28개로 늘었다. 심지어 러시아마저 2002년 공동위원회를 설치하고 테러 방지와 안보 위협 분야에서 회원국과 동등한 자격을 부여했다. 마케도니아는 그리스가 나라 이름을 문제 삼아 반대해 가입이 보류됐다.

'마케도니아'를 '마케도니아'라 부르지 못하다

마케도니아는 1991년 국민투표를 거쳐 옛 유고연방[1]에서 독립했다. 영토 안에 세르비아인이 거의 없는 덕분에 보스니아나 코소보 같은 내전은 겪지 않았으나 그리스가 마케도니아의 독립에 강력히 반대했다. 그리스는 자기 나라 북부에 마케도니아 지방이 있는데 마케도니아가 독립하면 언젠가 그 땅을 차지하려 할 것이라는 이유를 들었다. 또한 그리스인들이 가장 자랑스럽게 여기는 알렉산더 대왕의 마케도니아 역사를 빼앗아가려 한다고 반발했다. 학자들은 지금의 마케도니아인을 7세기에 남하한 슬라브인들로 보고 있지만, 마케도니아 국민은 자신들이 알렉산더 대왕의 후손임을 의심치 않는다.

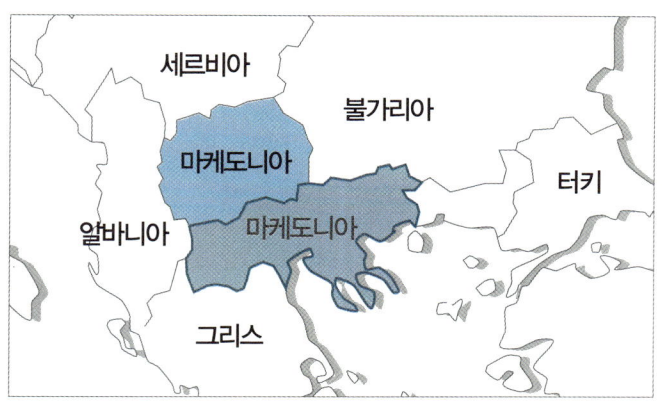

---

1 유고연방 1945년 발칸반도에 수립된 유고슬라비아 사회주의 연방공화국. 13세기 무렵 게르만족과 슬라브족간 '문화의 교차점'이었던 발칸반도에는 크로아티아, 몬테네그로, 보스니아, 세르비아 등 작은 공국들이 형성됐으나 항상 외세의 이해에 따라 이합집산을 반복했다. 여기에 14세기 이후 융성한 오스만 터키(투르크) 제국의 회교문명이 진입함으로써 가톨릭교·그리스정교·회교 등 3개 종교와 알바니아계, 그리스계 등 5개 민족, 4개의 언어, 2개의 문자권이 얽히고설켜 반목과 대립이 계속됐다. 1차대전 종전과 함께 1918년에 크로아티아와 슬로베니아, 보스니아-헤르체고비나, 세르비아인 등이 모여 처음으로 발칸반도에 단일국가 '유고슬라비아'를 형성하였다. '유고슬라비아'는 '남(南) 슬라브족의 나라'라는 뜻이다. 2차대전 당시 유고슬라비아는 주변국에 의해 다시 분할되었으나 1945년 카리스마적 지도자 요시프 티토가 사회주의 이념 아래 크로아티아, 슬로베니아, 보스니아-헤르체고비나, 마케도니아, 몬테네그로, 세르비아의 6개 공화국과 코소보, 보이보디나의 2개 세르비아 자치주로 이루어진 '유고슬라비아 사회주의 연방공화국'을 수립하였다.

마케도니아는 UN에 가입할 때 '옛 우고슬라비아 마케도니아 공화국FYROM (Former Yugoslav Republic of Macedonia)'이라는 긴 국명을 사용해야 했다. 마케도니아라는 이름을 쓰는 것을 그리스가 반대했기 때문이다. 또한 마케도니아는 NATO와 EU에 가입하기를 열망하고 있지만 그리스의 반대로 번번이 무산됐다.

그런데 미국이 마케도니아의 공식 국명을 '마케도니아 공화국'으로 인정하겠다고 밝혔다(2004). 이는 신생국 마케도니아가 아프가니스탄과 이라크 전쟁에 미국의 동맹국으로 참전한 데 대한 감사의 표현이었다. 그리스는 미국 대사를 불러 항의하는 등 크게 반발했고, 미 국무부가 그리스를 방문하는 모든 미국인들에게 주의를 당부할 정도로 반미 감정이 일었다.

마케도니아는 현재 북한하고만 국교를 맺고 있다. 한국에 계속 수교를 요청하고 있지만, 한국 정부가 우방인 그리스를 배려해 이를 거부하고 있다.

옛 소련권의 시민혁명

조지아 장미혁명과 영웅들의 퇴락

조지아러시아어 그루지야는 1991년 감사후르디아Zviad Gamsakhurdia, 1939~1993의 지도 아래 소련에서 독립했다. 저명한 작가이자 독립운동가였던 감사후르디아는 대통령이 된 뒤 민족과 언어가 다른 압하스와 남오세티야 자치주가 독립을 요구하자 이를 진압하는 과정에서 인권 유린도 마다하지 않았다. 그는 또 반대 세력을 탄압해 대학과 신문사를 폐쇄하고 야당 지도자들을 체포했다. 감사후르디아는 러시아의 지원으로 군사 반란이 일어나고 여기에 정부군 4분의 3이 가담하자 외국으로 망명했다(1992).

새로 대통령에 당선된 셰바르드나제는 전직 소련 외무장관으로 고르바초프와 함께 개혁 개방을 이끌며 냉전 종식에 크게 기여한 인물이다. 그는 러시아의 기대를 저버리고 친미 노선을 추구하여 미국의 원조를 끌어왔다. 그러나 셰바르드나제는 무소불위의 권력을 휘두르며 친인척과 지지자들의 부패를 비호했다는 비난을 들었다. 국민의 재신임을 묻기 위해 총선을 실시했지만 선거 부정이 저질러졌고, 분노한 시위대가 국회에 진입하자 셰바르드나제는 경

사카슈빌리

호원들과 함께 탈출했다. 당시 시민들이 장미꽃을 들고 시위에 나섰다고 해서 이를 '장미혁명' 또는 무혈혁명을 뜻하는 '벨벳혁명'이라고 불렀다(2003).

시민혁명으로 집권한 사카슈빌리는 무모한 전쟁으로 국난을 자초했다. 사카슈빌

리는 분리 독립을 요구하며 분쟁 중이던 남오세티야를 선제공격했다(2008). 러시아는 자국민 보호를 명분으로 군대를 투입해,[1] 남오세티야는 물론 조지아의 주요 도시들을 점령하고 수도 트빌리시를 압박했다. 사카슈빌리가 믿었던 서방 국가들은 말로만 러시아를 비난할 뿐 끝내 군사 지원을 하지 않았다.[2] 결국 조지아는 개전 5일 만에 무릎을 꿇고 휴전협정에 서명했다.[3]

---

1 남오세티야 주민 80%가 러시아 시민권을 가지고 있었다.

2 이라크와 아프가니스탄에서 전쟁 중이던 미국은 또 다른 전선을 열 수 없었고, 서유럽 국가들은 러시아의 에너지 수출에 의존하고 있었다.

3 2008년 미국의 시사주간지 《타임》은 대통령의 오판으로 나라를 어려움에 빠뜨렸다며 사카슈빌리를 '올해의 문제 인물 20인'에 포함시켰다.

우크라이나 오렌지혁명의 초라한 결말

1991년 소련에서 독립한 우크라이나는 드네프르 강을 경계로 러시아 말을 쓰며 친 러시아 정서를 가진 동쪽과 우크라이나 말을 쓰고 서유럽에 다가가려는 서쪽으로 나뉘어 있다. 2004년 대선에서 동쪽을 대표하는 여당의 야누코비치Yanukovych 총리와 서쪽을 대표하는 야당의 유시첸코Yushchenko 후보가 맞붙었다. 여론조사와 출고조사에서는 야당 후보의 당선이 유력했지만, 개표 결과 여당 후보가 박빙의 승리를 거둔 것으로 나타났다.

여당을 지지하는 동부 지역에서 유권자 한 명이 수십 차례나 투표를 하는 등 부정선거가 저질러졌다는 소식이 전해지자, 수도 키에프 등 전국에서 대규모 항의 시위가 벌어졌다. 시위 참가자들은 야당을 상징하는 오렌지색 옷을

2006년 12월 방한한 유시첸코 우크라이나 대통령

2009년 7월 방한한 티모셴코 우크라이나 총리

입었다. 시위가 계속되자 대법원이 중앙선거관리위원회의 선거 결과 발표를 취소하고 재선거를 치르도록 결정했다. 재선거 결과 8% 차이로 야당의 유시 첸코 후보가 승리했다. 서방 언론은 이를 '오렌지혁명'이라고 불렀다.

그러나 오렌지혁명으로 쫓겨났던 야누코비치는 화려하게 복귀해 2010년 대선에서 티모셴코Tymoshenko 총리를 누르고 당선됐다. 국민들이 등을 돌린 것은 유시첸코 대통령과 티모셴코 총리가 끊임없이 갈등하면서 총선만 3번을 치렀던 정치적 혼란과 경제 악화 그리고 부패 척결조차 제대로 하지 못한 무능 때문이었다. 2010년 대선 1차 투표에서 5위로 추락한 유시첸코 전 대통령은 혁명의 동반자였던 티모셴코 총리에게 투표하라고 호소하는 대신 모든 후보에게 반대하라고 지지자들에게 말했다.

민족분규로 번진 키르기스스탄의 튤립혁명

2005년 키르기스스탄에서 총선거가 실시됐다. 한 해 전 우크라이나의 오렌지 혁명을 지켜본 야권은 기대감으로 들떠 있었다. 그러나 선거 결과 아카예프[4] 대통령이 이끄는 여당이 압승을 거두었다.[5] 선거를 참관했던 유럽안보협력기구OSCE[6]는 매표와 흑색선전, 언론조작 등 대규모 선거부정이 있었다고 밝혔다.

부정선거에 항의하는 시위가 남부 오슈와 잘랄라바드에서 시작됐고 일부 도시들이 시위대의 손에 들어갔다. 내전이 우려됐지만 수도 비슈케크에서 시위대가 대통령궁으로 향하자 경찰이 이를 막지 않았다. 아카예프는 외국으로 탈출했다.[7]

반정부 시위를 이끈 바키예프[8]가 대통령에 당선됐지만 국민의 기대는 곧 실망으로 바뀌었다. 정치는 혼란했고 경제는 점점 더 어려워졌다. 바키예프는 그런 중에도 모든 에너지 관련 기업들을 자신의 일가족이 독식하게 해 비난을 받았다. 2010년 4월 대규모 반정부 시위가 일어나자 바키예프는 자신의 고향

---

4 아스카르 아카예프Askar Akayev(1944~) 키르기스스탄의 초대 대통령. 1991년 독립 후 민선 대통령으로 당선된 이후 2005년까지 헌법 개정과 부정선거를 통해 15년간 장기 집권하였다. 2005년 4월 반아카예프 시위와 레몬혁명을 통해 축출되었다.

5 2005년 총선에서 여당이 아카예프 대통령의 아들과 딸을 포함해 의회 75석 가운데 69석을 차지했고, 야당은 20석에서 6석으로 오히려 의석수가 3분의 1로 줄었다.

6 유럽안보협력기구OSCE(Organization for Security and Cooperation in Europe) 대서양 연안의 NATO 회원 국과 구소련 국가들 및 모든 유럽국가를 포괄하는 범유럽적인 기구. 유럽의 민주주의 증진과 무기통제, 인권보호, 긴장완화, 분쟁방지를 목적으로 활동한다.

7 언론은 이를 키르기스스탄의 튤립이 유명한 데서 '튤립혁명' 또는 반정부 시위대가 레몬색을 상징으로 내세웠다 해서 '레몬혁명'이라고 이름 붙였다.

8 쿠르만베크 바키예프Kurmanbek Saliyevich Bakiyev(1949~) 키르기스스탄 남부와 북부에서 많은 지지를 받고 있지만, 총리 재임 당시의 부적절한 시위 진압 전력과 부족한 지도력 등이 정치적 결점으로 지적된다.

인 오슈로 탈출했고 시위를 주도한 야권이 과도정부를 구성했다.

두 달 후 오슈에서 민족분규가 발생해 다수 키르기스계가 소수 우즈벡계 주민들을 공격해 학살했다.[9] 두 민족의 갈등은 소련이 무너지고 농촌에 살던 키르기스계 주민들이 우즈벡 지역인 우슈로 이주해와 도시 빈민층을 형성하면서 싹트기 시작했다. 독재자 아카예프는 형식적이나마 민족 화합을 내세웠지만, 바키예프는 노골적으로 우즈벡계를 차별하며 두 민족 사이의 증오심을 부채질했다.

키르기스스탄은 남부의 소요가 계속되는 와중에도 이원집정제로 헌법을 개정하고 아탐바예프를 새 대통령으로 선출했다. 그러나 사회기반시설은 붕괴되고 부패가 만연하며 정치혼란까지 이어져 새 정부의 앞날을 어둡게 하고 있다. 한편 조지아에서 시작된 옛 소련권의 시민혁명은 우크라이나를 거쳐 키르기스스탄에서 멈추었다. 우즈베키스탄과 투르크메니스탄, 타지키스탄, 카자흐스탄 등 다른 중앙아시아 국가들은 독재와 부패가 더욱 심각하지만 국민들이 정치 변화를 추구할 최소한의 자유마저 억압하고 있다.

---

9 오툰바예바 과도정부 대통령은 2,000명 이상이 목숨을 잃은 것으로 추정했다.

이란의 민주화 시위

이란 주요 시위 발생 지역

2009년 이란의 대통령 선거에서 보수파인 아흐마디네자드 대통령이 압승을 거두고 재선됐다. 막판 돌풍을 일으키며 승리를 자신했던 개혁파 무사비 전 총리는 34%의 득표에 그쳤다. 개표 직후 개혁파 지지자 3천여 명이 테헤란 거리로 쏟아져 나왔다. 무사비도 선거부정이 있었다며 '거짓과 독재 위에 세워진 정부에 저항하라'고 반발했다. 테헤란의 시위대는 사흘 만에 수십만 명으로 불어났고, 전국 주요 도시로 시위가 퍼져나갔다. 그 선두에는 이슬람 신정정치[1]에 숨이 막혀온 대학생들이 있었다.

이란 정부는 처음부터 강경 진압으로 대응했다. 특히 무장 청년단체인 바시지 민병대는 시위대에게 공포의 대상이었다. 이들은 테헤란 대학을 습격해 학생들에게 흉기를 휘둘렀다. 1979년 이슬람혁명 때처럼 테헤란 시민들이 밤마다 옥상에 올라가 '알라후 아크바르신은 위대하다'라고 절규하자 바시지 민병대는 집집마다 찾아다니며 이마저 저지했다. 시위는 결국 유혈 진압됐다.[2]

이란의 민주화 시위가 실패한 것은 도시 중산층과 대학생, 여성들이 개혁파를 지지한 반면, 보수파도 노동자, 농민 등 서민층의 상당한 지지를 받았기 때문이다. 또 무사비 등 개혁파 지도부가 정부의 강경 대응에 우유부단한 모습을 보인 것도 시위를 급격히 위축시킨 원인이었다.

---

1 신정정치 지배자가 신 또는 신의 대리인으로 간주되고, 절대적인 권력으로 국민을 지배하는 정치체제.
2 이란 정부는 2009년 민주화 시위로 36명이 사망했다고 발표했지만, 야권은 희생자가 70명이 넘는다고 주장했다. 또 수천 명이 체포됐고 5명이 사형선고를 받았다.

자스민혁명과 중동의 민주화

2010년 튀니지에서 반정부 시위가 일어나 독재정권을 무너뜨렸다. 언론은 이를 튀니지의 나라꽃 이름을 붙여 '자스민혁명'이라고 불렀다. 튀니지의 민주화 운동은 파도처럼 북아프리카와 중동 국가들로 퍼져나갔다. 이집트와 예멘의 독재자를 몰아냈고, 모로코에서 입헌군주제를 쟁취했다. 그러나 사우디아라비아와 오만 등은 부분적인 개혁을 이루는 데 그쳤고, 시리아와 리비아에서는 정부의 무자비한 진압으로 참극과 내전이 벌어졌다. 자스민혁명은 북아프리카와 중동에서 벌어진 이 모든 정치 변혁 과정을 포괄해서 이르는 말이 되었다.

노점상의 죽음이 불러온 튀니지 정권교체

모하메드 부아지지

2010년 12월 튀니지의 한 지방 도시에서 과일 노점상을 하던 20대 대졸 실업자 모하메드 부아지지가 분신자살했다. 부패한 경찰에게 물건을 빼앗기고 시청에 호소해도 아무 도움을 받지 못하자 좌절한 것이다. 가족과 친구들이 항의 시위를 벌였고, 그의 사촌이 휴대전화로 찍은 분신 모습을 페이스북에 올리면서 사건이 전국에 알려졌다.

청년 실업자들이 각지에서 소요를 일으켰고, 시위는 벤 알리[1] 대통령의 23년 장기독재와 부패에 대한 항의로 발전했다. 보안군의 발포로 사상자가 발생했지만, 수도 튀니스로 폭동이 확대돼 관공서에 불을 지르고 상가를 약탈했다.

유혈진압과 통행금지령으로도 사태가 가라앉지 않자, 벤 알리는 3년 뒤 퇴진과 민주화 조치를 약속했다. 그러나 노조가 총파업에 들어가고 군이 발포 명령을 거부하자 벤 알리는 사우디아라비아로 망명했다(2011. 1).

과도정부가 구성됐고 비교적 순조로운 총선을 거쳐 온건 이슬람 정당인 엔나흐다가 비이슬람 정당들을 누르고 제1당이 되었다.

---

1 벤 알리Ben Ali 23년간 튀니지를 통치하다 민중 봉기에 떠밀려 2011년 1월 사우디아라비아로 야반도주했다. 같은 해 6월 튀니지에서 진행된 궐석 재판에서 공공자금 유용 혐의로 징역 35년형을 선고받았고, 이후 재판에서도 무기·마약 불법 소지 혐의로 16년 6개월형, 부패·권력 남용 혐의로 16년형을 추가로 선고받았다.

이집트 민주화와 군부의 등장

튀니지의 시민혁명 성공에 고무돼 2011년 1월 이집트에서 반정부 시위가 시작될 때까지만 해도 무바라크[2] 대통령의 30년 독재정권이 흔들릴 것으로 생각한 사람은 많지 않았다. 역대 모든 대통령을 배출했고 각종 특권을 누리고 있는 이집트 군부의 무바라크에 대한 충성은 확고해 보였다.

무바라크 전 이집트 대통령

그러나 사흘 만에 수백만 명의 시민들이 가두시위에 동참하자 상황이 바뀌었다. 당황한 무바라크가 군대를 동원했지만 군 지휘관들은 시위대와의 충돌을 피했다. 경찰만이 그를 위해 시위 군중에 발포했다. 시민들은 야간통행금지를 무시하고 카이로 타흐리르 광장에 모여 농성했다. 무바라크는 결국 군부에 권력을 이양하고 하야했다.

과도정부 역할을 맡은 군부는 무바라크를 억류해 재판에 회부했다.[3] 군부는 그러나 민정이양 시한을 미루며 점점 집권 연장 의도를 드러냈다. 신헌법 기본 원칙에 군이 제헌의회를 감독하고 거부권을 행사한다는 내용까지 집어넣었다. 시민들이 다시 가두시위를 시작했고 경찰이 발포해 유혈사태가 벌어졌다. 놀란 군부는 2012년 7월까지 민간정부에 정권을 넘기겠다고 발표했다.

이어 실시된 총선에서 무슬림형제단의 자유정의당과 이슬람 근본주의 누

---

2 **무바라크**Muhammad Hosni Said Mubarak(1928~) 이집트의 군인·정치가. 1981년 10월 대통령 사다트(Sadat)가 암살당하자 후임 대통령에 취임하였고, 그후 1987년, 1993년, 1999년, 2005년 대통령 선거에서 계속 당선되었다. 그러나 2011년 2월, 이집트 경제의 장기 불황과 오랜 독재 정치를 견디지 못한 이집트 국민들은 무바라크 대통령의 퇴진을 요구하는 반정부시위를 벌였고, 결국 시위대와 국제사회의 퇴진요구를 이기지 못하고 2011년 2월 대통령직에서 물러났다.

3 무바라크는 시위 진압을 위해 840여 명을 죽이고 6,000여 명을 다치게 한 혐의와 최대 700억 달러에 이르는 부정축재 혐의를 받고 있다.

르당 등 이슬람 정당들이 압승했다. 무슬림형제단이 지금은 온건 노선을 내세우고 있지만 과거 이슬람 율법 통치를 주장하고 테러를 저질렀던 단체라는 점에서 서구와 이집트 지식인들은 큰 의구심을 보였다. 혁명의 최종 결과로 이집트인들이 더 많은 자유를 누릴지 또 다른 억압을 받을지는 아직 알 수 없다.

예멘의 30년 독재정권 붕괴

30년 넘게 집권해온 예멘의 살
레[4] 대통령은 2011년 2월 7개 야
당 연합이 반정부 시위를 시작하
자 탱크까지 동원해 진압했다. 인
명피해가 늘어나자 집권층 내부
에 균열이 생겼다. 일부 군 부대가
시위대 지지를 선언했고, 살레의
권력기반이었던 최대 부족 하셰

예멘의 살레 대통령

드[5] 지도부도 살레의 퇴진을 요구했다. 살레는 세 차례나 사임 약속을 번복하며
완강하게 버텼지만 결국 10개월 만에 야권과 대통령직 사임에 합의했다. 본
인 및 측근들의 면책특권과 맞바꾼 것이다. 그러나 시위대는 유혈 진압으로
1,500명 이상의 목숨을 앗아간 살레를 용서할 수 없다며 강하게 반발했다.

---

4 알리 압둘라 살레Ali Abdullah Saleh(1942~) 예멘의 군인·정치가. 1978~1990년 예멘아랍공화국(북예멘)
대통령을 역임하였고, 1990년 5월 남·북 예멘이 통합된 통일 예멘의 초대 대통령이 되었다.
5 하셰드 살레 대통령이 속한 부족으로, 예멘에서 가장 큰 영향력을 행사하고 있는 부족이다. 하셰드 부족은 "살
레 대통령이 국민들의 퇴진 요구에 따라 평화롭게 떠나야 한다"는 성명을 발표했다.

모로코의 입헌군주제 개헌

모로코의 수도 라바트

무함마드[6] 모로코 국왕은 TV 연설을 통해 헌법을 개정해 국왕이 임명하던 총리를 국회 다수당에 넘기고, 총리에게 각료 임명권과 의회 해산권을 주며, 사법부의 독립을 보장하겠다고 발표했다(2011. 6). 400년 역사의 모로코 왕정을 입헌군주제로 바꾼 것이다.[7] 이는 몇 달 동안 계속돼온 민주화 시위에 따른 것이다. 헌법개정안은 98%의 압도적인 지지로 국민투표를 통과했다. 그러나 무함마드 왕은 새 헌법 아래에서도 군 통수권과 주지사 임명권을 갖는 등 실질적인 권력을 유지했으며, 민주화운동을 주도해온 시민조직들은 진정한 개혁과 부패 척결을 요구하는 시위를 계속했다.

---

6 **무함마드**Mohammed VI(1963~) 1999년 7월 아버지인 하산 2세(Hassan II)가 사망하자 뒤를 이어 국왕으로 즉위하였다. 1666년부터 시작되어 현재까지 모로코 왕실을 이어온 알라위트(Alaouite) 왕조에서 열여덟 번째 국왕이다.

7 모로코는 왕의 권력이 헌법에 따라 일정한 제약을 받는 입헌군주제 국가이지만 그동안 국왕이 사실상 전권을 행사해 왔다. 무함마드 국왕은 이번 개헌을 통해 실질적 입헌군주제로 변모하겠다는 뜻을 밝힌 것이다.

시리아의 유혈사태

처음에는 민주화 바람이 시리아를 비껴가는 듯했다. 2011년 1월 반정부 시위가 시작됐지만, 2월 '분노의 날'[8] 집회조차 제대로 열리지 못했다. 정보기관의 엄중한 감시와 아버지 하페즈 알 아사드의 뒤를 이은 바샤르 알 아사드 대통령의 인기가 건재했다.

그러나 3월 중순 전국의 주요 도시에서 갑자기 대규모 반정부 시위가 시작됐다. 남부 도시 다라에서 담에 반정쿠 구호를 낙서한 초등학생들을 경찰이 잡아가자 부모와 주민들이 항의 시위를 벌였는데 보안대가 시위대를 급습해 사망자가 발행하자 순식간에 전국으로 시위가 번진 것이다.

시리아 정부는 탱크와 저격수까지 동원해 시위를 무자비하게 진압했다. 정부군 탱크들은 다라에서 시위대에 무차별 포격을 퍼부었고, 시위대가 장악한 하마를 사흘간 포격한 뒤 100여 대의 탱크로 밀고 들어가 점령했다. 수천 명이 숨진 것으로 추정됐지만 정확한 인명 피해는 확인되지 않았다.

미국 등 서방국가들은 물론 아랍연맹까지 유혈진압 중단을 요구하며 경제제재를 가했지만 시리아 정부의 태도는 바뀌지 않았다.[9] 아사드 정권과 시위대의 극단적인 대립과 적개심은 인구 74%가 수니파인 시리아에서 소수 알라위파가 정부와 군 요직을 독점하는 종파 갈등도 큰 원인으로 작용했다.

---

8 시리아는 2월 3일 페이스북과 트위터을 통해 2월 4~5일을 '시리아 분노의 날'로 선언하고 반정부 시위를 시도했다.

9 시리아의 반정부 시위대는 미국 등 서방에 무력 지원을 호소했다. 그러나 서방 국가들은 시리아의 유혈 사태를 규탄하면서도 군사 개입을 망설였다. 시리아가 반미 반(反)이스라엘 노선을 취해왔지만 아사드 정권이 무너지면 더 과격한 세력이 집권할 수 있다는 점에서 미국과 이스라엘조차 현상 유지를 바랐다. 그리고 시리아에는 리비아와 달리 석유가 없었다.

그 밖의 아랍 국가들

사우디아라비아에서는 2011년 2월 동부의 시아파 거주 지역에서 차별대우에 항의하는 소규모 시위가 발생했다. 시아파는 사우디 인구의 15%를 차지한다. 경찰이 발포해 동부의 시위가 유혈사태로 번지고, 수도 리야드에서도 40여 명의 민주화 운동가들이 시위를 벌였다. 기세가 오른 반정부 진영은 '분노의 날'을 정하고 수만 명이 참가하는 집회를 예고했지만 모인 인원은 수백 명에 불과했다.

압둘라 사우디 국왕은 사회 불안 조짐이 보이자 민생 지원에 1,300억 달러를 투입했다. 무이자 주택담보대출, 가계부채 탕감, 실업급여, 결혼자금 제공, 공무원 임금 인상을 실시했고, 저소득층에게 50만 채의 주택을 지어주겠다고 약속했다. 과감한 복지정책 덕분에 사우디에서 더 이상의 소요는 발생하지 않았다.

2011년 3월 사우디아라비아는 이웃 섬나라 바레인에 1,000여 명의 병력을 파견했다. 바레인의 수니파 왕가는 왕정 퇴진을 촉구하는 다수 시아파의 시위를 감당하기 힘든 상황에 놓여 있었다. 시아파 시위대가 수도 마나마의 도로를 점거하고 농성을 벌였는데 경찰이 최루가스와 고무탄을 동원해 진압에 나섰지만 실패했다. 사우디 등 걸프아랍국협력협의회[10] 소속 6개 나라 군대가 도착한 뒤 바레인 정부는 탱크를 앞세우고 총을 쏘며 시위대를 강제 해산시켰다. 이 과정에서 시위 참가자 3명과 경찰관 2명이 숨졌다.

오만의 카부스 빈 사이드 술탄은 실업 대책과 정치 개혁을 요구하는 이른바 '녹색행진' 시위가 계속되자, 장관들을 교체하고 일자리 창출과 의회 권한 강화 등을 약속했다.

---

10 걸프아랍국협력회의Gulf Cooperation Council 사우디아라비아, 쿠웨이트, 아랍에미리트, 카타르, 오만, 바레인 등 페르시아만 연안의 산유국이 정치, 경제, 군사 등 각 분야에서 협력하여 종합적인 안전보장체제를 확립하기 위해 1981년 설립한 기구.

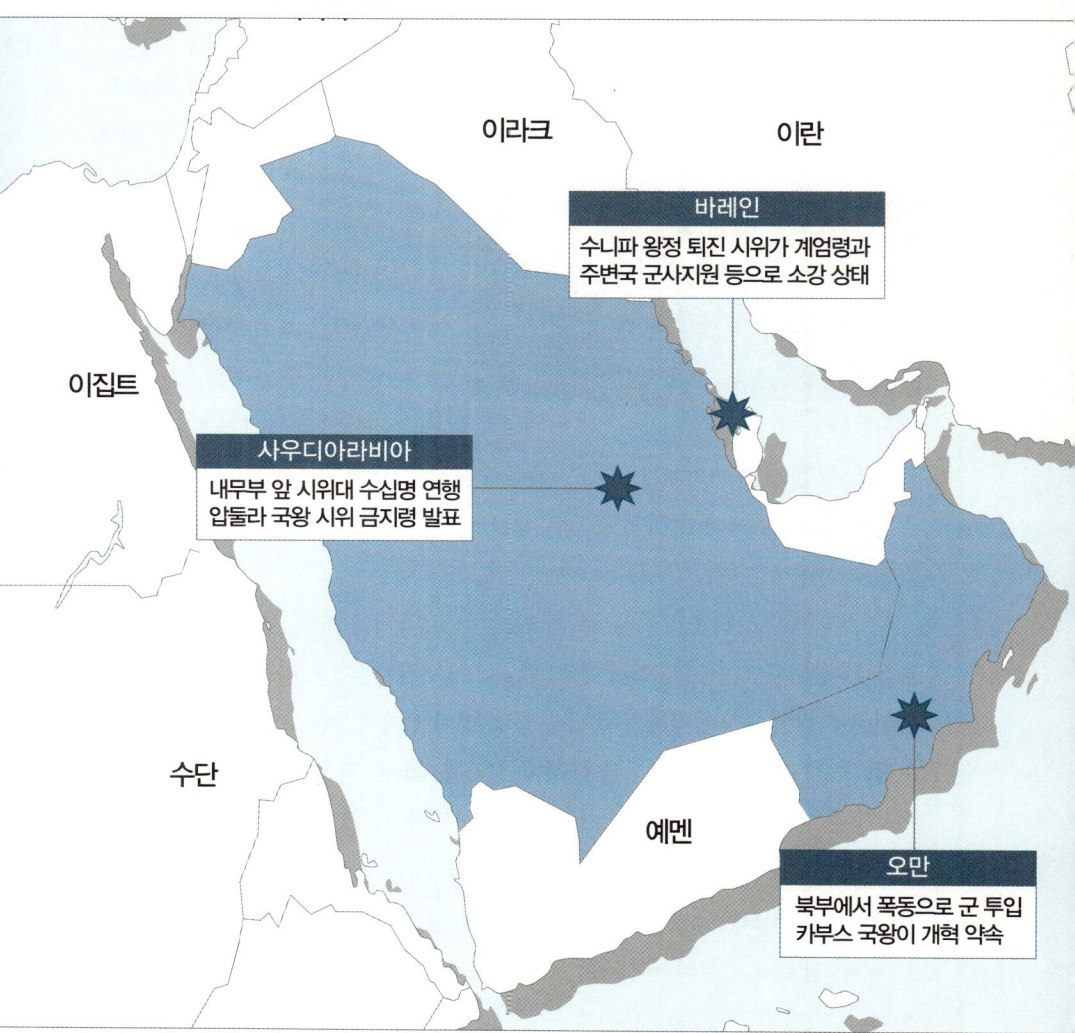

이라크

이란

바레인
수니파 왕정 퇴진 시위가 계엄령과
주변국 군사지원 등으로 소강 상태

이집트

사우디아라비아
내무부 앞 시위대 수십명 연행
압둘라 국왕 시위 금지령 발표

수단

예멘

오만
북부에서 폭동으로 군 투입
카부스 국왕이 개혁 약속

내전으로 비화된 리비아 사태

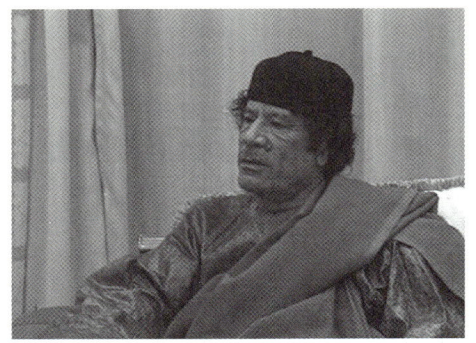

카다피(1942~2011)

2011년 2월 리비아 제2의 도시 벵가지에서 한 인권 변호사의 석방을 요구하는 시위가 벌어졌다.[1] 보안군은 즉시 그를 풀어줬지만, 이를 계기로 카다피 대통령의 42년 통치에 염증을 느낀 리비아 국민들의 저항이 들불처럼 번져나갔다. 반정부 시위대가 벵가지 거리로 나오자 보안군이 발포해 사망자가 발생했다. 시위는 더 거세졌고, 군부대를 습격해 무장한 시위대가 벵가지를 장악해 반정부 시위는 내란으로 바뀌었다.

반군이 서쪽 트리폴리로 향해 진격하면서 카다피 정부의 전현직 고위관리와 군장성들까지 반군에 합류했다. 반군은 일주일 만에 트리폴리에서 50km 떨어진 자위야까지 점령하고 내전을 끝낼 준비에 들어갔다. 그러나 카다피 측의 전력도 만만치 않았다. 전열을 정비한 카다피군은 자위야와 제3의 도시 미수라타를 탈환하고 당황한 반군을 동쪽으로 밀어붙였다.[2] 벵가지마저 함락 위기에 놓이자 반군 지도부는 다급히 국제사회에 도움을 요청했다.

반군을 지지하는 아랍연맹이 유엔에 리비아 비행금지구역 설정을 촉구했고, 유엔 안보리의 결의안이 나오자 미국과 프랑스 등 다국적군이 공습을 시작했다. 카다피군은 일단 벵가지 인근에서 물러났고, 양측은 중부 지역에서

---

1 페티 타르벨은 1996년 트리폴리 아부살림 교도소 난동 때 카다피가 진압 과정에서 천여 명을 학살한 사건의 희생자 측 변호사였다. 그는 유언비어를 퍼뜨린 혐의로 구속되었는데, 교도소 희생자 가족들이 벵가지에 모여 그의 석방을 요구하는 시위를 벌였다.

2 카다피는 하루 3천 달러씩을 주고 북아프리카 각지에서 용병을 모집해 전선에 투입한 것으로 알려졌다.

몇 달간 대치했다.[3]

카다피의 군사력은 거듭되는 다국적군의 공습에 무너져갔다. 서방의 경제 제재로 자금줄이 막힌 카다피 정권은 용병들에게 보수를 지급하지 못하게 됐다. 여기에 서부 반군의 기습으로 트리폴리가 함락되면서 카다피 정권은 허무하게 무너졌다(2011. 8).

카다피는 일부 패잔병을 이끌고 자신의 고향인 시르테로 도주해 최후의 항전을 벌였다. 카다피는 이곳에서 다시 도주하려다 반군 병사들에게 붙잡혀 비참한 최후를 맞았다(2011. 10).

카다피 정권 이후 리비아는 부족간 내전화가 되거나 군부의 권력차로 인한 또 다른 독재자의 출현 가능성이 있다. 조속한 시일내에 민의가 반영된 정부가 건립되기를 기대하나 우려도 제기되고 있다.

---

3 카다피 정권이 예상보다 강하게 버틴 것은 리비아가 500개의 부족 국가라는 점이 큰 원인이었다. 리비아 최대 부족인 동부의 와르팔라와 주와야는 반군을, 카다피 출신 부족인 서부의 카다파는 카다피를 지지했다. 여기에 반군의 구심점이 약한 것도 문제였다.

중국의 차세대 지도자 시진핑과 리커창

중국의 시진핑 국가부주석과 리커창 부총리가 각각 후진타오 국가주석과 원자바오 국무원 총리를 계승할 것이라는 전망이 유력하다. 옛날 같으면 누가 차세대 국가지도자가 되느냐는 국가기밀이라 함부로 말하기도 어려웠지만, 지금은 이들이 이미 낙점을 받아 후계자 수업을 받고 있다는 데 이의를 제기하는 사람이 거의 없다.[1]

과거 중국의 권력이동은 당내 암투로 이루어졌고 대규모 숙청이 뒤따랐다. 덩샤오핑[2] 이후 중국은 당 원로들이 여러 해에 걸친 업적 검증을 거쳐 차세대 지도자를 확정하는 방식을 채택했다. 서구 민주주의 형태는 아니지만 권력 승계가 보다 투명하고 예측 가능해진 것이다. 이렇게 선택된 국가 지도자들은 마오쩌둥이나 덩샤오핑 같은 절대 권력자는 될 수 없다.

시진핑習近平

1953년생인 시진핑은 베이징 출신으로 그의 부친이 부총리를 지낸 공산당 원로이다. 고위 관료의 자제인 탓에 태자당으로 분류되지만, 문화혁명 때 부친이 실각하고 7년 동안 농촌에서 고초를 겪는 등 인생행로가 순탄치만은 않았다.

부친이 복권된 뒤 시진핑은 칭화대 공정화학과를 졸업했고, 정치에 입문해

---

1 중국은 최근 각종 정치행사를 통해 시진핑과 리커창이 차기 지도자라는 것을 전 세계에 시사했다. 시진핑은 2011년 8월 존 바이든 미국부통령이 중국을 공식 방문했을 때 후진타오 주석이나 원자바오 총리를 대신해 미ㆍ중 양자회담을 주도했다. 같은 기간 리커창은 사흘간의 홍콩시찰에 나섰다. 당시 리커창에 대한 홍콩당국의 경호 수준은 원자바오 총리를 뛰어넘는 사실상 국가원수급이었다고 현지 언론들이 전했다.

2 덩샤오핑鄧小平(1904~1997) 중국의 혁명가이자 정치가. 경제 발전을 위해 물질적 보상 제도를 채택하고 엘리트를 양성하자는 실용주의 노선을 취했던 덩샤오핑은 1966년 문화대혁명이 시작되자 홍위병으로부터 '반모주자파(反毛走資派)의 수괴'라는 비판을 받고 실각했다. 1973년 복권되었다가 1976년 문화대혁명을 주도하던 4인방에 의해 다시 권력에서 밀려났다. 그해 9월 마오쩌둥*이 죽고 4인방이 제거된 뒤인 1977년 복권되어 1981년 실질적인 최고 지도자로서 중국의 개혁 개방을 이끌었다. 덩샤오핑 개혁 사상의 핵심은 실사구시였다. 덩샤오핑은 '모두가 가난해지는 것은 사회주의가 아니다'라고 주장하면서 경제 살리기에 모든 노력을 집중했다.

* 마오쩌둥 79쪽에서 설명.

푸젠성장, 저장성 당서기, 상하이시 당서기 등을 역임했다. 그가 후임 국가주석으로 낙점된 데에는 대표적인 개혁개방 지역의 행정을 두루 경험해 앞으로 더욱 개방화될 중국경제와 양안관계를 원만하게 이끌 것이라는 공산당 지도부의 판단이 있었던 것으로 분석된다.

시진핑은 자신을 잘 드러내지 않고 신중하고 온화한 성격으로 알려져 있다. 그의 가족관계는 이전 세대 지도자들보다 훨씬 개방적이다. 부인은 소프라노로 국민가수이고, 딸은 중국 최고지도자의 자녀로는 이례적으로 미국 하버드대에 입학했다.

리커창李克强

리커창은 시진핑보다 2년 젊은 1955년생으로 중부 안후이성 출신이다. 베이징대 법학과를 졸업하고 경제학 박사 학위를 받았다. 대학 시절 학생회 활동을 통해 후진타오의 권력기반인 공산주의 청년단에 발을 들여 놓았다. 그는 명석한 두뇌와 꼼꼼한 자기관리, 치열한 학구열과 좌중을 압도하는 달변으로 명성을 얻었다.

후진타오 주석의 후원으로 리커창은 불과 43세의 나이에 허난성 성장, 47세에 랴오닝성 당서기, 53세에 정치국 상무위원에 임명돼 연거푸 최연소 기록을 세우며 초고속 출세 가도를 달렸다. 주로 경제적으로 낙후된 지역에 파견돼 빈민촌 개조사업을 성공적으로 수행했고, 한국의 STX 조선과 미국의 인텔 반도체공장을 유치하는 등 동북지역에서 뛰어난 업적을 쌓았다.

리커창은 일찌감치 공청단의 대표즈자로 당내 또 다른 권력파벌인 태자당의 시진핑과 차기 대권을 놓고 경쟁해왔다. 2007년까지만 해도 리커창이 우세하다는 전망이 있었지만, 시진핑이 2008년 올림픽 준비를 맡아 무난히 임무를 수행한 데다 상하이방 위주의 원로그룹과 태자당의 견제로 공청단의 리커창이 서열상 한수 밀린 것으로 분석된다.

일본의 정권교체

일본의 제1야당인 민주당이 중의원 선거에서 압승을 거뒀다.[1] 무려 54년 만에 일본의 정권이 교체된 것이다. 일본은 2차 대전 직후 보수정당들이 자민당을 결성한 뒤 사실상 일당 지배 체제가 계속됐다.[2] 자민당은 일본의 고속성장을 이끌며 집권의 정당성을 이어갔다.[3]

그러나 1990년대 이후 계속된 일본의 경제 불황은 정치 지형마저 바꾸었다. 빚더미로 변한 부동산과 고용불안, 소득감소에 시달리는 일본 유권자들은 점

점 자민당에 대한 오랜 신뢰를 버리기 시작했다. 한때는 고이즈미[4] 총리가 국민의 기대를 한 몸에 받았지만 그의 개혁도 근본적인 해결책은 되지 못했다.[5]

민주당은 관료정치 청산과 신자유주의 부작용 해소,

노다 요시히코 총리

---

1 2009년 8월 중의원 선거에서 민주당은 480석 가운데 308석을 획득했다.

2 자민당은 1993년 총선에서 과반수 획득에 실패해 일본신당 연립내각에 정권을 내주었다. 자민당은 다음해 사회당 무라야마 위원장을 총리를 세우는 연정 협상에 성공해 정권을 되찾았다. 그러나 이 기간 동안에도 원내 제1당은 자민당이었다.

3 자민당이 관료·재계와 연합해 절대적인 우위를 점하고 다른 정당들이 지리멸렬한 상태로 존재하는 일본의 정치 구도를 1.5당 체제라고 불렀다.

4 고이즈미 준이치로小泉純一郎(1942~) 역대 일본의 총리로, 선거구를 세습하는 일본에서 선거구를 3대째 물려받은 정치 명문가 출신이다. 29세 때 처음 중의원에 당선된 후 10선을 기록하며 보수파의 핵심으로 활약했다. 고이즈미 총리는 2001년 경선 과정에서 '집단적 자위권 인정', '야스쿠니신사의 총리 자격 참배'를 언급하면서 보수 우파 성향을 드러냈으며, 총리가 된 이후 야스쿠니신사 참배를 강행해 논란을 일으켰다.

5 2001년 취임한 고이즈미 총리는 우정 개혁을 실시하는 등 국민의 변화 요구를 수용하려 노력했다. 이미지 정치에 능한 그는 자민당 내분을 자신과 낡은 정치의 싸움으로 보이도록 만들어 큰 인기를 누렸고, 자민당은 2005년 총선에서 다시 대승을 거두었다. 그러나 신자유주의에 기초한 고이즈미의 개혁은 경제 회복에 어느 정도 기여했지만 빈부격차는 오히려 더 확대됐다. 그의 후임자들 역시 오랜 정치의 틀에 얽매여 국민의 개혁 요구에 부응하지 못했다.

부의 재분배, 대미 대등외교, 아시아 중시 등 대변화를 약속하며 압도적인 지지를 얻었다. 민주당의 정책은 대체르 중도 진보 성향이었다. 그러나 민주당은 집권한 뒤 선거 공약과 현실 사이에서 계속 좌절을 겪었다. 대미관계 재설정이나 복지 확대도 뜻대로 되지 않았고, 행정능력 부족이 드러났다.[6] 관료주의와 파벌정치 타파라는 정치 개혁도 후퇴 조짐을 보이고 있다.[7]

---

6 민주당 정권은 주일미군 후텐마 기지 이전을 공약했지만 미국과의 관계만 악화시키고 결국 백지화했다. 민주당은 또 자녀 1인당 월 2만6천 엔 지급, 고속도로 통행료 무료화, 고등학교 무상교육, 농어민 소득 보상제 등 각종 복지정책을 공약했는데 재원 마련을 위해 소비세를 인상하려다 여론에 밀려 실패했다. 더구나 동북부 대지진으로 거액의 복구비를 마련해야 돼 복지 확대는 물거품이 되었다. 여기에 지진과 후쿠시마 원전 사고 때 초기 대응이 미숙했다는 맹비난을 받았다.
7 집권 2년도 안 돼 하토야마 유키오와 간 나오토에 이어 노다 요시히코가 2011년 8월 민주당 출범 이후 세 번째 총리로 취임했다. 노다는 야스쿠니 신사 참배를 옹호하고, 영토 문제에 민감하며, 일본의 군사력 사용에 찬성해온 극우파 정치인이다. 노다는 또 관료들의 국정 장악을 막기 위해 폐지했던 사무차관회의를 부활했고, 파벌정치의 핵심인 당 정책조사회장의 권한도 복원했다.

태국의 노란옷 · 빨간옷 시위대

탁신 전 태국 총리

탁신[1]은 태국 최초의 대중주의 정치인이다. 그는 총리로 선출된 뒤 농가부채 탕감, 마을별 사업자금 대출, 전 국민 의료보험 실시 등 각종 재분배 정책들을 쏟아냈다. 농민과 도시빈민들은 환영했지만 중산층과 지식인들은 선심성 정책이 성장 동력을 해칠 것이라고 비판했다. 탁신이 재정 확충을 위해 상속세 도입 등 증세를 추진하자 반대는 더욱 격렬해졌고, 결국 무혈 쿠데타가 일어났다(2006).

다음 해 총선이 실시됐는데 예상을 뒤엎고 친탁신 정당이 승리했다. 망명했던 탁신이 귀국하자 반대파는 가두시위를 시작했다. 탁신 반대파는 노란 옷을 입었는데 이때부터 태국의 각 정파는 색깔로 대변되었다. 친탁신 연립정부가 군대에 시위 진압을 명령했지만 군은 움직이지 않았다. 시위대가 방콕의 수완나품 국제공항을 점거하고 혼란이 극에 달하자 야당인 민주당이 연립정부 내 소수정당들을 떼어내 의회 다수를 만들어 정권을 인수했다.

민주당 정권이 들어서자 이번에는 빨간 옷을 입은 친탁신 시위대가 거리로 나왔다. 시위대는 아세안 정상회의장에 난입해 각국 정상들이 헬리콥터를 타고 탈출하는 소동을 빚었다. 격분한 민주당 정부는 시위대를 무력 진압했고 일부 인명피해가 발생했다(2009).

탁신 지지자들은 다음 해 다시 방콕으로 몰려들었다. 민주당 정부와 군은 시간이 걸리더라도 유혈 사태를 피하려 노력했다.[2] 그러나 시위대가 2달 이상

---

1 탁신 111쪽에서 설명.

2 태국은 국왕의 권위가 살아있어 누구도 절대 권력을 잡지 못하게 견제한다. 정치인이든 군 지휘관이든 독재자가 될 수도 없는데 국민의 피를 뿌린 장본인으로 지목되고 싶어하지 않는다.

태국의 탁신 전 총리 지지 시위

시내 번화가를 점령하자 군 장갑차를 동원해 무력 진압했고 이 과정에서 92명이 목숨을 잃었다.

2차례나 거리의 정치에서 패배했지만, 탁신 지지자들의 세력은 줄지 않았다. 조기 총선에서 탁신의 여동생 잉락이 이끄는 프어타이당[3]이 과반을 넘는 의석을 확보해 정권을 탈환했다(2011). 잉락은 태국 최초의 여성 총리로 취임했지만, 탁신에 대한 기득권층의 여전한 반감과 선거 과정에서 남발한 선심성 공약의 이행 등 난제들이 산적해 있다.

---

3 **프어타이당의 창당** 2006년 쿠데타로 잉락의 오빠인 탁신 친나왓이 이끄는 타이락타이당이 강제 해체되었다. 그후 타이락타이당의 지지자들은 '민중권력당'을 결성하나 2008년 12월에 활동이 금지된다. 이들은 다시 프어타이당(PTP, Pheu Thai Party)을 창당해 2011년 총선에서 승리를 거둔다.

아웅산 수치 여사와 미얀마의 민주화

아웅산 수치 여사

아웅산 수치[1] 여사의 자택을 에워쌌던 군인들이 사라지자 야당 지지자 수천 명이 모여들었다. 수치 여사가 담 위로 모습을 드러내고 지지자들은 눈물로 그녀의 석방을 환영했다. 무려 7년 만에 가택연금에서 풀려난 것이다.[2] 미얀마 정부는 수치 여사에게 정치활동 자제를 약속하면 자유를 주겠다고 수없이 회유했지만 그녀의 저항 의지를 꺾지 못했다. 결국 아무런 조건 없이 수치 여사를 풀어줄 수밖에 없었다.

1988년 양곤의 대학생들이 네 윈의 군부독재에 맞서 시위를 시작했다. 시민과 승려들이 가세하면서 민주화 시위는 전국으로 퍼져나갔지만 군부의 가혹한 진압으로 수천 명이 사망했다. 시위대에 무차별 총격을 가하는 모습을 본 수치 여사는 투쟁에 합류했고 곧 반정부 진영의 한가운데 섰다.[3]

수치 여사는 야당인 민주주의민족동맹NLD, National League for Democracy를 만들었다. 네 윈을 대신해 들어선 신군부는 유혈사태로 실추된 정통성을 회복

---

1 아웅산 수치Aung San Suu Kyi(1945~) 미얀마의 민주화 운동가. 군사 정권의 폭정 하에 있던 미얀마의 민주주의와 인간의 권리를 회복하기 위한 비폭력 투쟁을 전개한 공로로 1991년 노벨 평화상을 수상했다. 그녀는 미얀마 내 화합과 분열의 골이 깊은 소수 민족 집단 간 화합의 필요성을 강조했다. 그녀의 투쟁은 최근 수십 년간 아시아에서 가장 뛰어난 용기를 보여준 예가 되었고 탄압에 대항하는 투쟁의 상징이 되었다.

2 아웅산 수치 여사는 2010년 11월 가택연금에서 풀려났다. 수치 여사는 1989년부터 세 차례 총 15년 동안을 구금 상태로 지냈다.

3 1988년 당시 시위 진압에 투입된 군인들마저 아웅산 수치 여사가 연설하면 이를 경청했다고 한다. 미얀마 독립 영웅이자 군대의 창설자인 아웅산 장군과 그녀의 딸 수치 여사의 권위를 보여주는 것인데, 그만큼 군사정권은 그녀를 두려워하고 싫어했다.

하기 위해 당초 약속을 지킨다며 총선을 실시했다. 그리고 모두의 예상을 뒤엎고 NLD가 압승을 거뒀다.[4] 당연히 야당에게 정권을 넘겨야 했지만, 군부는 선거를 무효로 하고 더욱 가혹한 통치를 가했다.

승려들이 이끈 미얀마 민주화 시위(2007)

2007년 가스와 석유 가격 인상에 항의해 일어난 소요는 승려들이 앞장 선 민주화 시위로 발전했다.[5] 미얀마는 독실한 불교 국가인데도, 군인들이 사원에까지 들어가 시위 승려들에게 발포했다. 반정부 단체들은 수백 명이 사망했다고 주장했다.

시위를 진압한 미얀마 정부는 20년 만에 총선을 실시해 친 군부 정당이 승리했다.[6] 형식적이나마 민간 정부가 들어서고 군부 지도자 탄 슈웨가 일선에서 물러났다. 새 정부는 서방의 경제 재재를 풀기 위해 정치범을 석방하는 등 조금씩 민주화 조치를 취해나갔다. 수치 여사도 개혁의 진정성을 믿는다며 협조할 뜻을 밝혔다. 어렵게 시작된 미얀다의 봄이 어떤 결실을 맺을지 주목된다.

---

4 1990년 미얀마 총선에는 99개 정당이 난립했다. NLD의 주요 인사들은 감옥에 있었고, 4인 이상 옥외집회를 금지해 사실상 선거운동이 불가능했다. 군부는 친정부 정당이 승리해 군소정당들을 이끌 수 있을 것으로 확신했다. 그런데 선거 결과 NLD가 485개 의석 가운데 392석을 차지하는 압승을 거뒀다. 도시뿐 아니라 농촌과 군인가족들의 집단 거주지에서까지 NLD가 승리해 군부에 큰 충격을 줬다.

5 2007년 미얀마 민주화 시위는 승려들의 옷 색깔에 따라 '사프란(진노랑색) 혁명'이라고도 부른다.

6 2010년 총선에서 미얀마 군부는 형사처벌을 받았던 사람은 출마를 금지하고 거액의 선거공탁금을 부과하는 등 야당이 승리할 작은 가능성까지 봉쇄했다. 아웅산 수치 여사는 NLD의 선거 거부를 지시했는데, 일부 야당 인사들이 이에 반발해 출마했지만 친 군부 정당에 참패했다.

코트디부아르 : 한 나라 두 대통령

그바그보[1]는 민주화 투사였다. 대학에서 역사학을 가르치던 그는 민주주의에 대해 강의했다는 이유로 투옥되면서 야당 정치인으로 변신했다. 독재자 부아니가 죽고 쿠데타가 일어난 뒤, 그바그보는 대통령 선거에 출마해 사상 첫 정권교체를 이뤄냈다(2000). 그러나 그바그보는 남부 가톨릭계 원주민과 북부 이슬람계 이주민의 화합에 실패해 북부에서 반란이 일어났다. 경제는 어려워졌고 이를 이유로 그바그보는 대선을 5년이나 연기했다. 결국 치러진 선거에서 그바그보는 야당 후보 와타라에게 패했다(2010). 그바그보는 불복했고,[2] 2명의 대통령이 따로 취임 선서를 했다. 그리고 지지자들 사이에 내전이 벌어졌다.[3]

반기문[4] 유엔 사무총장은 유엔 안보리와 서아프리카경제공동체를 설득해 제재를 이끌어냈다. 아프리카의 특수성을 인정해야 한다는 주변국 지도자들에게 반 총장은 선거에 지고도 무력으로 권력을 유지하는 악순환을 끊자고 호소했다. 최영진 유엔 특별대표가 이끄는 평화유지군과 프랑스군이 반군과 합세해 정부군과 격렬한 전투를 치렀고 결국 그바그보는 항복했다.[5]

내전 과정에서 정부군뿐 아니라 와타라측 반군도 학살을 저질러 남북 감정의 골은 더욱 깊어졌다. 경제도 문제이다. 코트디부아르는 카카오와 커피 수

---

1 **롤랑 그바그보**Laurent Gbagbo(1946~) 노동운동가로 활동하면서 민주화 투쟁을 했으며 1982년 FPI당을 세우나 다당제를 허용하지 않는 초대 대통령 우푸에 부아니(Houphouet Boigny) 정권의 탄압을 받아 1985년 프랑스 파리로 망명한다. 1988년 복수정당제가 허용되자 귀국해 FPI를 다시 결성했고 2000년 대통령 선거에 야당 FPI 후보로 출마해 대통령에 당선된다.

2 코트디부아르 중앙선거관리위원회는 최종 개표 결과 와타라가 54.1%의 득표율로 대통령에 당선됐다고 밝혔지만 헌법위원회가 결과 발표 하루 뒤 개표에 상당한 부정이 있었다고 주장했다. 헌법위는 수정된 집계에 따라 그바그보 대통령이 51%의 득표율로 재임에 성공했다고 발표했다. 그바그보는 이를 근거로 대통령 취임식을 거행했다.

3 코트디부아르 북쪽에는 무슬림과 외국인이 많이 살고 있는데 코코아와 커피 생산지, 수출 항구가 있는 남부 주민들로부터 정치 경제적 차별을 받아왔다. 그바그보는 남부지역 출신이고, 와타라는 이슬람교의 북부지역 출신으로 각자 출신 지역을 대변하는 인물이다.

4 **반기문** 한국의 외교관. 2006년 10월 유엔 사무총장에 임명되어 2007년 1월 1일부터 유엔 사무총장으로서 업무를 수행하고 있다.

5 2011년 5월 수도 아비장의 대통령궁에서 그바그보가 체포되면서 4개월간의 내전이 끝났다.

코트디부아르의 최대 도시 아비장

출을 기반으로 '서아프리카의 우등생'이라 불릴 정도로 높은 성장률을 기록
해왔다.[6] 그러나 내전으로 외국인 투자가 줄고 국제사회의 제재까지 겹치면서
위기를 겪었다. 와타라 정부는 거국내각을 구성하고, 카카오와 커피 수출을
재개하는 등 복구에 노력하고 있다.

---

6 코트디부아르는 카카오 생산량 세계 1위, 커피 생산량 세계 3위이다.

노벨 평화상

노벨상은 물리, 화학, 의학, 문학, 평화상에 경제학상이 추가돼 여섯 분야로 나뉜다.[1] 100년 넘도록 지켜온 엄격한 심사 과정 때문에 세계 최고의 권위를 인정받는다.[2]

그중 노벨 평화상은 가장 큰 관심을 모으면서도 각국의 정치 상황과 얽혀 반발을 일으키기도 한다. 미얀마 정부는 아웅산 수치 여사에 대한 노벨 평화상 시상을 내정간섭이라고 비난했고, 이란은 여성 인권변호사 시린 에바디[3]에게 탈세 혐의를 씌워 노벨 평화상 메달을 압수했다. 중국은 인권운동가인 류샤오보[4] 교수에게 노벨 평화상이 주어지자 '범죄를 부추기는 행위'라며 강력히 반발하고 류 교수와 가족들의 출국을 막아 사상 처음으로 대리수상자조차 없이 시상식이 거행됐다.[5] 이는 노벨 평화상 수상이 인권운동가들에게 큰 힘이 되고, 해당국 정부가 국제사회의 눈치를 볼 수밖에 없다는 반증이기도 하다.

대한민국에서는 2000년 김대중 대통령이 민주화와 남북화해에 기여한 공로로 노벨 평화상을 받았다.

---

1 노벨상 수상자에게는 금메달과 1,000만 크로나(약 17억 원)의 상금이 주어진다.

2 노벨상 시상은 1901년 처음 시작됐다.

3 시린 에바디Shirin Ebadi(1947~) 법학을 전공한 뒤 1974년 이란 최초의 여성 판사가 되었으나 1979년 이슬람 혁명으로 왕정이 무너지면서 '여성은 판사직에 부적합하다'는 이유로 해직되었다. 이후 모교에서 법학 강의를 하면서 가족법 개혁 운동에 나섰다. 여성이 남성에 비해 이혼이나 상속 문제에서 매우 불리하다는 점을 부각시켰다.

4 류샤오보劉曉波(1955~) 촉망받는 젊은 학자이자 작가였던 그는 1989년 톈안먼사건(천안문사건)*이 발생했을 때 귀국하여 시위에 참여하면서 반체제 활동을 벌인다. 톈안먼사건이 정부에 의해 유혈진압된 후 반혁명 혐의로 투옥되었으며 이후 중국 정부에 비판적인 작품들을 발표하였다. 20여 년 동안 여러 번 투옥되고 석방되었는데 노벨상 수상 이전에도 국제단체의 인권상을 여러 번 수상했다.

* 톈안먼사건 1989년 6월 민주화를 요구하며 베이징의 톈안먼 광장에서 시위를 벌인 학생, 노동자, 시민들을 정부가 강제 진압하면서 많은 사상자를 낸 사건.

5 노르웨이 주재 중국 대사관은 각국 대사관에 2010년 노벨 평화상 시상식에 참석하지 말라고 요청했지만, 한국을 비롯한 49개 서방국가 대표들은 이를 거부했다.

세계의 군사력 비교

미국 CIA가 발표한 전 세계 군사력 순위에 따르면[1] 최고의 군사강국은 역시 미국이었다. 러시아가 2위였지만 국방비 등에서 현격한 차이가 있었다. 3위인 중국은 병력과 국방비 항목에서 점수가 높았다. 한때 세계를 제패했던 영국이 4위로 아직 만만치 않은 군사력을 보였고, 인도와 프랑스가 그뒤를 이었다. 7위는 일본으로 비상대처와 무기개발이 뛰어나지만 전투능력은 부족하다는 평가

세계 군사력 순위

순위	국가	순위	국가
1위	미국	16위	이란
2위	러시아	17위	이집트
3위	중국	18위	북한
4위	영국	19위	스페인
5위	인도	20위	파키스탄
6위	프랑스	21위	호주
7위	일본	22위	사우디아라비아
8위	독일	23위	태국
9위	대한민국	24위	아르헨티나
10위	이탈리아	25위	스웨덴
11위	터키	26위	브라질
12위	이스라엘	27위	그리스
13위	인도네시아	28위	대만
14위	멕시코	29위	시리아
15위	캐나다	30위	필리핀

출처 : CIA

---

1 CIA는 병력과 무기개발, 비상대처, 전투능력, 국방비 등 여러 항목을 합산한 '2007년 세계 군사력 보고서'를 발표했다.

미국의 항공모함

를 받았고, 독일도 예상 외로 무기개발과 전투능력 점수가 낮아 8위에 그쳤다.

　대한민국은 종합순위 9위를 차지했다. 육군 전력은 세계 4위였지만, 해군과 공군이 이에 못 미치고 국방비와 비상대처 능력도 저조했다. 북한은 피폐한 경제 상황에도 불구하고 군사력은 세계 18위에 올랐다.

병력 순위

중국은 세계에서 가장 많은 병력을 보유하고 있다. 미국과 인도, 러시아 그리고 북한도 병력이 100만 명이 넘는다. 그 다음이 65만 병력의 대한민국이다. 일본은 자위대 병력이 24만 명밖에 되지 않고, 독일과 영국도 소수 정예로 군대를 운영하고 있다.[2]

세계 병력 순위

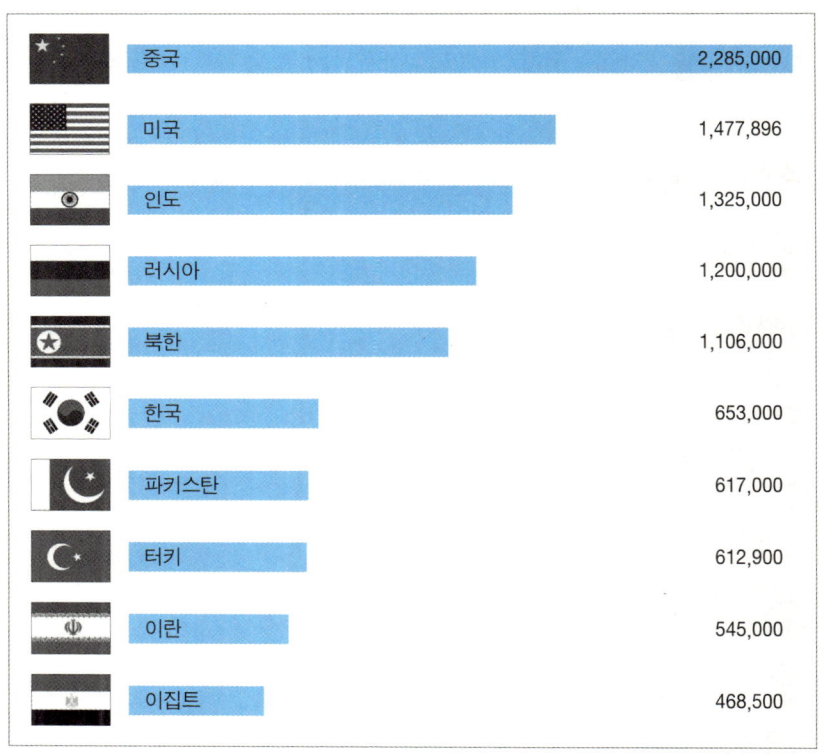

중국		2,285,000
미국		1,477,896
인도		1,325,000
러시아		1,200,000
북한		1,106,000
한국		653,000
파키스탄		617,000
터키		612,900
이란		545,000
이집트		468,500

출처 : globalfirepower.com

---

2 독일 15만 명, 영국 22만 명.

군용기 보유 순위

미국은 1만8천 대가 넘는 군용기를 가지고 있다. 중국과 러시아의 군용기를 다 합해도 미국의 3분의 1에 불과하다. 이 같은 항공 전력은 항공모함과 함께 미국이 전 세계 모든 지역에 영향을 미치는 힘의 원천이다.

군용기 대수 4위는 의외로 인도이며, 미국의 지원을 받는 이스라엘이 그 뒤를 잇고 있다. 일본도 2천 대 가까운 군용기를 보유하고 있다. 10위는 북한, 그 다음이 대한민국이다. 북한의 전투기 숫자가 더 많지만 노후화돼 대한민국보다 공군 전력이 많이 뒤처지는 것으로 평가된다.

세계 군용기 보유 순위

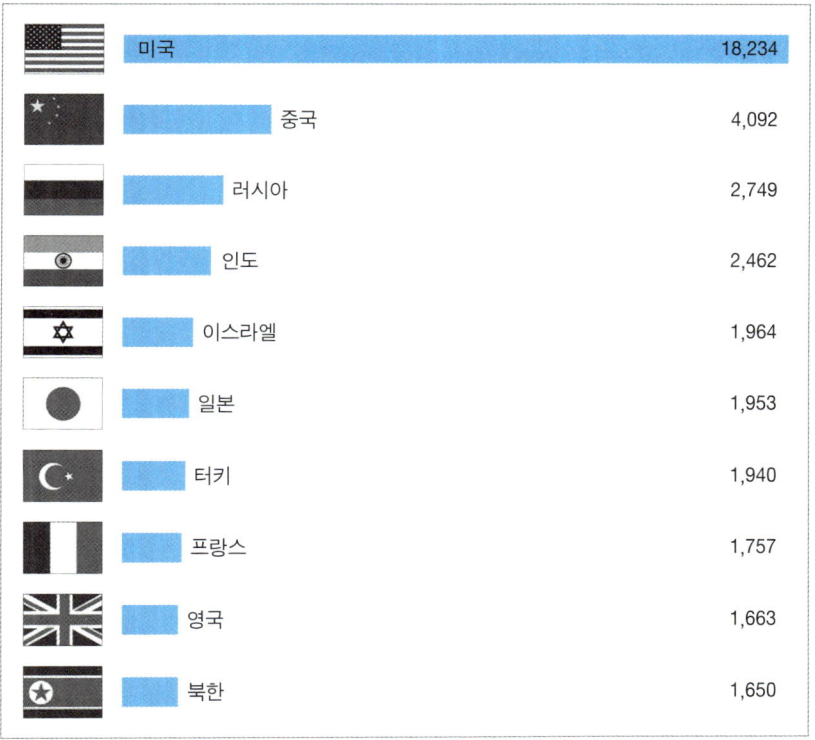

국가	대수
미국	18,234
중국	4,092
러시아	2,749
인도	2,462
이스라엘	1,964
일본	1,953
터키	1,940
프랑스	1,757
영국	1,663
북한	1,650

출처 : globalfirepower.com

국방비 순위

미국의 국방비는 나머지 모든 나라의 국방비를 합한 것과 비슷하다. 아직까지 어느 나라도 필적할 수 없는 국력의 차이를 반영하는 것이다. 1980년대 소련은 미국의 국방비 증액에 맞서 군비 경쟁을 벌이다 나라가 해체되는 결정적인 원인을 제공했다.[3]

중국의 국방비 증가가 두드러지지만[4] 미국과 20년 정도 격차가 있다. 중국은 아직 미국과 군사 대결보다는 경제 성장에 주력하는 단계이다. 석유가격 상승 덕분에 경제가 회복된 러시아는 국방비 순위가 올라갔고, 일본은 국방예산을 거의 동결해왔다.

대한민국의 국방비는 인도에 이어 세계 11위이다.[5] 북한의 국방비는 대한민국의 약 4분의 1로 추정된다. 그러나 북한의 인건비가 싸고 많은 산업이 국방과 연결돼 있다는 점 등을 감안하면 국방예산 차이를 그대로 군사력 차이로 볼 수는 없다.[6]

세계 근사비 순위

순위	국가	국방비(달러)	순위	국가	국방비(달러)
1위	미국	6,070억	7위	일본	463억
2위	중국	849억	8위	이탈리아	406억
3위	프랑스	657억	9위	사우디	382억
4위	영국	653억	10위	인도	300억
5위	러시아	586억	11위	대한민국	290억
6위	독일	468억	12위	브라질	250억

출처 : CIA

---

3 미국도 막대한 재정적자로 국가부도 위기에 몰리자 2012년부터 예산의 20%를 차지하는 국방비를 대폭 줄여나가기로 했다.
4 중국의 국방비는 2005년 세계 5위에서 2008년 세계 2위로 올라섰다.
5 대한민국의 국방비는 2008년 290억 달러였다.
6 2008년 북한의 국방비는 82억 달러였다. 이는 북한 GDP의 23%로 국방비 때문에 정상적인 경제 운영이 안 되고 있음을 보여준다. 대한민국의 2008년 국방비가 GDP의 3%였던 것과 크게 대비된다.

'숨겨진 살인자' 지뢰

동네에서 축구를 하던 소년이 풀밭에 들어간 공을 주우러 간다. 공을 들고 나오려는 순간 큰 소리가 나더니 두 다리가 사라진다. 지금도 세계 곳곳에서 수없이 일어나는 비극이다.[1]

전쟁을 겪었던 세계 각국에는 1억2천만 개의 지뢰가 땅 속에 묻혀 희생자를 기다리고 있다. 포성이 멎고 군인들이 떠나가도 지뢰는 그 자리에서 70년 동안 폭발 기능을 유지한다. 그래서 지뢰 피해자의 80% 이상이 민간인이고 그 4분의 1이 어린이다.[2] 지뢰는 무기로만 보자면 값싸고 효과적이다. 그러나 묻기는 쉽지만 이를 제거하는 데는 수백 배의 비용이 든다.[3]

대전차 지뢰

가장 비인도적인 무기인 지뢰를 없애기 위해 대인지뢰금지협약이 맺어졌다.[4] 이런 노력 덕분에 지뢰 피해자는 조금씩 줄고 있다.[5] 그러나 아직도 인도와 파키스탄, 미얀마는 지뢰를 계속 생산하고, 아프가니스탄과 콜롬비아, 예멘에서는 반정부 무장단체가 지뢰를 매설하고 있다.

발목 지뢰

---

1 2010년 경기 연천군의 한 어린이 놀이터에서 지뢰 39발이 발견됐다. 지뢰의 위험성이 다른 나라 이야기만이 아니라는 사실을 깨닫게 해준다.
2 옛 소련은 아프가니스탄 전쟁에서 적대구역에 나비처럼 생긴 지뢰를 뿌렸다. 어린이들이 장난감인 줄 알고 만지다 터져 두 손을 잃도록 하기 위해서다. 지뢰의 잔혹성을 극단적으로 보여준다.
3 지뢰 하나를 생산하는 데는 3달러가 들지만, 제거하는 데는 1,000달러가 든다.
4 '대인지뢰의 사용과 비축 생산 수출입을 금지하는 협약'이 1999년 발효됐다. 가입 4년 안에 대인지뢰 보유분을, 10년 안에 매설된 대인지뢰까지 모두 찾아 없애야 하는 의무를 지는데도 지금까지 156개 국이 가입했다. 그러나 미국과 러시아, 중국, 인도를 비롯한 39개국이 가입을 거부하고 있다. 대한민국과 북한도 아직 협약에 가입하지 않았다.
5 유엔은 1990년대 말 매년 2만 6천 명씩 발생하던 지뢰 피해자가 2만 명 미만으로 줄었다고 밝혔다.

경제와 금융

달러의 약세를 발판으로 기축통화에 도전하려던 유로화는

회원국들의 재정 적자 문제로 약세를 지속하고 있다.

고속성장을 거듭하던 베트남 경제는 다시 추락하고 있다.

경제 성장 이면의 빈부격차와 불균형을 해결하기 위한

지역별 경제 공동체의 움직임이 활발하다.

금융위기 이후의 미국 : 양적완화와 유동성 함정

2008년 9월 금융위기가 시작되자 미국 정부는 금융시장 안정을 위해 거액을 쏟아 부었다.[1] 금리도 사실상 제로 금리로 인하했다.

그래도 신용경색이 해소되지 않자, 미국 정부는 2010년 3월까지 '1차 양적완화'[2]를 개시했다. 중앙은행인 연방준비제도이사회FRB[3]가 1조7,500억 달러어치의 국채와 금융회사 채권을 매입해 시중에 현금을 풀었다. 덕분에 거대 금융회사들의 유동성 부족은 일단 해소되었다.

그러나 은행들은 여전히 개인이나 소기업들에 대출하기를 망설였다. 비금융 기업들도 2조 달러 가까운 현금을 쌓아놓고도 경기 회복에 대한 자신감 부족으로 고용이나 투자를 기피했다. FRB가 시장에 공급한 돈이 대부분 다시 FRB로 돌아왔다. 미국 경제가 이른바 '유동성 함정'[4]에 빠진 것이다.

경기침체가 계속되고 빈곤층이 늘어나자 미국 정부는 '2차 양적완화'에 들어갔다. FRB는 2011년 6월말까지 모두 6,000억 달러를 찍어내 미국 국채를 매입했다. 이 조치로 주가가 25% 상승하고 회사채 금리도 4.23%에서 3.79%로 떨어져 기업의 투자 환경이 개선됐다.

그러나 국민이 피부로 느낄 만한 효과는 거두지 못했다는 평가가 지배적이다. 주택경기와 실업률은 오히려 악화됐고, 기업들은 여전히 투자를 주저했다. 그리고 달러가 풀리자 석유 등 국제 원자재 가격이 폭등했다.

---

1 미국 정부는 특히 도산 직전의 금융회사들에 막대한 구제 자금을 지원했다.

2 양적완화quantitative easing　금리 인하를 통한 경기부양 효과가 한계에 부딪쳤을 때 중앙은행이 국채 등을 매입해 시중에 직접 돈을 푸는 정책을 말한다.

3 연방준비제도이사회　14쪽에서 설명.

4 유동성 함정liquidity trap　금리 인하나 재정지출 확대로 시장에 돈이 넘쳐흐르는데도 기업의 투자와 가계의 소비가 늘지 않아 마치 경제가 함정에 빠진 것처럼 보이는 상태를 말한다. 1920년대 세계 대공황 때 돈을 풀었지만 경기가 살아나지 않은 것을 설명하기 위해 경제학자 케인스가 제기한 학설이다.

각국의 출구전략

2008년 미국발 금융위기가 확산되자 각국 정부는 금리 인하로 돈을 풀어 경기 침체를 막으려 했다. 경제이론상 금리가 낮아지면 가계는 저축을 해도 큰 이익이 없기 때문에 소비를 늘리고, 기업은 낮은 비용으로 돈을 빌려 투자를 늘리게 된다.

각국 정부는 또 세금을 줄이고, 도산한 금융기관에 공적자금을 투입하며, 새로운 공공사업을 벌이는 등 적극적인 재정정책을 시행했다. 정부의 수입보다 지출이 더 커지면 시장에 유동성이 늘어난다. 이러한 노력으로 자칫 제2의 세계 대공황이 될 뻔했던 경제위기를 막아낼 수 있었다.

문제는 물가 불안이었다. 가계가 저축을 안 하고 정부가 적자 재정을 운영하면 시장에 돈이 많아져 물가가 오를 가능성이 높아진다. 또한 재정적자가 통제하기 힘들 정도로 커져 국가 부도 위기에 놓인 나라들이 많아졌다.[1]

이에 따라 경기 부양정책을 계속해나갈지 아니면 긴축정책으로 전환하는 이른바 '출구전략'을 쓸지를 놓고 각국이 고심했다. 2010년 PIGS,[2] 즉 포르투갈, 이탈리아, 그리스, 스페인의 국가부도 위기를 겪은 유럽은 대부분 경기 부양보다는 재정 건전성 강화 쪽으로 돌아섰고, 중국과 일본도 일부 긴축정책을 시행했다. 한국은 2011년 물가가 급등하자 정부가 금리 인상을 망설이다 출구전략 시기를 놓쳤다는 논란이 일었다.[3]

---

1 정부의 연간 재정적자 규모가 GDP의 3%보다 커지면 재정 건전성을 잃은 것으로 본다.
2 PIGS 유럽 국가 가운데 최근 심각한 재정 위기와 국가채무에 시달리고 있는 포르투갈(Portugal), 이탈리아(Italy), 그리스(Greece), 스페인(Spain)의 앞글자를 조합해 만든 신조어다.
3 미국도 전문가들 사이에 경제회복과 인플레이션에 대한 전망이 엇갈리면서 3차 양적완화를 실시할지 출구전략을 사용할지를 놓고 2011년 하반기까지도 논쟁이 계속됐다.

미국과 중국의 환율전쟁

오바마 미국 대통령은 2010년 3월 수출 확대와 일자리 창출 대책에 대해 연설하면서 '중국이 좀 더 시장친화적인 환율체계로 바뀌어야 한다'며 위안화 평가절상_{환율인하}을 강력히 요구했다. 원자바오 중국 총리는 이에 대해 '다른 나라의 환율정책에 간섭하지 말라'고 맞받아쳤고, 다음날 미국 하원의원 130명이 재무장관에게 서한을 보내 '중국을 환율조작국 명단에 포함시키라'고 요구했다. 경제 전문가들은 이를 환율전쟁으로 표현했다.[1]

중국으로서는 위안화 추가 절상을 쉽게 받아들일 상황이 아니었다. 위안화는 2005년 7월 1달러당 8.28위안에서 2011년 5월에는 1달러당 6.48위안으로 22%가 비싸졌다. 이것은 치솟는 물가를 진정시키기 위해 중국 정부가 어느 정도의 위안화 평가절상을 용인했기 때문이다. 위안화가 절상되면 값싸진 외국 제품들이 수입돼 물가를 억누를 수 있다. 그러나 한편으로는 중국 제품이

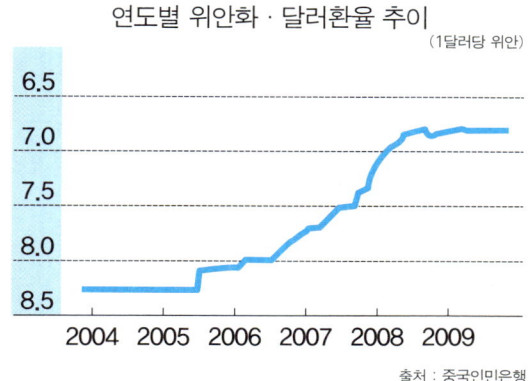

연도별 위안화 · 달러환율 추이

(1달러당 위안)

출처 : 중국인민은행

---

1 2009년 미국의 대 중국 무역적자는 2,268억 달러로 10년 전의 3배로 늘었다. 미국은 위안화가 실제 가치보다 최고 40%나 낮게 평가된 것이 주요 원인이라고 주장했다. 만약 위안화가 40% 평가절상된다면 미국 시장에서 중국 제품의 가격도 40% 비싸지게 된다. 다시 말해, 중국에서 위안화로 표시된 상품 가격은 그대로인데 미국 소비자들은 100달러를 주던 것을 이제 140달러를 주고 사야 하는 것이다. 당연히 미국 소비자들은 중국 제품 대신 미국 제품을 더 많이 살 것이고, 그에 따라 미국의 무역적자가 줄고 기업의 생산과 고용이 늘어날 것이다.

안 팔려 공장이 문을 닫고 실업자가 늘어날 가능성이 높아진다. 중국 정부는 위안화가 2% 절상될 때마다 240만 개의 일자리가 사라진다고 보았다.[2]

2007년 세계 금융위기가 발생한 뒤 각국은 서로 자기 화폐를 평가절하환율 인상하려고 노력했다. 그러나 모든 화폐를 다함께 평가절하하는 것은 불가능하다. 1930년대 대공황 직후에도 유럽 각국은 앞 다퉈 화폐를 평가절하했다. 그러나 환율 조작을 통한 수출 증대는 경제위기를 다른 나라에 떠넘기는 행위로 받아들여졌고 보호무역 경쟁을 유발해 결국 세계경제를 더욱 파국으로 몰고 갔다.

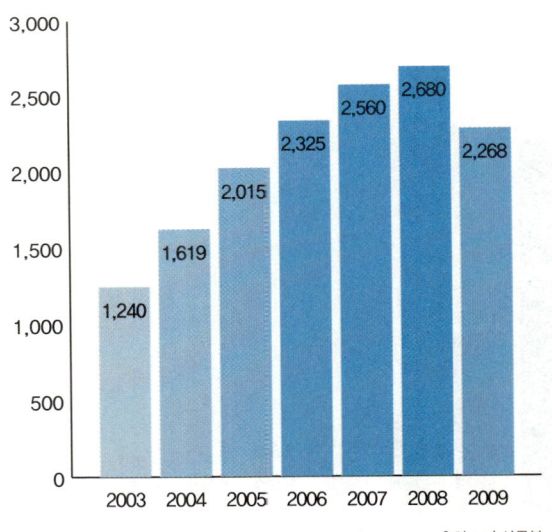

미국의 대중 무역적자 추이 (단위 : 억 달러)

출처 : 미 상무부

---

2 중국은 과거 '플라자 합의' 이후 일본의 예를 우려했다. 미국이 막대한 대 일본 무역적자에 시달리던 1985년 5개 선진국 재무장관들이 모여 일본 엔화의 가치를 인위적으로 높이기로 합의했다. 당시 1달러당 235엔이던 환율은 2년 뒤 120엔으로 급락했고, 두 배나 비싸진 엔화 가치는 수출 부진과 제조업의 일본 탈출을 불러왔다. 엔화의 급격한 평가절상은 1990년대 부동산거품 붕괴와 함께 일본을 장기 침체로 몰고 갔다.

달러의 기축통화 지위

2차대전이 끝나가던 1944년 미국은 브레튼우즈협정[1]에 따라 달러를 정해진 양의 금과 바꿔주는 금본위제를 실시하기로 하고 달러화의 기축통화 자격을 인정받았다.[2] 기축통화가 되려면 통화가치가 안정되고, 교환과 이체 등 국제거래의 매개기능이 원활할 뿐 아니라 국제시장에서 수요와 공급이 충분해야 한다. 즉 국제거래가 지속되려면 미국이 지속적으로 무역 적자를 보아 시장에 결제수단인 달러를 공급해야 한다. 문제는 미국의 무역 적자가 지나쳐 달러화의 가치가 떨어져서는 안 된다는 것이다.

외환보유액 10대 보유국

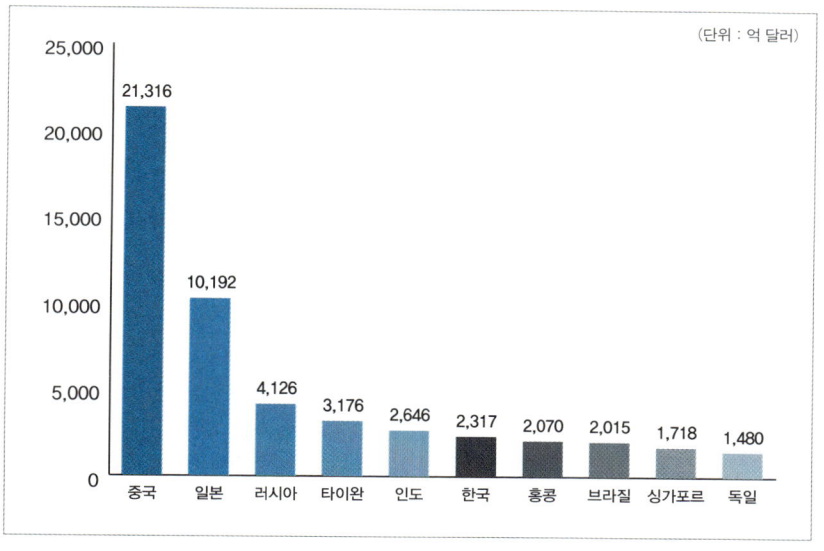

출처 : 한국은행

---

1 브레튼우즈협정 국제적인 통화제도 협정에 따라 구축된 국제 통화 체제로 2차 세계대전 종전 직전인 1944년 미국 뉴햄프셔 주 브레튼우즈의 45개국이 참가한 연합국 통화 금융 회의에서 각국 대표들의 협의하에 탄생되었다.
2 기축통화란 국제거래의 결제 수단으로 이용되는 화폐를 말한다. 영국의 파운드화가 누리던 지위였으나, 전쟁 뒤 세계 GNP의 반을 생산해내는 미국과 경쟁할 수 없었다. 1971년 미국이 베트남 전쟁의 비용을 감당하지 못하고 금본위제를 폐지해 달러화의 신뢰가 떨어졌지만, 아직은 기축통화로서 독보적인 위치를 지키고 있다.

1985년 이후 본격적으로 늘어난 미국의 경상수지 적자는 이제 감당하기 힘들 만큼 불어났다.[3] 미국이 경상수지 적자를 메우려 달러를 찍어내고 그 결과 달러화 가치가 떨어지자 각국은 외환보유고의 구성을 바꾸기 시작했다. 전 세계 중앙은행들의 외환보유고 가운데 1999년 71%였던 달러화는 2008년 64%로 비중이 10% 포인트나 줄었다.

그러나 달러의 기축통화 지위가 가까운 시일 내 무너질 가능성은 낮다. 실업률 증가에 촉각이 곤두서 있는 중국 정부는 대규모 무역적자로 국제시장에 위안화를 공급할 의사가 없으며, 금융과 자본 거래를 온갖 규제로 묶어놓은 중국의 화폐를 기축통화로 쓰기도 아직 무리이다. 한때 유로화가 기축통화 자리에 도전했지만 미국보다 더 풀기 힘든 회원국들의 재정적자 문제에 시달리면서 최근 약세를 지속하고 있다.

떨어지는 달러 가치

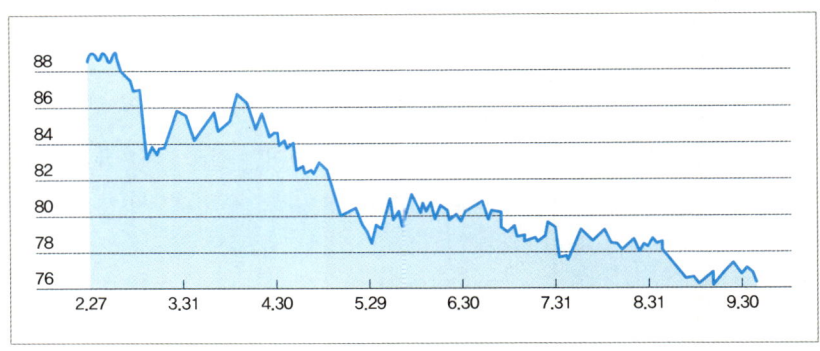

단위 : 유로, 영국 파운드, 일본 엔, 스위스 프랑, 스웨덴 크로나,
캐나다 달러 등 6개 주요 통화에 대한
달러의 가치를 종합평균한 '달러인덱스' 추이

---

3 미국의 경상수지 적자는 2009년 3,780억 달러, 2010년 4,700억 달러를 기록했다.

외환보유의 양면성

미국이 경상수지 적자로 유출한 달러는 대부분 중국, 일본, 한국 등 아시아 국가들로 갔다. 2010년 말 현재 중국은 2조8천억 달러, 일본은 1조9백억 달러를 외환보유고로 쌓아놓고 있다. 한국의 외환보유고는 2천9백억 달러이다.

외환보유고가 많으면 무조건 좋은 것일까? 중국의 지식인들은 언제까지 피땀 흘려 생산한 물건을 미국에 실어다 주고 펑펑 찍어낸 종이달러를 받아와야 하느냐고 분통을 터뜨리고 있다. 또한 미국이 생산보다 소비를 많이 해 달러 가치가 떨어지면 중국과 일본은 외환보유고에 비례해 고스란히 손해를 입게 된다.

이에 따라 중국은 달러 대신 국제통화기금IMF[1]의 특별인출권SDR(Special Drawing Rights)을 기축통화로 사용하자고 제안했다. SDR이란 미국 달러화, 유로화, 엔화, 파운드화 가치를 가중 평균해 가치를 결정한 지불 준비 수단이다. 중국은 나아가 위안화를 기축통화로 만들려는 야심도 드러내고 있다. 실제로 일부 동남아 국가에서는 위안화가 광범위하게 통용되고 있으며, 외환보유고를 위안화로 쌓아놓기도 한다.

프랑스는 달러 중심인 브레튼우즈 체제에서 다극 기축통화 체제로 되돌아가자고 주장한다. 이 제안이 실행되면 세계 금융질서는 결국 달러, 유로, 위안화 세 기축통화 체제로 바뀔 것으로 보인다.

---

1 국제통화기금IMF(International Monetary Fund) 세계무역 안정을 목적으로 설립한 국제금융기구. 외환시세 안정, 외환제한 철폐, 자금 공여 등의 활동을 한다.

중국의 성장

중국의 개혁개방은 쉬운 일이 아니었다. 덩샤오핑 등 개혁파는 마오쩌둥 교조주의[1]자들과 목숨을 건 권력투쟁을 벌여 승리했다.[2] 이때부터 중국은 국가주도의 경제발전에 매진해 연평균 10%의 경제성장을 이루었고, 그 결과 유럽과 일본을 제치고 세계 2위의 경제대국으로 올라섰다.[3] 중국의 저력은 경제 위기 때 더욱 돋보였다. 세계 금융위기 때 중국은 대대적인 내수 진작을 통해 고도성장을 이어갔다.[4] 미국과 서유럽 각국은 재정위기에 몰리자 중국에 손을 내밀어 도움을 요청했다.[5]

중국은 저임금을 무기로 '세계의 공장' 역할을 자임했다. 110년 넘게 세계 최대 생산국이었던 미국마저 중국에 자리를 내주었다(2010). 그러나 국민소득이 높아지자 중국인들도 소비의 주체로 나서기 시작했다.[6] '마이카 붐'으로 중국이 세계 최대의 자동차 시장이 됐고 일 년에 중국인 5천만 명이 해외 관광을 했다(2010). 고소득자들이 늘면서 사치품 구입도 급증했다.[7]

중국의 고도성장은 한편에서 빈부격차와 지역별 불균형 등 부작용을 낳았다. 중국 정부는 이에 따라 2011년부터 성장방식을 양量에서 질質로 전환하겠

---

1 교조주의敎條主義 특정한 교의나 사상을 절대적인 것으로 받아들여 현실을 무시하고 이를 기계적으로 적용하려는 태도.

2 덩샤오핑은 군부 원로들의 도움으로 마오쩌둥의 후계자인 화궈펑(華國鋒)을 축출한 뒤 1978년 12월 중국공산당 중앙위원회 전체회의에서 개혁 개방을 선언했다. 덩샤오핑은 다음 해 미국을 방문하고 돌아와 '검은 고양이든 흰 고양이든 쥐만 잘 잡으면 된다'는 뜻의 흑묘백묘론(黑猫白猫論)을 주장했다. 자본주의든 공산주의든 상관없이 국민을 잘살게 하면 제일이라는 것이다. 이는 '부유해질 수 있는 사람부터 먼저 부유해지라'는 선부론(先富論)과 함께 덩샤오핑의 경제정책을 가장 잘 대변하는 용어이다.

3 GDP(국내총생산) 규모에서 중국은 2006년 프랑스와 영국을, 2008년 독일을 추월했고, 2010년 일본마저 제치고 미국에 이은 2번째 경제대국으로 떠올랐다.

4 중국은 세계 금융위기가 터진 2008년에 9.6% 성장했고 가장 어려웠다는 2009년에도 9.1% 성장했다.

5 미국과 중국을 묶어 세계를 이끄는 두 축이라는 의미로 G2라 부른다. 미국과 중국의 경제적 공생관계를 가리키는 신조어 '차이메리카(Chimerica)'도 비슷한 뜻이다.

6 중국의 1인당 국민소득은 2010년 4,000달러를 넘어섰다.

7 중국의 천만장자(재산 1,000만 위안, 즉 17억 원 이상)는 2010년 현재 96만 명에 달했다. 이들의 소비로 중국은 세계 사치품 시장의 28%를 점했고 2015년에는 세계 최대의 사치품 소비국이 될 것으로 전망된다.

중국 경제부흥의 상징인 상하이

다고 발표했다. 성장률을 7%로 낮추는 대신 의료와 교육 등 삶의 질과 관련된 예산을 늘리고, 낙후된 서부지역에 투자를 집중하며, 노동집약산업 대신 IT와 신에너지 등 첨단산업을 육성하겠다는 것이다.

일본 경제의 잃어버린 20년

일본 국민들은 여전히 부지런하고, 기술 수준은 세계 최고이며, 기업들은 매력적인 디자인의 제품을 시장에 내놓는다. 그런데도 일본 경제는 무려 20년 동안 불황에 시달리고 국민들은 절망에 빠져 있다. 도대체 무엇이 잘못된 것인가?

1980년대 일본 경제는 세계 제패를 눈앞에 둔 듯했다. 값싼 모방품 생산에서 시작한 일본 기업들은 근면성과 기술력을 바탕으로 고속 성장했다. 경박단소한[1] 일본 제품들은 기능만을 중시한 중후한 서구 제품들을 밀어내며 막대한 무역 흑자를 만들어냈다. 비대해진 일본 자본은 미국의 부동산을 닥치는 대로 사들였다.[2] 문제는 그 다음이었다.

대일본 무역적자에 시달리던 미국과 영국, 독일, 프랑스는 일본 정부에 압력을 가해 엔화 평

일본의 부동산 폭등기에 지어진 도쿄도 타마시 신도시는 집값 폭락으로 사람들이 도쿄 중심부로 돌아가면서 공동화 현상을 빚었다.

---

1 소니의 워크맨 열풍이 전 세계를 강타하던 1982년 일본경제신문이 경박단소(輕薄短小)라는 말을 처음 사용했다. '가볍고 얇고 짧고 작은' 것의 추구는 일본 디자인의 특징이다.

2 1989년 일본의 미쓰비시가 뉴욕의 록펠러센터를 매입하자, 미국인들은 '미국의 혼이 팔렸다'며 탄식했다. 그러나 1996년 미쓰비시는 18억 달러에 산 록펠러센터를 9억 달러에 매각했다. 늘어나는 적자를 감당할 수 없었기 때문이다. 또 일본 부동산 업체 미노루이수타니도 1990년 세계 최고로 평가받는 캘리포니아 페블비치 골프장을 8억 4천만 달러에 샀다 2년 뒤 5억 달러에 팔았다. 이처럼 1980년대 후반부터 1990년대 초까지 일본 기업들이 강한 엔화를 바탕으로 수많은 미국 부동산을 사들였지만 많은 경우 그 결과는 참담했다. 일본인들이 해외투자에까지 부동산 불패 신화를 적용했던 게 가장 큰 화근이었다.

일본 신주쿠 거리

가절상 약속을 받아냈다.[3] 그때부터 엔화는 1년 동안 무려 57%나 가치가 상승했다. 경기 침체가 우려되자 일본 정부는 금리를 크게 낮추고, 막대한 돈을 내수 부양에 쏟아 부었다. 그런데 그 돈이 제조업이 아닌 부동산과 주식 시장으로 고스란히 유입됐다. 그리고 투기 광란이 벌어졌다. 4년 만에 일본 주가와 대도시 땅값이 3배 넘게 급등했다. 은행은 주택 가격의 120%까지 대출을 해줬고, 사람들은 너나없이 빚으로 집을 샀다.

　당황한 일본 정부는 다시 금리를 2배 이상 올렸다.[4] 과도하고 성급한 경제 정책이 연거푸 이어진 것이다. 이번에는 주가와 부동산 가격이 폭락하기 시작했다. 추락은 끝이 없었다. 아직도 주가와 부동산 가격이 20년 전의 4분의 1 수준에서 헤어나지 못하고 있다.[5] 일본 정부가 경기 부양을 위해 재정 지출을 늘려도, 개인은 빚을 갚느라 소비를 못하고 기업은 미래가 불안하니 투자를 하지 않았다.[6]

---

3 1985년 9월 플라자 합의.
4 1989년 5월부터 다음 해 8월까지 일본 금리는 2.5%에서 6%로 수직상승했다.
5 니케이 주가는 1989년 말 38,916에서 2009년 말 10,638이 되었다. 2009년 일본 6대 도시 땅값도 1991년 수준의 27%에 머물렀다.
6 일본 정부는 1991년부터 2000년까지 경기부양을 위해 124조 엔을 쏟아 부었지만 효과가 전혀 없었다. 뒤늦게

불황의 고통은 개인에게 집중됐다. 일본 기업들은 불황에서 벗어나기 위해 임금을 억제하고, 생산을 자동화하고, 공장을 외국으로 이전했다. 당연히 실업률이 높아지고 취업을 해도 비정규직인 경우가 많아졌다.[7] 일본 기업의 평생고용 전통은 옛 이야기가 됐다. 주택 구입 포기자가 늘고, 자살자가 급증했다. 여성들이 결혼을 기피하면서 출산율이 1.4명으로 한국에 이어 세계에서 두 번째로 낮아졌다. 이것은 일본의 또 다른 문제인 인구 고령화로 이어졌다. 일본은 65세 이상이 인구의 4분의 1인 초고령사회가 됐다. 개인의 구매력은 감소하고, 정부의 사회보장 예산은 늘어났다.[8]

또한 일본 정부가 경기부양을 위해 각종 공공사업을 벌이면서 부채가 눈덩이처럼 불었다. 세금을 걷어 국채 이자를 갚는 데도 급급한 상황이 됐다.[9]

그러나 불황이 아무리 길고 심해도 일본 경제가 무너지거나 정부가 파산할 가능성은 희박하다. 일본은 세계 2위의 외환보유고를 가지고 있다.[10] 또 매년 수백억 달러의 무역수지 흑자를 기록하고,[11] 그보다 더 많은 외화를 소득수지 흑자로 벌어들이고 있다.[12] 그동안 외국에 투자한 자본이 일본 국내 자본의 2배에 가까운데, 이제 막대한 이익을 본국으로 보내는 것이다. 다만 이 무역수지와 소득수지 흑자의 혜택을 주로 기업들이 보고 국민의 삶은 점점 더 힘겨워진다는 데 일본의 고민이 있다. 산업구조의 개혁이 필요한데, 일본이 오랜 과제를 풀고 다시 한 번 저력을 발휘할 수 있을지 주목된다.

금리를 다시 0% 수준으로 내렸지만 경제는 살아나지 않았다.

7 세계에서 가장 잘살던 일본 국민들의 소득 수준도 떨어졌다. 물가와 환율을 반영한 구매력평가 기준 1인당 GDP(국내총생산)에서 일본은 1990년대 중반 싱가·포르에, 2000년대 들어 홍콩과 대만에 잇달아 추월당했다.

8 1960년대에는 11명의 일본 노동자가 노인 1명을 부양했지만, 지금은 2.6명이 1명을 부양해야 한다.

9 2010년 일본 정부가 갚은 국채 이자는 10조2천억 엔이었다. 이는 전체 세수의 26%였다.

10 2010년 중국은 세계에서 가장 많은 2조4천억 달러, 일본은 1조 달러, 러시아는 4천억 달러의 외환을 보유했다.

11 일본의 무역수지 흑자는 2004년 1,104억 달러, 2005년 796억 달러, 2006년 690억 달러, 2007년 917억 달러, 2008년 138억 달러, 2010년 771억 달러였다. 무역수지는 수출과 수입의 차액을 말한다.

12 2010년 일본은 1,129억 달러의 소득수지 흑자를 기록했다. 이는 무역수지 흑자를 훨씬 능가하는 규모로 전체 경상수지 흑자의 68%가 소득수지에서 왔다. 경상수지는 무역수지와 소득수지, 서비스수지 등으로 구성된다. 소득수지란 외국에 나간 노동과 자본에서 발생하는 임금과 배당, 이자 수입을 말한다. 또 서비스수지는 관광과 운수, 특허권 사용료 등이 포함된다.

유럽연합의 결성

벨기에 브뤼셀에 있는 유럽연합 본부

유럽연합EU은 마스트리히트 조약[1]으로 유럽공동체EC[2]가 이름을 바꾼 기구이다. 유럽의 시장 통합을 넘어 정치적 통합을 이루는 것이 목표이다.

서유럽 국가 대부분이 가입했고,[3] 2000년대 들어 동유럽 국가들도 점진적으로 받아들이고 있다. 크로아티아의 가입 절차가 끝나면 EU 회원국은 28개로 늘어난다.[4] 그 밖에 아이슬란드와 터키, 마케도니아, 몬테네그로가 EU 가입을 신청해 놓고 있다. 특히 터키는 끈질긴 가입 노력과 미국의 지원에도 불

---

1 마스트리히트 조약Maastrich Treaty 유럽중앙은행 창설과 단일통화 사용, 노동조건 통일, 공동 방위정책, 유럽시민권 제정 등의 내용을 담고 있다.
2 유럽공동체(EC)는 1958년 발족한 유럽경제공동체(EEC)가, 1967년 유럽석탄·철강공동체(ECSC)와 원자력공동체(EURATOM)를 흡수해 만들어졌다. 회원국 간 관세 철폐와 공동 농업정책 수립 등의 성과를 거뒀다. 1994년 1월 1일부터 유럽연합(EU)으로 이름을 바꾸었다.
3 서유럽 국가 중 스위스와 노르웨이 아이슬란드 리히텐슈타인은 EU 대신 유럽자유무역연합(EFTA, European Free Trade Association)을 결성하고 있다.
4 폴란드, 헝가리, 체코, 슬로바키아, 슬로베니아, 리투아니아, 라트비아, 에스토니아, 키프로스, 몰타가 2004년 가입했고, 불가리아, 루마니아가 2007년 가입했다. 2011년 크로아티아의 가입 협상이 완료돼 2013년 7월 EU의 28번째 회원국이 될 예정이다. 동유럽 국가 가운데 그리스는 1981년부터 EU 회원국이었다.

구하고 이슬람 국가에 대한 일부 회원국들의 거부감 때문에 EU 가입이 불투명하다.[5]

유럽연합(EU)

유로의 탄생과 위기

1999년 1월 1일 유럽의 단일화폐 유로가 탄생했다. 그 하루 전 11개 참가국의 화폐와 유로의 교환비율이 영원히 고정됐다.[1] 이로써 유로존 개별국가 사이에 환율변동에 따른 위험은 완전히 제거됐다. 화폐 남발로 인한 인플레이션 가능성도 줄었다.

거대한 유럽 단일시장의 등장은 세계 경제의 새로운 희망이었다. 그러나 2008년 세계 금융위기는 유로존의 문제점을 한꺼번에 드러냈다. 엄청난 재정 적자로 국가 부도 위기에 몰린 그리스와 아일랜드, 포르투갈이 EU에 구제 금융을 신청했다. 스페인과 이탈리아도 국가 부채가 통제 범위를 넘어섰다. 이들 국가들을 PIIGS라고 부른다.[2]

유로존의 위기는 경제력 격차를 무시한 화폐 통합이 가장 큰 이유이다. 과거에는 무역 적자가 늘면 환율이 오르고[3] 무역 흑자가 늘면 환율이 내려가 균형을 회복했다. 그러나 유로존의 모든 나라가 같은 화폐를 쓴 뒤로는 대공업국인 독일과 프랑스는 마음껏 수출을 늘렸고, 그리스 등 수입국들은 속절없이 무역적자가 쌓였다. 국내 기업들이 문을 닫아 세금 수입은 줄어드는데, 침체된 경기를 살리려 정부가 재정 지출을 오히려 확대하면서 국가 부채가 눈덩이처럼 불어났다.

PIIGS 국가들은 뒤늦게 복지예산을 줄이고 임금 수준을 낮추려 시도했지만, 이미 금융위기로 생활고에 시달리는 노동자들이 거세게 저항했다. 도움을

---

1 1999년 유로존 참가 국가는 독일, 프랑스, 이탈리아, 네덜란드, 벨기에, 룩셈부르크, 스페인, 포르투갈, 아일랜드, 오스트리아, 핀란드 등 11개국이었다. 여기에 그리스, 키프로스, 몰타, 슬로바키아, 슬로베니아, 에스토니아가 추가 가입해 2011년 현재 참가국이 17개로 늘었다.

2 PIGS라는 용어는 2008년 시사주간지 〈뉴스위크〉가 '왜 돼지는 날지 못하나(Why PIGS can't fly)'라는 제목의 기사에서 처음 사용했다. 포르투갈(Portugal), 이탈리아(Italy), 그리스(Greece), 스페인(Spain)의 앞글자를 딴 PIGS에 아일랜드(Ireland)가 추가돼 PIIGS가 되었다.

3 즉 무역적자가 늘면 자국의 화폐 가치가 떨어진다. 그 결과 국산품 가격은 싸지고 수입품 가격은 비싸져, 수출이 늘고 수입이 줄게 된다.

주어야 할 독일과 프랑스 국민들도 피땀 흘려 번 돈으로 그동안 과분한 복지를 누린 이웃 국가들을 돕는 데 거부감을 드러냈다.[4] 결국 PIIGS 국가들은 자존심을 버리고 신흥국에 손을 내밀었다. 이탈리아가 중국에 대표단을 보내 투자를 요청했다. 또 브라질은 브릭스BRICS[5]가 유럽을 도울 방법을 논의하겠다고 밝혔다.

4 독일이 유로화의 혜택을 거저 얻은 것은 아니다. 1999년 유로화를 도입할 때 독일의 수출 경쟁력을 우려한 주변 국가들이 마르크화를 과대평가했다. 독일 기업들은 살아남으려면 비용을 절감해야 했다. 기업들은 고용 인력을 줄이거나 공장을 해외로 이전하려고 했다. 당시 사민당 정부의 슈뢰더 총리는 경제·사회 개혁 프로그램인 '아젠다 2010'을 실시했다. 소득세를 인하하고 실업수당과 연금 등 사회복지를 축소했다. 노동자들에게는 일자리 안정의 대가로 임금 인상을 포기하도록 설득했다. 그리고 기업들에게 경제가 어려워 이윤이 줄더라도 노동자를 해고하지 않고 작업일수를 줄이거나 훈련 프로그램을 실시해 고용을 유지하겠다는 약속을 받았다. 그 결과 독일의 노동 생산성은 경쟁 국가들에 비해 비약적으로 높아졌다. 2000년부터 10년간 독일의 단위 노동비용은 6% 상승한 반면 그리스는 33%, 이탈리아는 31%, 스페인은 30%, 아일랜드는 27%나 상승했다. 독일의 경쟁력은 되살아났지만 국민에게 인내를 강요한 슈뢰더 총리는 인기를 잃고 2005년 메르켈이 이끄는 기민당에 정권을 빼앗겼다.

5 브릭스BRICS 1990년대 말부터 빠른 성장을 거듭하고 있는 브라질(Brazil)과 러시아(Russia), 인도(India), 중국(China)의 첫글자를 딴 것이다. 2011년 남아공을 새 회원국으로 받아들여 지정학적 대표성을 확보했다. 중국과 러시아, 브라질, 인도의 외환보유고를 합하면 4조 달러가 넘는다.

러시아 경제의 부활

소련이 붕괴된 뒤 시장경제로의 전환은 결코 쉽지 않았다. 마이너스 성장과 극심한 인플레이션을 겪은 뒤 겨우 안정을 찾던 러시아 경제에 아시아발 외환위기는 재앙이었다. 세계경제의 동시 침체로 무역이 얼어붙었고, 러시아는 과거 소련시절의 엄청난 해외부채를 감당할 길이 없어 1998년 결국 모라토리엄moratorium[1]을 선언했다. 그해 물가상승률이 80%에 이르고 곳곳에 식량부족 사태가 일어났다. 금융기관들은 연쇄 파산하고 루블화는 폭락했다. 국가 경제의 마비를 의미하는 디폴트default, 채무불이행가 임박한 것으로 보였다.

그러나 그때 국제 유가가 오르기 시작했다. 루블화가 평가절하된 덕에 수입대체산업도 회복됐다. 푸틴 정권은 '러시아의 재건'을 외치며 정치와 경제에서 강력한 지도력을 발휘했다. 개발도상국 취급을 받던 러시아는 GDP 세계 10위의 경제 강국으로 부상했다.[2] 한때 바닥을 드러냈던 외환보유고도 순식간에 5천억 달러 이상으로 불어났다.[3]

그러나 러시아 경제는 지나치게 석유에 의존한다는 게 약점이다. 원유와 천연가스가 수출의 3분의 2를 차지해, 유가가 폭락할 경우 러시아 경제는 한순간에 무너질 수도 있다. 러시아 정부는 첨단산업을 육성해 석유산업만큼 비중을 높이겠다는 계획인데 성과는 미지수이다.

---

1. 모라토리엄 전쟁, 지진, 경제 공황, 화폐 개혁 따위와 같이 한 나라 전체나 어느 특정 지역에 긴급 사태가 발생한 경우에 국가 권력의 발동에 의하여 일정 기간 금전 채무의 이행을 연장시키는 일.

2. 2010년 러시아의 1인당 GDP는 10,437달러였다. 푸틴 총리는 앞으로 10년 안에 러시아 경제 규모를 세계 5위로 끌어올리고 1인당 GDP 3만5천 달러를 달성하겠다고 호언장담하고 있다.

3 2011년 3월 현재 외환보유고 1위는 중국(3조447억 달러)이고 그후로 일본(1조1,160억 달러), 러시아(5,025억 달러), 대만(3,926억 달러), 브라질(3,171억 달러), 인도(3,035억 달러), 대한민국(2,986억 달러) 순이었다.

인도의 잠재력과 과제

인도는 독립 후 수십 년 동안 소련식 계획경제를 실시했다.[1] 주요 기업들은 모두 정부 소유였고, 할당량에 맞춰 생산하며, 세세한 부분까지 허가를 받아야 했다. 외국제품의 수입은 원칙적으로 금지됐다. 그 결과는 관료조직의 비대화와 부패, 빈곤이었다.

1991년 석유와 식량을 수입할 외화가 2주일 치밖에 안 남게 되자 인도 정부는 시장경제로의 전환을 선언했다. 그후 국유기업을 민영화하고 외국 자본도 적극적으로 받아들였다. 그때부터 인도의 국내총생산은 거의 4배로 뛰었다.[2] 폭발하는 인구는 최소한 경제 측면에서는 성장의 한 동력이다.[3] 인도공과대학 ITT 등이 배출하는 고급 인재들도 세계적인 수준이다.

인도공과대학

---

1 네루를 비롯한 초기 인도 집권자들은 식민 지배 세력에 협조했던 자본가들에 대해 적개심을 보였다. 그들은 '매판자본을 혁파하고 근대화를 이루기 위해' 국가가 경제에 적극 개입하는 '허가경제(라이선스 라지, License Raj) 체제'를 선택했다.

2 2010년 인도의 1인당 GDP는 1,265달러로 세계 138위에 불과했지만, 워낙 인구가 많은 탓에 총 GDP는 1조 5,380억 달러로 세계 10위였다.

3 2010년 인도의 인구는 최대 15억 명으로 추정됐다. 2027년이면 인도의 인구가 중국보다 많아질 것으로 예상된다.

인도의 빈민가

그러나 인도는 정부가 성장을 주도하기는커녕 도로와 항구, 발전소 등 사회간접자본 건설도 제대로 하지 못하고 있다.[4] 또한 서비스업에 비해 제조업이 미약해 성장을 할수록 무역적자가 늘어나는 것도 해결해야 할 과제이다.[5]

---

4 인도 뉴델리 남쪽에 구르가온이라는 신도시가 있다. 인도 최고의 부촌으로, 다국적 기업 사무실과 초호화 백화점들이 몰려 있다. 그러나 이 도시조차 신호등이 없고 전기와 수도가 수시로 끊긴다. 부자들은 그들만의 주거지역에서 집에 발전기를 놓고 살지만, 노동자들은 수십 명씩 쪽방에 모여 살며 쓰레기가 뜬 하천에서 물을 길어 마신다. 공립학교에는 교사가 거의 없고 경찰도 찾아보기 힘들다. 정부의 무능 때문이다. 인도 정부는 공공서비스를 제공할 의지도 예산도 없다. 정부가 사기업에 손을 내밀지만 성과는 미미하다. 인도가 성장을 유지하려면 정부의 개혁이 필요한 시점이라는 목소리가 힘을 얻고 있다.
5 .고성장기 중국 정부는 임금 억제와 제조업 세제 지원, 위안화 저평가 등 강력한 수출 지원책을 실시했다. 반면 인도는 정부보다는 기업, 특히 외국자본의 유입이 경제성장을 이끌어왔다.

베트남의 개방과 경제위기 : 전쟁보다 어려운 경제

1975년 공산화 통일에 성공한 베트남은 모든 생산수단을 국유화·집단화했다. 모두가 똑같이 일하고 똑같이 잘살 것으로 생각했지만, 결과는 경제난 가중과 식량부족이었다.[1] 한계를 느낀 베트남 공산당은 1986년 시장경제 도입과 대외개방을 골자로 하는 도이모이刷新[2] 정책을 채택했다. 이는 소련과 동유럽에만 의존하다 몰락한 쿠

하노이의 고급 상가와 세련된 의상의 여성

바[3] 등과 비교할 때 시의적절한 조치였다.

베트남 경제는 매년 7%가 넘는 고속성장을 거듭했다. 그러자 다국적 기업들이 베트남에 진출하기 시작했다. 공산화 직후 자유를 찾아 탈출했던 보트피플[4]들도 투자가가 되어 돌아왔다. 베트남 정부는 투자를 하면 이들의 과거 행적을 묻지 않고 내국인과 동등하게 대우했다.[5] 외국인 주식 투자를 허용하

---

1 베트남은 개방 3년 뒤인 1989년 쌀 자급에 성공했다. 그후에도 생산이 비약적으로 늘어 2002년에는 태국에 이어 세계 2위의 쌀 수출국이 되었다. 농민들에게 협동농장과 '내 땅'이 어떤 차이가 있는지를 잘 보여준다. 베트남은 그 밖에 브라질에 이은 두 번째 커피 수출국이고, 후추는 세계 수출시장의 60%를 점하고 있다.

2 '도이모이'는 베트남어로 바꾼다는 뜻의 '도이'와 새롭다는 뜻의 '모이'를 합성한 말이다.

3 소련과 동유럽에 전적으로 의존해온 쿠바 경제는 사회주의 몰락으로 치명타를 맞았다. 쿠바는 사탕수수를 수출하고 석유 등 모든 소비재를 수입해왔는데, 1991년 소련이 해체되자 수출입의 80%를 잃어버리고 식량마저 모자라는 나라가 되었다.

4 보트피플 망명을 하기 위해서 배를 타고 바다를 떠도는 사람.

5 해외에 거주하는 베트남인들을 '비엣 끼에우(Viet Kieu)'라고 부른다. 최근에는 보트피플뿐 아니라 외국으로 진출하는 노동자들도 많아졌다. 그들이 송금하는 한 해 수십억 달러는 베트남 경제에 없어서는 안 되는 돈이다.

자 주가는 폭등했고, 한국에서만 1조 원이 베트남 주식시장으로 건너갔다.

그러나 베트남 경제는 과열됐던 만큼 냉각 속도도 빨랐다. 막대한 무역적자가 쌓이고, 물가 상승률은 두 자리 수로 치솟았다. 주가는 2년 만에 5분의 1로 떨어졌다.[6] 게다가 최대 국영기업인 비나신의 채무 불이행 선언은 경제 회복 조짐에 찬물을 끼얹었다.[7] 베트남의 국가신용등급은 투기채권 수준이 됐고, 다른 기업들의 외자도입도 어려워졌다.

베트남은 대기업이 경제성장을 이끄는 한국의 성장정책을 모델로 삼았지만, 대기업들이 국영이어서 경영 효율성이 떨어졌다. 다시 한 번 개혁이 필요한데 공직자가 얽혀 있는 각종 이권들이 이를 가로막고 있다.[8]

베트남 연간 경제성장률

단위 : %

8.0   8.0

6.5

6.2

5.3

'90~97년 '98~03년 '04~07년 2008년 2009년

'는 연평균 수치

---

6 2007년 3월 1,179였던 베트남 주가지수는 2009년 2월 234로 떨어졌다.

7 2010년 12월 베트남의 국영 조선회사인 비나신이 45억 달러의 빚을 못 갚겠다고 선언했다. 이는 베트남 1년 GDP의 5%나 되는 금액이다. 비나신은 정부에서 빌린 돈을 가지고 관광업과 부동산, 오토바이 조립 등으로 무분별하게 사업 영역을 확장하다 파산 위기에 몰렸다. 비나신뿐 아니라 국영기업 대부분이 경영 미숙으로 국가 경제에 짐이 되고 있다.

8 전쟁이 끝나고 세월이 흐르면서 베트남은 일본, 프랑스, 미국, 중국과 싸워 이긴 나라라고 믿기 어려울 만큼 부정부패가 심해졌다. 공무원들의 뒷거래는 지하경제 확대와 함께 국가 발전의 걸림돌이 되고 있다.

싱가포르의 성장 동력 : 유연성과 청렴

싱가포르는 서울만 한 크기의 섬나라이다. 자원이라고는 아무것도 없고 물까지 수입해서 쓰는 처지이다. 그런데도 싱가포르는 아시아에서 가장 잘 사는 나라가 됐다.[1] 그것은 시대에 따라 산업구조를 개편하는 유연성과 강력하고 청렴한 정치 지도력이 어우러진 결과였다.

싱가포르는 말레이시아에서 독립했다. 말이 독립이지 사실은 중국계가 다수인 싱가포르가 말레이계와 갈등을 벌이자 전체 말레이시아 사회가 싱가포르를 쫓아낸 것이다.[2] 당시 싱가포르는 빈곤과 무질서가 판치는 나라였다. 실업률이 10%가 넘는 데다 유일한 돈줄이었던 영국군은 철수를 준비하고 있었다.

싱가포르 정부는 전국을 경제자유구역으로 만들어 면세 혜택을 주고 노동조합을 불법화하면서까지 외국 자본을 유치했다. 그 결과 노동집약 산업이 크게 발달했다. 1970년대가 되자 정유 등 자본집약 산업으로 주력을 바꾸고, 1980년대에는 전자와 금융 산업을 육성했다. 여기에 싱가포르항은 한때 환적처리량 세계 1위에 오르기도 했다.[3] 최근에는 생명공학 투자를 늘리고,

리콴유 싱가포르 총리

---

1 싱가포르는 2010년 1인당 GDP 43,117달러로 일본을 제치고 중동을 제외한 아시아 최부국이 되었다.

2 1965년 말레이시아 의회가 싱가포르의 분리를 의결하자 리콴유 총리는 눈물을 흘리며 국민의 단결을 호소하는 연설을 했다. 그 장면이 지금도 독립기념일마다 싱가포르 TV에 등장한다.

3 예를 들어 네덜란드 로테르담 항구에서 화물선 한 척이 동아시아로 출발한다. 어느 한 나라로 가는 짐으로만 배를 채우면 좋겠지만, 많은 경우 다양한 나라로 향하는 짐들이 발송 시기가 같다는 이유로 한 배에 실린다. 화물선이 동아시아의 어느 항구에 정박하면 짐을 다시 행선지 별로 나누어 배에 싣는다. 싱가포르는 부두에서 이루어지는 환적 작업을 세계에서 가장 빠른 속도로 처리해, 변변한 배후 산업기지도 없으면서 세계 1위의 환적항 위치에 올랐다. 그러나 중국의 성장이 본궤도에 오르자 그 막대한 물동량에 밀려 싱가포르 항은 옛 영화를 잃어갔다.

싱가포르 항

논란 끝에 카지노를 유치했다.[4]

　30년 가까이 싱가포르를 다스린 리콴유 총리는[5] 엄한 법으로 국민들을 통제했다.[6] 공무원에게 최고의 대우를 해주되 부패는 가혹할 정도로 처벌해 싱가포르를 세계에서 가장 청렴한 나라로 만들었다.[7]

---

4 엄격한 법치국가인 싱가포르에 카지노 산업이 어울리지 않는다는 반대도 많았지만, 2010년 2월 카지노를 개장한 뒤 외국인 관광객이 10% 이상 늘었다. 이런 노력 끝에 싱가포르의 2010년 성장률은 무려 14.8%에 달했다.
5 리콴유는 1965년부터 1990년까지 싱가포르 총리로 재직했다.
6 싱가포르는 사소한 위법에도 무거운 벌금을 부과하는 것으로 유명하다. 도로를 무단횡단하면 100싱가포르달러(9만 원), 길에 쓰레기를 버리면 1,000싱가포르달러(90만 원)의 벌금을 내야 한다.
7 국제투명성기구의 '2010년 세계 부패지수 보고서'는 싱가포르를 덴마크, 뉴질랜드와 함께 세계에서 가장 청렴도가 높은 나라로 선정했다.

룰라 브라질 대통령의 신화

"모든 업적은 초등학교밖에 안 나온 노동자를 대통령으로 뽑아준 국민에게 돌아가야 합니다."

8년 만에 부도 위기의 나라를 경제대국으로 만들고 87%의 경이적인 지지율 속에 퇴임한 룰라 브라질 대통령이 한 말이다.

빈농의 아들로 태어난 룰라는 어릴 적 거리에서 구두를 닦고 14세부터 선반공으로 일했다. 사고로 왼손 새끼손가락을 잃고 방황했고, 첫 번째 부인이 임신 중 치료를 못 받아 죽은 뒤 노동운동에 투신했다. 브라질 금속노조위원장이 됐으며, 이를 기초로 노동당을 만들었다.

룰라 브라질 대통령

룰라가 대선에서 승리했을 때[1] 최초의 노동자 출신 대통령에 불안을 느끼는 사람들이 많았다.[2] 일부 외국 투자자들은 서둘러 자금을 회수했다. 당시 브라질은 IMF 구제금융을 받고 있었고 인플레이션도 심각했다. 모든 상황이 나빠 보였다.

그러나 룰라는 예상을 뒤엎고 전임[3] 정부의 정책을 과감히 계승했다.[3] 중앙은행 총재 등 중요 경제직책에 우파 전문가들을 기용했다. 때마침 원자재 수출가격이 오르고 대형 해저유전이 발견되자, 사회간접자본과 에너지 개발에

---

1 룰라는 2003년 1월 브라질 대통령에 취임해 재선에 성공한 뒤 2010년 12월 말 퇴임했다.

2 스스로 진보적이라고 자부하는 미국의 투자가 조지 스스로마저 룰라 때문에 브라질이 국가 부도 사태를 맞을 것이라고 예언했다.

3 IMF는 구제금융을 받은 국가에 재정긴축과 세수증대, 노동자 복지혜택 축소 등 고통스러운 정책들을 요구한다. 룰라는 전임 우파정부가 했던 약속을 지켰고, 외채를 꾸준히 갚아나갔다.

대규모 투자를 했고 연평균 7.5%의 성장률을 이끌어냈다.[4] 그러면서도 룰라는 저소득층 지원사업을 벌여 2,100만 명을 굶주림에서 구해냈다.[5] 이 같은 성장과 분배를 통해 3,600만 명이 중산층으로 올라섰다.

룰라는 좌우 양측에서 공격을 받았다. 진보 진영은 룰라가 변절했다고 비난했고, 보수 진영은 저소득층 지원을 국가재정을 고갈시킬 포퓰리즘[6]으로 몰아세웠다. 룰라는 끊임없이 반대파와 대화하며 설득했다. 그리고 모두가 인정할 수밖에 없는 경제 실적이 룰라의 든든한 버팀목이 되었다.

---

4 룰라가 취임하기 전 7,203달러였던 브라질의 1인당 GDP는 8년 만에 10,465달러가 됐다. 실업률은 12.3%에서 5.7%로, 물가상승률은 12.5%에서 5.8%로 떨어졌다. 외환보유고는 3,000억 달러로 취임 전보다 10배나 많아졌다.

5 룰라는 '볼사 파밀리아'라는 생계지원 프로그램을 실시했다. 월 소득 120헤알(약 7만 원) 미만 가구에 70헤알(약 4만 원)씩 국고에서 지급했다. 식량과 가스도 지원했다. 단 자녀들이 학교에 15% 이상 결석하면 지원을 중단했다.

6 포퓰리즘populism 정책의 현실성이나 가치판단, 옳고 그름 등 본래의 목적을 외면하고 일반 대중의 인기에만 영합하여 목적을 달성하려는 정치행태를 말한다.

G7과 G20

1차 석유파동에 놀란 미국과 영국, 독일, 프랑스, 이탈리아, 일본 등 6개 나라 정상들이 1975년 한자리에 모여 경제위기 극복을 논의했다. 다음 해 캐나다가 합류하면서 모임은 G7[1]이 되었다. 처음에는 경제문제만을 협의했는데, 소련의 아프가니스탄 침공 이후 정치와 외교 문제까지 다루었다. 냉전이 끝나고 러시아가 회원으로 가입하면서 경제문제는 G7, 정치문제는 G8에서 주로 논의했다.

선진국들의 이익단체 같던 G7은 금융위기 앞에 무력함을 드러냈다. 세계 경제계의 강자로 떠오른 중국 등 신흥국들의 협조 없이는 어떤 대책도 한계가 있었다.[2] 미국은 워싱턴에 G20[3] 정상들을 불러 모았는데, 이것이 제1차 G20 정상회의였다.[4]

2010년 서울에서 열린 G20 정상회의

---

1 G7은 'Group of 7'의 줄인 말이다.

2 2008년 금융위기에 봉착한 미국은 국채를 발행해 천문학적인 구제금융 자금을 마련해야 했는데, 이를 가장 많이 매입한 나라가 중국이다. 중국은 세계 경제 혼란으로 아직 성장기인 자국 경제가 악영향을 받는 것을 막기 위해 달러 가치 하락으로 손해를 볼 것을 감수하며 미국 국채를 매입했다.

3 G20은 G7 국가에 대한민국과 러시아, 중국, 사우디아라비아, 인도네시아, 인도, 호주, 브라질, 아르헨티나, 멕시코, 터키, 남아프리카공화국, 유럽연합의장국을 추가했다.

4 제1차 G20 정상회의에서는 금융위기 극복을 위해 공동 노력할 것을 선언했다. 런던에서 열린 제2차 회의에서는 이를 위한 실질적인 조치를 논의했는데, 회원국들이 경기부양을 위해 5조 달러의 재정을 투입하고, IMF(국제통화기금)와 세계은행의 재원을 늘이며, 국제 투기자본에 대한 규제를 강화하고, 보호무역 동결을 1년 연장하기로 합의했다. 당초 기대했던 것 이상의 성과였다. 2010년 11월 서울에서 열린 제5차 G20 정상회의에서는 미국과 중국 등의 환율 갈등을 봉합했다. 이 같은 성과에도 불구하고 G20은 회원 각국의 이해관계가 달라 실효성 있는 대책 마련이 어렵고, 합의가 이루어져도 구속력이 없다는 한계가 있다.

경제협력개발기구OECD

OECD는 경제협력개발기구Organization for Economic Cooperation and Development 의 약칭이다. 2차 대전 뒤 폐허가 된 유럽의 경제부흥을 위해 결성된 OEEC유럽 경제협력기구에 1961년 미국과 캐나다가 추가 가입해 20개국으로 발족한 국제 기구이다. OECD의 목적은 지속적인 경제성장과 개발도상국 원조, 세계무역 의 확대이다. 본부는 파리에 있다.

OECD는 1990년대 이후 멕시코와 체코, 헝가리, 폴란드, 대한민국, 슬로바 키아, 칠레, 슬로베니아 등 모범적인 개발도상국들을 가입시켜 회원국이 34개 로 늘었다.[1] OECD 회원국이 되려면 다원적 민주주의 국가이고 시장경제체제 이며 인권을 존중하는 국가여야 한다.[2]

---

1 OECD 추가 가입 시기 멕시코(1994), 체코(1995), 헝가리 · 폴란드 · 대한민국(1996), 슬로바키아(2000), 칠레 · 이스라엘 · 에스토니아 · 슬로베니아(2010).

2 한국은 1996년 OECD에 정식 가입했다. OECD 가입이 자랑스러운 일이기는 하지만 선진국 진입을 공인받은 것은 아닌데도, 당시 한국 사회는 그 의미를 과대평가했다. OECD에 가입하려고 자본시장 개방을 서둘렀던 것이 외환위기를 부른 한 원인이기도 했다. 한국은 2009년 OECD 개발원조위원회(DAC, Development Assistance Committee)의 24번째 회원국으로 가입했다. 이것이 신흥국에서 진정한 선진국으로 인정받는 절차였다. OECD 회원국 중에서도 매년 1억 달러 이상 대외 원조를 하는 나라만 DAC 회원이 될 수 있다. 한국 정부는 DAC 가입을 계기로 2008년 8억 달러였던 원조 규모를 2015년까지 30억 달러로 늘리겠다고 밝혔다.

석유수출국기구

한때 미국과 유럽의 7대 석유회사가 세계의 석유를 장악했다.[1] 이들은 카르텔을 구성해 석유의 생산과 가격을 좌우했다. 억눌려 있던 산유국들은 석유수출국기구OPEC를 결성해 대항했다.[2]

초기 회원국은 사우디아라비아와 쿠웨이트, 이란, 이라크, 베네수엘라 5개국이었다. 그후 아랍에미리트와 카타르, 리비아, 알제리, 나이지리아, 앙골라, 에콰도르가 가입해 회원국이 12개국으로 늘었다.[3] OPEC의 의사결정은 만장일치 원칙에 따르며, 본부는 오스트리아 빈에 있다.

OPEC는 4차 중동전쟁 때 서방이 이스라엘을 지원한 데 대한 보복으로 유가를 한꺼번에 70%나 올려 1차 석유파동을 일으켰다(1973). 석유의 무기화 앞에 소비국들은 무력했고 유가는 2달 만에 4배로 뛰었다. 이란에 혁명이 일어나 석유 생산이 중단됐을 때도 2차 석유파동이 일어났다(1979).

1980년대 이후 석유수요 감소와 비非OPEC 국가들의 증산, 회원국 간 내분으로 한때 OPEC의 위상이 흔들렸다.[4] 그러나 20년간 지속됐던 저유가 시대는 2000년대 들어 끝이 났다. 사우디아라비아가 더 이상 저유가를 용납하지 않겠다는 결의를 보인 데다, 생산할당량을 자주 위반해온 베네수엘라에 강경파 차베스 정권이 들어서면서 OPEC의 결속력이 강화됐기 때문이다. OPEC

1 이들을 메이저(major)라고 부른다. 7대 석유 메이저는 미국계 엑슨(Exxon), 모빌(Mobil), 걸프(Gulf), 소칼(Socal), 텍사코(Texaco)와 영국계 브리티시 페트로리움(British Petroleum), 영국-네덜란드계 쉘(Royal Dutch Shell)이다. 걸프와 소칼은 쉐브론(Chevron)으로 통합했다. 메이저들은 아직도 국제 석유시장에 막강한 영향력을 행사한다.
2 1950년대 중동과 아프리카에서 대유전이 발견돼 석유 공급파잉 사태가 일어났다. 이에 따라 석유 메이저가 가격을 인하하려 하자 산유국들이 반대하며 1960년 OPEC(Organization of Petroleum Exporting Countries)를 결성했다. 그동안의 석유 메이저 전횡에 대한 반감이 폭발한 것이다.
3 회원국이었던 인도네시아는 산유량이 줄어 오히려 석유를 수입하게 되자 2008년 OPEC를 탈퇴했다.
4 1980년대 이후 저유가 시대에도 OPEC의 생산량 합의 수준은 국제 유가를 결정하는 가장 중요한 요인의 하나였다. OPEC 국가들의 산유량은 전 세계 산유량의 40% 정도에 불과하지만, 비OPEC 국가들이 대부분 석유회사가 민영이어서 항상 최대 능력까지 생산하는 데 비해 석유산업을 국유화한 OPEC 국가들은 필요할 경우 감산이 가능해 가격 결정력을 가지고 있기 때문이다.

회원국들은 1998년부터 5년간 석유생산량을 20% 줄여 배럴당 10달러 내외였던 유가를 25달러까지 끌어올리는 데 성공했다.[5] 2008년 1월 국제유가는 사상 처음으로 배럴당 100달러를 넘어섰다.

국제유가는 경제지표 호조, 유로존 위기 해결 기대감에 따른 미 증시 강세 및 달러화 약세 등에 민감한 반응을 보인다.

---

5 유가 상승에는 그밖에 여러 원인들이 있었다. 오랜 저유가 시대를 거치면서 석유생산 시설에 대한 투자가 부진했고, 이라크가 전쟁으로 석유 생산에 차질을 빚었다. 아시아와 옛 공산권의 경제가 회복되고, 특히 중국의 석유 수요가 폭발적으로 늘었다.

아세안

아세안ASEAN, 동남아시아국가연합은 필리핀, 말레이시아, 싱가포르, 인도네시아, 태국 5개국이 모여 설립했다(1967). 그후 브루나이와 베트남, 라오스, 미얀마, 캄보디아가 차례로 가입해 10개국으로 늘었다.[1]

아세안의 가장 큰 목표는 경제협력이다. 한국, 중국과의 자유무역협정FTA[2]을 전체 아세안 이름으로 체결하는 등 미약한 개별국가 경제력을 극복하기 위해 공동보조를 취한다. 유럽연합EU을 본받아 경제 통합을 추진 중이다.[3]

정치와 안보 분야의 협의도 확대하고 있지만, 아직 시작 단계이다. 특히 미얀마 군부통치 등 다른 회원국들의 독재와 인권탄압을 외면해 비난을 받고 있다.

한·아세안 특별정상회의
ASEAN-Republic of Korea Commemorative Summit

2009년 제주 한·아세안
특별정상회의에 참석한 각국 정상들

---

1 아세안(ASEAN, Association of South-East Asian Nations)은 1997년 이후 매년 정상회의 때 한국과 중국, 일본 정상들을 초청해 아세안+3 정상회의를 함께 열고 있다. 또한 2005년부터는 호주, 뉴질랜드, 인도까지 포함된 동아시아정상회의(EAS)도 대부분 함께 개최하고 있다. 이를 아세안+6 정상회의라고도 부른다. 중국의 영향력 확대를 견제하려는 일본이 호주와 인도를 끌어들인 것이다. 아시아의 결집이 부담스러운 미국과 러시아도 2010년부터 아예 공식 참가하고 있다.

2 자유무역협정FTA 국가 간 상품의 자유로운 이동을 위해 모든 무역 장벽을 제거하는 협정.

3 아세안은 2007년 싱가포르 정상회의 때 EU식 통합을 목표로 하는 아세안경제공동체(AEC) 청사진을 발표했다. 유로화와 같은 단일통화는 아니더라도 아세안 안에서 상품과 서비스, 투자, 숙련공, 자본의 이동을 자유롭게 한다는 것이다. 당초 2015년까지 세부 내용에 합의해 인구 5억7천만 명에 총 GDP 1조3천억 달러의 단일 시장을 만든다는 계획이었다. 그러나 아세안에는 싱가포르 같은 선진국부터 미얀마 같은 최빈국들이 섞여 있고, 각국이 유럽처럼 주권의 일부를 내놓을 의지가 없으며, 시장을 개방할 준비도 되어 있지 않아 아세안경제공동체는 아직 선언에 머물고 있다.

아시아태평양경제협력체

1980년대 세계경제는 유럽연합EU과 북미자유무역협정NAFTA이 결성되는 등 블록화 추세를 보였다. 여기서 소외돼 불안을 느끼던 태평양 연안 국가들이 호주의 제안으로 아시아태평양경제협력체APEC를 만들었다.[1] 당초 대한민국과 미국, 일본, 호주 등 12개 나라로 시작한 APEC은 지금은 회원국이 21개로 늘었다.

APEC은 회원국들의 경제·기술 협력과 무역자유화 촉진을 목표로 한다. 그러나 회원국들 사이에 경제력 격차에 따른 입장 차이가 있다. 선진국들은 시장개방을 통한 무역자유화를 원하고 있으며, 개발도상국들은 경제·기술 협력 확대를 더 기대한다.

APEC 회원국

APEC 창설국	대한민국, 미국, 일본, 캐나다, 호주, 뉴질랜드, 태국, 말레이지아, 인도네시아, 싱가포르, 필리핀, 브루나이
1991년 가입국	중국, 대만, 홍콩
1993년 가입국	멕시코, 파푸아뉴기니
1994년 가입국	칠레
1998년 가입국	러시아, 베트남, 페루

---

1 APECAsia Pacific Economic Cooperation 1989년 호주 캔버라에서 제1차 APEC 각료회의가 열렸다. 1993년부터는 정상회의로 격상됐다. 2005년 제13차 APEC 정상회의가 대한민국 부산에서 개최됐다.

과다채무빈국악성채무빈국, Heavily Indebted Poor Countries

개발도상국들이 경제 개발을 위해 선진국에서 빌린 채무 누적액이 2001년 현재 1조4,700억 달러에 이르렀다. 일부 최빈국들은 정부 예산의 60%를 외채 상환에 써야 할 정도여서 빈곤 퇴치에 큰 걸림돌이 되고 있다. 이 같은 상황은 선진국에도 이익이 되지 못한다는 판단에 따라 수시로 부채 탕감이 이루어지고 있다.

국제통화기금IMF과 세계은행IBRD이 과다채무빈국에 대한 부채 탕감 프로그램을 제안해, 1999년 G7 정상들이 약 700억 달러의 부채 탕감을 결의했다. 2005년에는 G8 재무장관들이 아프리카와 중남미 18개 최빈국들의 부채 400억 달러를 탕감하는 데 합의했다.

부채 탕감을 받으려면 조건이 있다. 국제통화기금과 세계은행은 과다채무빈국 기준을 부채 규모가 연간 수출액의 1.5배 이상이고 정부 예산의 2.5배 이상인 경우로 제한하고 있다. 여기에 외채를 줄이기 위한 개혁 정책을 실시한 뒤 보고서를 내 합격해야 한다. 인권 탄압 국가로 지목되면 대상에서 제외된다.

2009년 현재 40개 나라가 과다채무빈국으로 지목됐고, 그 가운데 35개 나라[1]가 채무 탕감 혜택을 받았다. 일부 빈국들은 채무 탕감을 효과적으로 이용했다. 국제통화기금과 세계은행이 조사한 결과, 탄자니아는 5년간 학교 등록금을 없애고 교사들을 채용했고, 부르키나파소에서는 마약 거래가 크게 줄었고 깨끗한 식수가 공급됐으며, 우간다에서는 취학률이 2배로 높아졌다.

---

1 가나, 가이아나, 감비아, 기니, 기니비사우, 니저르, 니카라구아, 라이베리아, 마다가스카르, 말라위, 말리, 모리타니, 모잠비크, 베냉, 볼리비아, 부르키나파소, 상투메프린시페, 세네갈, 시에라리온, 아이티, 아프가니스탄, 에디오피아, 온두라스, 우간다, 잠비아, 중앙아프리카공화국, 차드, 카메룬, 코모로, 코트디부아르, 콩고, 콩고민주공화국, 탄자니아, 토고.

1인당 GDP 순위

세계에서 가장 잘사는 나라는 룩셈부르크이다. 금융과 철강, 낙농업이 발달했고, 무엇보다 인구가 50만 명밖에 안 돼 실업이나 빈곤 문제를 해결하기 쉽기 때문이다. 룩셈부르크의 1인당 GDP는 10만 달러가 넘는다.[1] 그뒤를 노르웨이와 카타르, 스위스, 아랍에미리트가 잇고 있다.

장기 경기침체를 겪고 있는 일본은 1인당 GDP 순위가 2000년 2위에서 2010년 16위로,[2] 미국은 4위에서 9위로 밀려났다.[3] 반면에 호주는 2000년 22위에서 2010년 7위로 큰 폭의 상승을 보였다.[4] 대한민국도 37위에서 33위로 4계단 올라섰다.[5]

국가 전체의 GDP는 여전히 미국이 압도적인 1위이다. 2위는 중국, 그리고 일본, 독일, 프랑스, 영국 순이다. 대한민국의 전체 GDP는 15위이다.

각국의 1인당 GDP(2010년)

순위	국가	순위	국가	순위	국가
1위	룩셈부르크	31위	바하마	177위	니제르
2위	노르웨이	32위	포르투갈	178위	에티오피아
3위	카타르	33위	대한민국	179위	시에라리온
4위	스위스	34위	바레인	180위	말라위
5위	아랍에미리트	35위	몰타	181위	라이베리아
6위	덴마크	36위	오만	182위	콩고민주공화국
7위	호주	37위	대만	183위	부룬디

---

1 룩셈부르크의 1인당 GDP는 2010년 108,832달러였다.
2 일본의 1인당 GDP는 2000년 37,647달러, 2010년에는 42,820달러였다.
3 미국의 1인당 GDP는 2000년 35,069달러, 2010년에는 47,284달러였다.
4 호주의 1인당 GDP는 2000년 19,663달러, 2010년에는 55,590달러였다.
5 대한민국의 1인당 GDP는 2000년 9,730달러, 2010년에는 20,591달러였다.

세계에서 가장 가난한 나라는 부룬디이다.[6] 그밖에 콩고민주공화국, 라이
베리아, 말라위, 시에라리온 등 최빈극들은 대부분 내전을 겪은 아프리카 국
가들이다. 북한은 국제기구에 경제 자료를 제출하지 않는데, 아이티나 방글라
데시 수준으로 추정된다.[7]

---

6 부룬디의 1인당 GDP는 2010년 180달러였다.
7 현대경제연구원은 북한의 2010년 1인당 GDP를 661달러로 추정했다. 이는 대한민국 1인당 GDP의 30분의 1에
불과하다.

지니계수

국민들의 소득 격차가 가장 적은 나라는 덴마크이다. 일본과 스웨덴, 노르웨이, 핀란드 등 북유럽 복지국가, 최근 자본주의로 전환한 동유럽 국가들도 고른 소득 분배로 지니계수불평등지수[1]가 낮다.

소득이 평등한 나라가 반드시 잘사는 나라는 아니다. 빈곤국인 방글라데시와 파키스탄의 지니계수가 프랑스와 스위스보다 낮다.

미국은 소득 불평등이 심한 나라에 속하고, 옛 공산주의 종주국인 중국과 러시아의 소득 분배도 이제는 불평등이 심해졌다. 가장 빈부격차가 심한 지역은 아프리카이고, 남미의 빈부격차도 심각하다.

대한민국의 소득 분배는 프랑스, 영국보다 양호한 편이다. 그러나 1990년대 이후 소득 격차가 점점 더 커지는 게 문제이다.

지니계수 순위(UNDP 2010년 보고서)

국가	지니계수	국가	지니계수	국가	지니계수
덴마크	24.7	오스트리아	29.1	러시아	43.7
일본	24.9	불가리아	29.2	멕시코	51.6
스웨덴	25.0	방글라데시	31.0	브라질	55.0
노르웨이	25.8	파키스탄	31.2	콜롬비아	58.5
체코	25.8	대한민국	31.6	앙골라	58.6
슬로바키아	25.8	프랑스	32.7	보츠와나	61.0
핀란드	25.9	스위스	33.7	코모로	64.3
우크라이나	27.6	영국	36.0	나미비아	74.3
세르비아	28.2	미국	40.8		
독일	28.3	중국	41.5		

---

1 지니계수Gini's coefficient 소득이 얼마나 균등한가를 나타내는 수치이다. 이탈리아의 통계학자 지니(Gini)가 만들었다. 0과 100 사이의 값을 갖는데, 0에 가까울수록 소득 분배가 균등하다는 뜻이다. 보통 40이 넘으면 소득 불평등이 심한 것으로 본다.

월가 점령 시위

 2011년 7월 미국 뉴욕 증권거래소 부근 주코티 공원에 청년 수백 명이 모였다. 한 인터넷 잡지가 '월가를 점령하라Occupy Wall Street'며 트위터와 페이스북을 통해 제안한 일종의 플래시몹에 호응한 것이다. 행사가 거듭될수록 참가자가 늘고 노조와 진보단체들도 속속 가담했다.

 시위대는 '1% 부자들의 탐욕을 99%가 막자'고 외쳤다. 금융위기로 수천 억 달러의 정부 지원을 받으면서도 거액의 연봉을 챙겨온 대형 금융회사 경영자들이 지탄의 주요 대상이었다. 그러나 이들에게는 지도부나 통일된 목표가 없었다.

 월가 시위를 모델로 미국 내 다른 도시들에서도 대규모 집회가 열렸고, 10월에는 '국제 행동의 날'을 정해 전 세계 900여 개 도시에서 동시 시위를 벌였다. 시위대의 요구는 나라마다 달랐다. 유럽에서는 재정위기를, 일본에서는 원전

한미 FTA 반대 시위

사태를 거론했고, 한국은 '서울을 점령하라'는 구호 아래 한-미 FTA 반대와 반 값등록금 실시를 주장했다.

월가시위는 본질적으로 사회 양극화에 대한 저항이었다. 미국 등 서구사회 는 성장을 우선시하는 신자유주의 사조 아래 소득 격차가 심화됐고, 금융위 기는 중산층을 붕괴시켰다. 월가시위는 소득 재분배과 금융 산업의 공적 책임 에 대한 인식을 새롭게 하는 계기가 되었다. 그러나 월가시위에 내재된 반 시 장주의는 경제의 효율성과 성장을 주도할 대안을 찾지 못하는 상황에서 경계 해야 할 필요가 있다.

월가시위는 미국 정부가 진압에 나서고 추위가 닥치면서 조금씩 세력이 꺾 였다. 그러나 사회 변화에 대한 요구는 여전히 거세며, 미국 언론들은 대통령 선거가 실시되는 2012년 여름이 되면 대규모 시위가 재연될 것으로 예상했다.

6

사회와 문화

다양한 종교는 각종 분쟁의 원인이 되기도 한다.

서유럽은 부족한 노동력 해결을 위해 받아들인

이슬람 이민자들로 몸살을 앓고 있다.

인구 증가는 물과 식량 부족에 심각한 영향을 미칠 것이다.

한류는 이제 아시아를 넘어 전 세계로 그 영역을 넓히고 있다.

세계의 종교 분포

세계 인구의 3분의 1인 21억 명이 기독교 신도이다. 그 가운데 가톨릭 신도가 10억 명으로 가장 많고, 개신교가 3억4천만 명, 러시아정교가 2억1천만 명, 성공회가 8천만 명, 기타 4억 명이다. 기독교 인구는 서구 사회의 탈종교화로 점차 감소하고 있다.[1] 반면에 이슬람교가 다수인 나라들은 상당수가 아직 저개발 상태이고 인구 증가율이 높으며, 이슬람 신도수도 증가세이다. 전 세계 이슬람 신도는 15억 명으로, 대다수가 수니파이고 시아파는 약 10%이다.[2]

인도와 네팔에서는 인구의 80% 이상이 힌두교도이다. 스리랑카에서는 힌두교도인 타밀족이 불교도인 다수 싱할리족과 치열한 내전을 벌였다.

불교 신도수를 가늠하기가 가장 어렵다. 세계 불교 신도 추정치는 4억 명에서 무려 15억 명까지 크게 엇갈린다. 무엇보다 중국 불교의 성격과 신도수가 모호하기 때문이다.[3]

세계의 종교 분포

종교	인구	비율
기독교	21억 명	33%
이슬람	15억 명	21%
힌두교	9억 명	14%
불교	3억 7,600만 명	6%
중국 전통종교	3억 9,400만 명	6%
시크교	2,300만 명	0.36%
유대교	1,400만 명	0.22%

출처 : www.adherents.com

---

1 국제 종교정보 사이트 www.religioustolerance.org 자료.

2 시아파는 이란과 이라크, 바레인, 예멘, 아제르바이잔에서는 다수파이다.

3 중국인의 생활문화는 불교의 깊은 영향을 받고 있는데 그중 어디부터를 신앙으로 볼 것인가에 따라 중국의 불교 신도는 인구의 최소 8%에서 최대 80%까지 극단적으로 추정치가 오르내린다. 한편 일부 전문가들은 중국의 불교를 유교, 도교 등과 묶어 중국의 전통종교로 따로 분류한다. 그러나 점차 종교의 자유를 인정해가는 중국의 불교를 다른 나라 불교와 구별해서는 안 된다는 주장도 많다.

중국 불교의 부흥

중국의 불교는 공산당 정권이 들어서고 모든 토지를 몰수당하며 시련을 겪기 시작했다. 문화대혁명 때는 거의 모든 사찰이 파괴되었다. 이후 불교의 부흥 또한 중국 정부의 정책에 따라 이루어졌다. 중국 정부는 1970년대 말부터 폐허가 된 사찰들을 복원하고 강제 환속시켰던 승려들을 다시 모아 승려증을 발급해줬다. 이때까지는 관광 진흥이 목적이었다.

2003년 국가주석에 취임한 후진타오는 이른바 '과학적 발전관'에 입각해 '종교가 사회주의 건설의 협력자이자 훌륭한 원군이 될 수 있다'고 주장했다. 이에 따라 중국 정부는 체제에 위협이 되지 않는 한도 내에서 신앙의 자유를 인정했다. 불교를 통제하는 기구였던 중국불교협회도 출가 승려들에게 넘겨주었다. 중국불교협회는 현재 중국 내 불교 신자가 3억 명에 이르고 사찰은 2만 개, 출가한 승려는 20만 명인 것으로 보고 있다.

소림사

중국 정부가 불교 보호로 돌아선 것은 빈부격차 확대로 인한 사회갈등을 치유하는 데 종교의 힘이 필요하다고 판단했기 때문이다. 더구나 불교는 전래된 지 2천 년이 된 전통 신앙으로 국가 정체성을 확립하는 데 적격이었다. 여기에 기

소림사 승려들

영산범궁 불교문화센터

독교 문명을 앞세운 미국의 패권주의에 대한 종교적·문화적 대응 전략이라는 시각도 있다.[1] 중국은 나아가 세계 불교의 주도권을 확보하기 위한 움직임까지 보이고 있다.[2]

---

1 중국에는 개신교 교회 12,000여 곳에 신도 천만 명, 가톨릭은 성당 4,600여 곳에 신도 4백만 명이 있는 것으로 알려졌다.
2 중국불교협회는 장쑤성 우시의 링산에 2,400억 원을 들여 대규모 불교문화센터를 세우고, 여기에서 2006년과 2009년 세계불교포럼을 개최했다. 특히 2009년 포럼은 중국과 타이완, 홍콩 불교계가 공동 주최해 '중화(中華) 불교의 부활'을 세계에 알렸다. 그러나 '조화로운 세계와 모든 인연의 화합'을 주제로 한 포럼 기간 동안에도 달라이 라마를 지지하는 서방 국가들에 대한 중국 정부의 압력과 제재가 계속됐는데, 이에 대해 이의조차 제기하지 않은 대한민국 불교계를 비판하는 주장도 있다.

히잡을 둘러싼 갈등

히잡은 아랍의 이슬람 여성들이 머리와 상반신을 가리기 위해 쓰는 스카프를 말한다. 옷으로 머리부터 발끝까지 모두 가리는 이란의 차도르, 사우디아라비아의 아바야, 아프가니스탄의 투르카와 구분된다. 상당수 이슬람 국가들은 히잡이나 부르카의 착용을 개인 선택에 맡기고 있다.[1]

다만 일부 국가에서는 히잡이 정치적 갈등의 상징이 되었다. 터키는 집권 이슬람 정당이 야당과 군부, 사법부 등 세속주의 세력과 대립하고 있는데, 특히 히잡 허용 여부를 놓고 치열하게 대립하고 있다.[2]

프랑스는 학교에서 히잡을 쓰지 못하도록 하는 법을 제정했다.[3] 이는 급증하는 이슬람 이민자들 때문에

히잡을 쓴 터키 여성들

프랑스 국민들의 경제적 부담이 늘고 남녀평등, 정교분리와 같은 서구의 가치가 위협받을 수 있다는 반감이 밑바탕에 깔려 있다. 독일도 지방자치단체들이 연이어 교사의 히잡 착용을 금지했으며, 독일 법원은 이 같은 조치가 합헌이라고 판결했다.

---

1 이슬람 경전인 코란은 의복에 대해 '성적 유혹을 일으킬 부분은 노출하지 말라'고만 언급했다.

2 쇠락한 오스만 제국을 무너뜨리고 터키 공화국을 세운 케말 파샤는 서구화, 현대화를 강력히 추진하면서 히잡을 낡은 관습으로 여겨 금지했다. 지금도 터키에서는 공무원과 교사, 학생들이 공공건물에서 히잡을 쓸 수 없다. 케말 파샤를 계승한 세속주의 세력은 부패와 빈부격차 확대로 국민의 지지를 잃어 2002년 이슬람 정당에 정권을 넘겨야 했다. 세속주의 세력은 집권 이슬람 정당이 신정정치를 부활시킬 것이라고 의심하며 반발하고 있다. 2008년 정부 여당이 강행해 만든 '학교 내 히잡 허용법'이 헌법재판소에서 위헌 결정을 받기도 했다.

3 프랑스는 2004년 학교에서 히잡 착용을 금지한 데 이어, 2011년에는 모든 공공장소에서 부르카 착용을 금지했다.

유럽 속의 이슬람

2차 대전이 끝난 뒤 서구 자본주의는 황금기를 누렸다. 본격적인 석유시대가 열리고, 합성섬유와 컴퓨터의 발명으로 새로운 산업들이 생겨났다. 미국은 유럽에 결코 소진되지 않을 것 같은 소비시장을 열어주었다. 서유럽 국가들은 고성장을 거듭했다.[1]

프랑스 폭동

1960년대가 되자 서유럽에 노동력이 부족해졌다. 그 해법으로 저임금도 마다하지 않는 이민자들을 받아들였다. 영국에는 옛 식민지였던 인도와 파키스탄에서, 프랑스는 알제리와 튀니지에서 주로 노동자들이 이주해 왔다. 독일은 터키에서 가장 많은 이민을 받아들였다. 대부분 이슬람 국가였다. 그 결과 서유럽에는 2천만 명 가까운 이슬람 이민자들이 살게 됐다.[2]

그러나 서유럽에 경기 침체가 이어지자 이민자를 일자리와 연금 혜택을 빼앗아 가는 존재로 여기는 사람들이 늘어났다. 더구나 대부분의 이슬람 이민자들은 언어와 문화 장벽 때문에 자신들만의 공동체를 구성해 사는데, 주류

---

1 유럽이 전후 복구를 마친 1950년부터 1차 석유파동이 일어난 1973년까지 서구 국가들은 사상 최고의 성장률을 기록하며 '자본주의 황금기'를 누렸다. 이 기간에 미국과 영국의 1인당 국민소득은 매년 2~3%, 서유럽은 4~5% 성장했다.
2 서유럽의 이슬람 이민자는 2010년 전체 인구의 4.5%인 1,826만 명이었다. 이 수는 2030년 인구의 7%인 2,976만 명으로 증가할 것으로 전망된다. 그중 프랑스는 이슬람 이민자가 2010년 인구의 7.5%에서 2030년 10.3%로 증가하고, 독일은 5%에서 7%로 늘어날 것으로 예상된다.

런던 테러

인 백인 기독교 사회가 이를 국가 정체성에 대한 위협으로 여기기 시작했다. 반면에 이슬람 이민자들은 뿌리 깊은 차별대우와 빈부격차에 대한 불만이 높아지고 있다.[3] 이것이 때로 폭동으로 번지기도 한다.[4]

3 프랑스의 이민자 집단은 평균보다 세 배나 높은 30%대 실업률에 시달리며 빈민촌에 모여 산다. 그들은 말투가 다르다는 이유만으로 차별과 범죄 용의자 취급을 받는다.

4 2005년 11월 프랑스 파리에서 이민자 청년들이 폭동을 일으켰다. 10대 이민자 소년 두 명이 범죄자로 오해받아 경찰에게 쫓기다 사고로 숨진 사건이 도화선이었다. 폭동은 프랑스 내 200개 도시로 번져 3주일이나 계속됐다. 프랑스 정부가 비상사태를 선포하고 5,000명을 체포하고서야 치안을 회복할 수 있었다. 사르코지 당시 내무부 장관은 폭동 초기에 시위대를 '인간쓰레기'라고 표현해 사태를 악화시켰다. 정부는 폭동 재발을 막기 위해 빈곤층의 생활 개선을 약속했지만, 실제로 돌아온 것은 프랑스 국민 사이에 반 이슬람 정서의 폭발뿐이었다.

이에 앞서 2005년 7월 영국 런던 시내 지하철역 세 곳과 버스정거장 한 곳에서 동시에 자살폭탄 테러가 일어나 56명이 숨졌다. 수사 결과 테러범들은 대부분 영국에서 태어난 이슬람 이민자 2세로 드러나 영국 사회에 큰 충격을 주었다.

유럽의 극우주의 득세

유럽 각국에서는 이민자에 대한 불만과 갈등을 밑거름으로 극우주의가 세력을 넓혀갔다. 프랑스 대선에서 이민자 유입과 EU에 반대하는 장마리 르 펜이 사회당 후보를 누르고 2차 결선 투표에 진출해 세계를 놀라게 했다. 사회당은 르 펜의 집권을 막기 위해 우파인 사르코지 후보를 도와야 했다(2002).

스위스 국민당이 총선에서 승리한 뒤 이슬람 사원의 첨탑 건설 금지를 주도했고(2007), 노르웨이의 극우정당인 진보당은 제1 야당이 됐다(2009). 또 스웨덴에서는 부르카를 입은 여성이 연금을 받기 위해 백인 연금납부자를 밀치는 내용의 광고를 한 민주당이 총선에서 20석을 얻어 사상 처음 국회에 진출했다(2010).

유럽의 주류 정치권도 반反이민 정서에 편승하는 모습을 보였다. 메르켈 독일 총리는 '다문화 사회를 건설해 공존하자는 접근법은 완전히 실패했다'고 말했고, 사르코지 프랑스 대통령과 캐머런 영국 총리 역시 다문화주의의 종식을 선언했다. 독일과 이탈리아의 파시즘을 분쇄하고 소련 공산주의와 맞서며 지켜온 서구의 다원주의가 내부의 위협에 봉착한 것이다.

그러나 노르웨이에서 이슬람을 혐오하는 극단주의자가 집권당의 관대한 이민 정책에 반대한다며 민간인 76명을 살해한 사건이 일어나자[1] 유럽 각국은 극우주의의 위험성에 대해 각성하는 모습을 보였다.

---

1 2011년 7월 22일, 노르웨이 노동당 정부와 노동당 청소년 캠프의 민간인을 대상으로 발생한 테러이다. 먼저 오슬로의 행정부 건물과 기타 정부 건물에서 일어난 폭발로 8명이 사망했으며, 이후 경찰로 위장한 범인이 우퇴이아 섬의 노동당 청소년 캠프에 참여한 사람들에게 총기를 난사하여 68명이 사망했다. 노르웨이 경찰은 현장에서 32세의 노르웨이인 아네르스 베링 브레이비크를 체포했다. 범인은 정신 이상 판정을 받았지만 브레이비크 본인은 판정에 동의하지 않았다.

유럽 극우정당의 약진

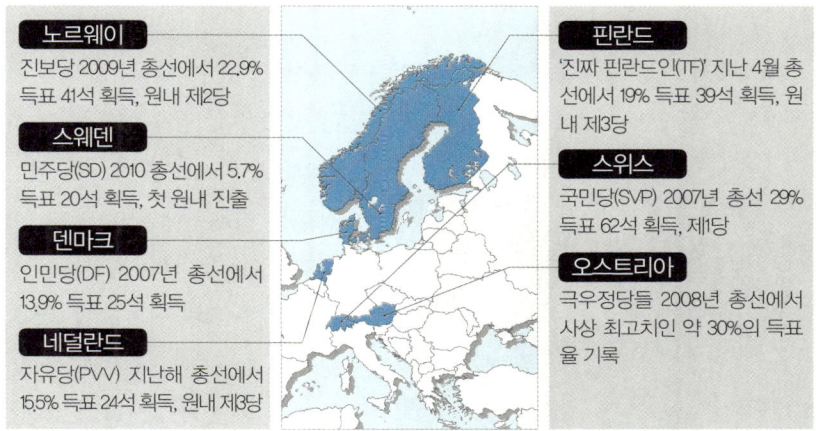

노르웨이
진보당 2009년 총선에서 22.9% 득표 41석 획득, 원내 제2당

스웨덴
민주당(SD) 2010 총선에서 5.7% 득표 20석 획득, 첫 원내 진출

덴마크
인민당(DF) 2007년 총선에서 13.9% 득표 25석 획득

네덜란드
자유당(PVV) 지난해 총선에서 15.5% 득표 24석 획득, 원내 제3당

핀란드
'진짜 핀란드인(TF)' 지난 4월 총선에서 19% 득표 39석 획득, 원내 제3당

스위스
국민당(SVP) 2007년 총선 29% 득표 62석 획득, 제1당

오스트리아
극우정당들 2008년 총선에서 사상 최고치인 약 30%의 득표율 기록

영국 · 독일 · 프랑스 정상들의 반(反)다문화주의적인 발언들

데이비드 캐머런 영국 총리
"영어를 못하거나 영국 사회에 통합될 의지가 없는 이민자들이 우리 사회에 '불편과 혼란'을 일으키고 있다. 이민자들은 영어를 배워라."

니콜라 사르코지 프랑스 대통령
"우리는 이민자들으 정체성에 대해 너무 걱정한 나머지 그들을 받아들인 국가(프랑스)의 정치성을 소홀히 했다."

앙겔라 메르켈 독일 총리
"다문화사회 건설 시도는 완전히 실패했다. 다양한 문화적 배경의 사람들이 더불어 사는 '다문화 구상'이 작동되지 않는다."

평균수명

세계에서 가장 평균수명이 높은 나라는 일본이다.[1] 장수국가로 알려진 불가리아는 실제로는 세계 평균수명을 조금 넘는 정도이다.[2] 장수 여부는 그 사

일본의 노인들

회의 보건의료 수준과 이를 뒷받침하는 경제력에 달려 있다. 이 때문에 일본에 이어 스위스와 스페인, 이탈리아, 이스라엘, 호주, 싱가포르 국민들이 오래 산다.[3] 반면에 아프가니스탄과 차드, 잠비아, 콩고민주공화국, 중앙아프리카공화국의 평균수명은 세계에서 가장 낮다.[4] 모두 내전으로 고통 받는 나라들이다. 미국의 평균수명은 다른 선진국들에 비해 낮은 편이다.[5] 한국의 평균수명은 80세로 영국, 독일, 핀란드 등과 같다.[6]

---

1 세계보건기구(WHO)의 '2011 세계보건통계'에 따르면 일본의 평균수명은 83세이다.
2 불가리아의 평균수명은 74세이고, 전 세계의 평균수명은 68.95세이다.
3 스위스 등의 평균수명은 82세이다.
4 아프가니스탄 등의 평균수명은 48세에 불과하다.
5 미국의 평균수명은 79세이다.
6 한국의 평균수명은 WHO 193개 회원국 중 20위이다.

2050년 세계 인구는 94억 명

미국의 인구조사국은 2011년 69억 명이었던 세계 인구가 2050년에는 94억 명이 될 것으로 예상했다. 인도가 12억 명에서 17억 명으로 늘어 가장 인구가 많은 나라가 되고, 현재 인구 1위인 중국은 13억 명으로 오히려 3천만 명 이상 줄 것으로 전망된다. 미국은 4억 명으로 세계 3위의 인구 대국 자리를 유지하되, 유색인종의 출산율이 높아 현재 72%인 백인 비율이 크게 낮아질 것으로 보인다.

일본과 러시아는 인구가 줄고, 그동안 출생률 저하로 고민해 온 서유럽은 인구가 다시 증가할 가능성이 높다. 아프리카 국가 가운데 나이지리아는 인구가 지금의 2.4배인 4억 명, 에티오피아는 지금의 3배인 2억8천만 명으로 늘어날 것으로 예상된다. 남한 인구는 2011년 4,875만 명에서 5백만 명 이상 줄어들고, 북한 인구는 2,445만 명에서 250만 명가량 늘어날 것으로 보인다. 따라서 전체 대한민국 인구는 2050년 7천만 명으로 영국보다 약간 적고 프랑스보다는 약간 많은 수준이 될 전망이다.

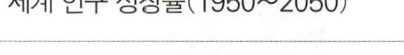

세계 인구 성장률(1950~2050)

단위 : %

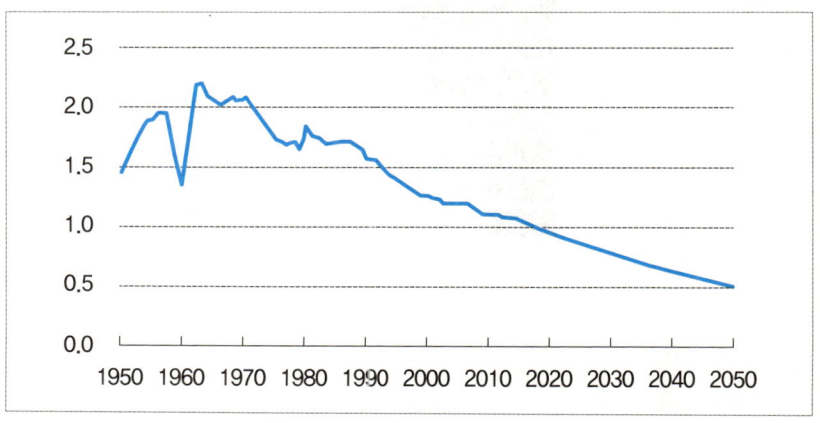

출처 : U.S. Census Bureau, International Data Base, June 2011 Update

가난할수록 높은 흡연율

대체로 잘사는 나라는 담배를 적게 피우고 못사는 나라일수록 담배를 많이 피운다. 미국도 한때는 국민 절반이 담배를 피웠지만, 꾸준한 홍보와 금연정책 덕분에 이제는 성인 남자 흡연율이 20%대로 낮아졌다.[1] 영국과 프랑스 등 서유럽 국가들도 2000년대 이후 본격적인 금연정책을 시작해 성과를 거두고 있다.

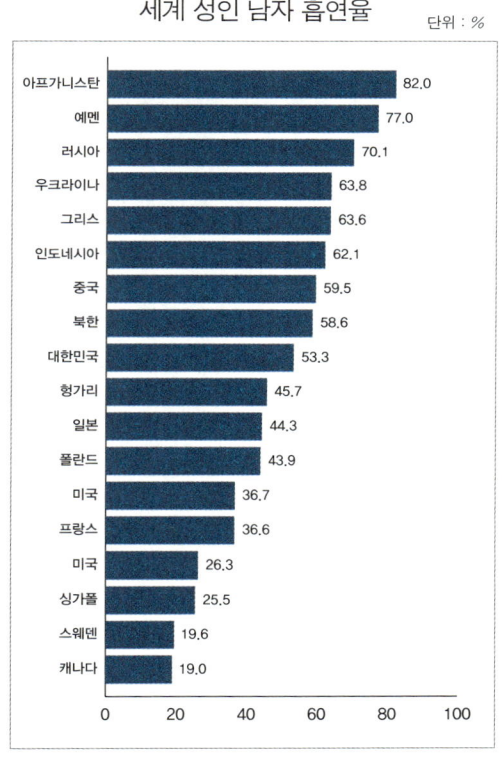

세계 성인 남자 흡연율

단위 : %

국가	흡연율
아프가니스탄	82.0
예멘	77.0
러시아	70.1
우크라이나	63.8
그리스	63.6
인도네시아	62.1
중국	59.5
북한	58.6
대한민국	53.3
헝가리	45.7
일본	44.3
폴란드	43.9
미국	36.7
프랑스	36.6
미국	26.3
싱가폴	25.5
스웨덴	19.6
캐나다	19.0

출처 : 미국 암 협회

---

1 2차 대전 때 전선에 파견된 미군 병사들은 생사가 오가는 긴장된 상황에서 담배회사들이 대량으로 보낸 위문품을 피웠다. 이들은 고향으로 돌아올 때 담배 중독이 되어 있었고 미국의 흡연율은 급격히 높아졌다. 1964년 미국 보건부가 담배가 건강에 해롭다는 보고서를 발표한 뒤 끈질긴 금연운동이 시작되었고, 1965년 42%였던 흡연율은 2007년 20%대로 감소했다.

그러나 대표적인 빈국인 아프가니스탄과 예멘의 흡연율은 세계 최고이다. 러시아도 술과 함께 담배로 건강과 재산을 소비하고 있다. 동남아시아 국가들의 흡연율이 높지만 유독 싱가포르는 예외이고, 한·중·일 3국은 경제발전에 걸맞게 금연정책을 강화할 필요가 있다.

최근 한국의 청소년 및 여성 흡연율이 갑자기 높아져서 관계 당국이 당황하고 있다.

여성의원 비율

남녀평등은 민주주의 기본 이념인 자유와 평등의 당연한 귀결이다. 여성이 스스로의 지위를 높이려면 정치 참여가 필요하다는 점에서, 여성 국회의원의 비율은 남녀평등의 중요한 지표로 여겨진다.

전 세계 국가 가운데 여성의원 비율이 가장 높은 나라는 아프리카 르완다 이다.[1] 르완다는 오랜 내전을 끝내고 국가 체제를 정비하면서 여성의원 할당 제를 도입했다. 남아공과 모잠비크, 앙골라 등도 상위에 올라 있는데,[2] 역시 여 성의원 할당제의 결과이다.

반면에 영국, 프랑스, 미국, 일본 등은 하위에 머물러[3] 선진국조차 여성의원 할당제 없이 여성이 남성과 동등하게 경쟁하기는 쉽지 않음을 보여준다.[4] 대 한민국의 여성의원 비율은 14.7%로 세계 평균[5]에 못 미치며 가봉과 함께 세계 78위에 머물러 있다.

---

1 2008년 선거로 르완다 하원의 여성의원 비율이 56.3%가 되었다. 이로써 르완다는 세계 최초로 여성 의원이 국 회 의석의 절반이 넘는 국가가 되었다.

2 남아공은 여성의원 비율 세계 4위, 모잠비크는 10위, 앙골라는 11위이다.

3 영국은 여성의원 비율 세계 48위, 프랑스는 60위, 미국은 70위, 일본은 96위이다.

4 스웨덴(3위), 아이슬란드(6위), 핀란드(7위), 노르웨이(8위) 등 남녀평등이 정착된 북유럽 국가들은 제도적 지 원 없이도 여성의 의회진출이 활발하다.

5 2011년 세계 여성의원 비율 평균은 19.3%이다. 2000년 13.1%, 2005년 16.3%와 비교해 꾸준한 증가세를 보 였다.

문자 해독률 : 모든 인류가 글을 읽도록

지구상의 10명 중 8명은 글을 읽고 쓸 줄 안다.[1] 대한민국은 포함한 거의 모든 선진국들은 사실상 문자가 완전 보급돼 해독률 조사가 무의미할 정도이다.[2] 옛 공산권도 러시아와 동유럽뿐 아니라 쿠바와 중앙아시아의 독재국가들까지 높은 문자 해독률을 보인다.[3]

그러나 아시아의 강대국인 인도는 극심한 빈부격차로 국민의 반이 글을 읽지 못한다.[4] 가장 큰 문제는 중부 아프리카 국가들이다.[5] 빈곤에 오랜 내전까지 겹치면서 교육 시설이 모두 파괴되었고, 경제적인 어려움에 어린이 3분의 1이 초등학교에 입학조차 하지 못한다.

이 때문에 국제기구들은 교육 지원을 위한 선진국 국민들의 동참을 호소하고 있다. 유네스코에 따르면 5만 원으로 아프리카 어린이 1명이 교복과 1년 동안 쓸 학용품을 살 수 있고, 25만 원이면 2개 학급에 기본 학습도구를 갖출 수 있다고 한다. 모든 인류가 교육의 혜택을 받고 희망을 키울 수 있도록 돕는 게 그렇게 어려운 일은 아니다.

---

1 2009년 미국 CIA 보고서에 따르면 전 세계 문자 해독률은 평균 82%이다.
2 대한민국의 문자 해독률은 97.9%이다.
3 옛 공산권의 문자 해독률은 폴란드와 쿠바 99.8%, 헝가리와 러시아 99.4%, 체코 99%, 우즈베키스탄 99.3%, 아제르바이잔과 투르크메니스탄 98.8%, 키르기스스탄 98.7%이다.
4 인도의 문자 해독률은 61%이다.
5 문자 해독률이 가장 낮은 나라는 부르키나파소로 21.8%이다. 그 뒤를 차드 25.7%, 아프가니스탄 28.1%, 니제르 28.7%, 기니 29.5%가 잇고 있다.

세계의 영화시장

미국인은 한 해 평균 4.3번 극장을 찾는다. 영화 관람 횟수에서 부동의 세계 1위이다.[1] 덕분에 한국과 비슷한 극장 입장료를 받으면서도[2] 미국은 세계에서 가장 큰 영화시장을 보유하고 있다.[3] 국내 시장에서 축적한 거대 자본과 무한 자유에서 우러나온 창의력은 할리우드 영화를 세계 영화계의 최강자로 만들었다.

입장을 기다리고 있는 미국 관객들

인도 영화는 미국 영화와는 또 다른 영역을 구축하고 있다.[4] 인도는 미국보다 더 많은 영화를 만들어내며,[5] 자국시장 점유율이 80% 내외에 이른다.[6] 인도 영화의 장르는 대부분 뮤지컬이고, 부자 남자와 가난한 여자 또는 가난한 남자와 부자 여자의 신데렐라 같은 사랑 이야기가 주류를 이룬다. 외국인에게는 지루하기 짝이 없지만, 가난과 신분제도에 얽매인 인도의 서민들에게는 잠시나마 현실을 잊을 좋은 도피처이다. 파키스탄과 방글라데시, 네팔 등 주변 남아

1 연간 영화 관람 횟수에서 호주가 4.1회, 뉴질랜드가 3.6회로 미국의 뒤를 잇고 있다. 프랑스가 3.3회, 대한민국이 2.9회, 영국과 인도가 2.7회이다. 중국인들은 일 년에 평균 0.2회 극장을 찾는 것으로 집계되는데 농촌 등 저개발 지역에 속속 극장들이 세워지고 있어 조만간 폭발적으로 늘어날 것으로 예상된다.
2 미국의 평균 극장 입장료는 7.5달러로 국민소득을 감안할 때 매우 낮은 수준이다. 일본 14.4달러, 호주 11.2달러, 대한민국 6.8달러, 중국은 3.4달러이다.
3 2010년 미국의 극장 매출 총액은 106억 달러였다. 2위인 일본 25억 달러의 4배가 넘었다. 3위는 프랑스 19억 달러, 4위는 영국 15.3억 달러였다.
4 인도의 영화산업을 발리우드라고 부르는데, 이는 인도 뭄바이의 옛 이름인 봄베이(Bombay)와 할리우드(Hollywood)의 합성어이다.
5 2009년 미국의 영화 제작 편수는 734편이었는데, 인도는 1,288편의 영화를 만들었다.
6 2004년에는 인도 영화의 자국시장 점유율이 무려 98%에 달했다.

시아 국가에서도 인도 영화는 할리우드 영화보다 더 인기가 있다.

중국의 영화시장도 빠르게 성장하고 있다.[7] 영화를 선전도구로만 여겼던 중국 정부는 2000년대 들어 산업으로서의 가능성을 새롭게 인식했다.[8] 그후 막대한 정부 지원에 힘입어 중국의 영화제작 편수는 인도와 미국에 이은 세계 3위로 올라섰다. 세계 시장을 겨냥한 대작들도 연이어 제작되고 있다. 그러나 중국 영화들은 중화우월주의와 민족주의를 고취하

인도 극장 매표소

인도 영화 야외촬영 현장

는 내용이 지나치게 많아 외국 관객들에게 거부감을 준다. 정부의 개입 때문에 영화가 정치성을 띠고 있는 것이다.

---

7 중국의 극장 매출 총액은 2000년 1억 달러에서 2010년 15억 달러로 늘어나 세계 5위를 기록했다. 10년 전까지 중국보다 5배나 크던 인도의 영화시장 규모를 추월한 것이다. 2010년 인도의 극장 매출 총액은 13억 달러로 세계 6위였다.

8 2001년 타이완 출신의 이안 감독이 미국 자본으로 만든 영화 〈와호장룡〉이 세계적인 흥행을 거뒀다. 이것이 중국 정부가 영화를 새롭게 인식하고 자신감을 갖는 계기가 되었다. 중국 공산당은 2002년 제16차 전국인민대표대회에서 문화산업을 미래 성장동력 산업의 하나로 지목했고, 이때부터 본격적인 영화 지원 정책을 실시했다.

사형제도

　국제인권단체인 앰네스티는 2010년 전 세계에서 527건의 사형이 집행됐다고 발표했다. 그러나 이 숫자는 최소한의 집계에 불과하다. 수천 명을 처형한 것으로 보이는 중국이 관련 통계를 비밀에 붙이고 있고, 북한도 공개 처형 60건 외에 다수의 사형 집행이 있었을 것으로 보이기 때문이다.

　이제는 사형제도를 폐지한 나라가 존치한 나라보다 훨씬 많다.[1] 한국은 논란을 거듭하면서도 아직 형법에 사형을 형의 한 종류로 규정하고 있다.[2] 다만 1998년 김대중 정부 출범 이후 한 번도 사형을 집행하지 않아, 앰네스티가 사실상 사형을 폐지한 국가로 분류한다. 사형제도 자체를 아예 폐지하자는 주장도 많지만, 흉악범죄가 발생할 때마다 일벌백계해야 한다는 국민 여론이 들끓어 정부와 국회가 고심하고 있다. 헌법재판소도 사형제도를 합헌으로 결정했다.

---

1 2010년 현재 사형제도를 폐지한 나라는 139개, 존치한 나라는 58개이다. 사형제도 존속 국가 가운데도 2007년부터 2010년까지 4년 동안 실제로 사형을 집행한 나라는 23개뿐이었다.
2 한국은 2011년 6월 현재 사형을 선고받은 기결수가 60여 명에 이른다.

약탈 문화재 반환

병인양요[1] 때 프랑스군에 약
탈당한 외규장각 도서가 145
년 만에 한국으로 돌아왔다.
완전 반환도 아닌 임대하는
형식이었지만 프랑스 현지에
서는 반대가 거셌다.[2] 프랑스
국립도서관 창고에 버리다시
피 쌓아 두었던 외규장각 도
서가 아까웠던 게 아니라 외
국 문화재 반환 사례를 만드
는 게 두려웠던 것이다. 프랑
스 루브르박물관이나 영국의
대영박물관은 세계 최고의 유

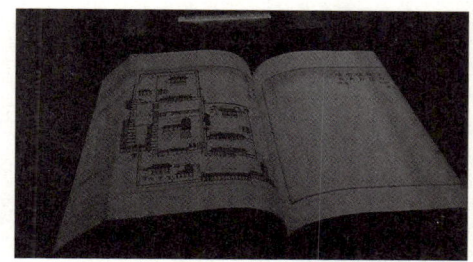

외규장각 도서

루브르 박물관

물들을 전시하고 있지만 대부분 식민지 시대 외국에서 약탈해간 것이다.[3]

한국뿐 아니라 고대 문명을 꽃피웠던 이집트와 그리스, 중국 등은 외세의

---

1 **병인양요** 흥선대원군은 1866년(병인년) 천주고 금압령(禁壓令)을 내려, 몇 개월 사이에 프랑스 선교사 12명
가운데 9명을 비롯하여 한국인 천주교도 8,000여 명을 학살하였다. 5월 조선을 탈출한 리델 신부는, 중국 톈진에
주둔한 프랑스 인도차이나함대 사령관 로즈 제독에게 한국에서 일어난 천주교도 학살사건을 알렸다. 이 학살사건
을 프랑스함대가 보복하기 위해 강화도에 침입한 사건이다.

2 1993년 미테랑 당시 프랑스 대통령이 외규장각 도서의 반환을 약속했지만 국립도서관 사서 2명이 사표를 내고
직원들이 총파업을 벌여 무산됐다. 2011년 반환 대도 국립도서관 간부와 사서들이 반대 성명을 발표하는 등 반발
했다.

3 영국, 프랑스, 독일, 일본 등 외국 문화재 보관국들은 입수 과정이 합법적이었다고 주장하지만, 대부분 도굴이나
밀거래였고 구입했다 해도 실제 가치를 모르는 사람에게 사실상 약탈한 것이었다. 또 문화재 보호국들은 귀중한 세
계 유산을 자신들이 더욱 안전하게 보관할 수 있–고 내세우지만, 관련 기술은 이미 보편화되어 있다. 보다 많은 사
람들의 감상권을 보장하기 위한 것이라는 주장도 원소유국에서 임대해 전시하면 되는 문제여서 역시 억지이다. 무
엇보다 해당 문화재를 가장 소중하게 여길 사람은 그 후손들일 것이다. 이와 관련해 유네스코는 1970년 국제협약
을 만들어 약탈되거나 도굴된 문화재의 거래를 금지하고, 문화재는 그것이 발견된 나라의 자산이라고 규정했다.

침략 과정에서 수많은 문화재를 빼앗겼는데, 최근 이를 돌려받으려는 노력이 활발하다. 중국은 약탈 문화재 실태 파악을 위해 각국에 대표단을 파견했고, 이집트는 문화 협력을 끊겠다고 압박해 루브르박물관에서 일부 고분벽화를 돌려받았다. 그리스는 파르테논 신전 조각들을 돌려달라는 요구에 영국이 '그리스는 유물을 제대로 보관할 수 없다'며 거부하자 아크로폴리스에 대형 박물관을 지었다. 문화재 약탈 피해 25개국은 국제회의를 열고 '우선 환수 목록'을 작성하는 등 공동대응하기로 합의했다(2010).

세계로 진출한 한류

한류[1]의 출발은 드라마
였다. 한중 수교 뒤 〈질투〉
를 비롯한 몇몇 드라마가
중국에 수출되었고 그중
〈사랑이 뭐길래〉가 큰 인
기를 얻었다.[2] 이때부터 아
시아 각국에서 한류가 나
타나기 시작했다. 일본에
서는 〈겨울연가〉가 방송
돼 욘사마[3] 열풍을 일으켰
다. 주연 배우인 배용준과
최지우를 연모하면서, 한
국을 깔보던 일본인들의
속마음도 바뀌어갔다. 한
류의 기반을 굳히고 세계

〈겨울연가〉 촬영지인 남이섬

〈대장금〉 촬영장에서 기념사진을 찍는 관광객들

로 뻗어가게 한 것은 〈대장금〉의 힘이었다. 〈대장금〉은 세계 80여 국에 수출돼
대부분의 나라에서 성공을 거뒀다.[4]

---

1 한류韓流 중국 언론이 한국의 드라마와 음악 열중을 표현하기 위해 만든 단어이다.

2 1998년 수출된 MBC 드라마 〈사랑이 뭐길래〉는 대가족의 유쾌한 일상을 담았다. 공산화 과정에서 대가족이 해
체되고 가장의 권위가 무너진 중국 사회는 이 드라마에서 사라진 가족 제도에 대한 향수를 느꼈다.

3 '욘사마'는 주연 배우 배용준의 이름 가운데 글자·용에 일본식 존칭어를 붙인 단어이다. KBS 드라마 〈겨울연가〉
는 2003년 일본에서 처음 방송됐다. 젊은 날의 순수한 사랑을 그린 이 드라마는 코믹 일변도의 일본 드라마에 식상
해 있던 시청자들의 심금을 울렸다. 특히 가부장 사회에 대중문화마저 아이돌 중심으로 흘러 소외됐던 중년 여성들
의 문화 탈출구 역할을 했다.

4 MBC 드라마 〈대장금〉은 수많은 신화를 만들어냈다. 일본과 필리핀, 말레이시아, 홍콩 등에서 평균 40%대의 시
청률을 기록했다. 이란에서는 최고 시청률이 86%에 달했는데, 〈대장금〉이 끝나던 날 골목마다 아쉬움에 흐느끼
는 소리가 흘러나왔다고 한다. 몽골에서는 시청률 1위가 〈대장금〉, 2위가 〈대장금 주제가 부르기 대회〉였고, 짐바

태국의 한류 팬들

한류는 점차 다양한 분야로 확산됐다. 특히 가요의 진출이 눈부시다. 아이돌 그룹을 내세운 한국 가요는 K-Pop이라는 이름으로 아시아를 넘어 전 세계에 팬 층을 넓히고 있다. 특히 프랑스 파리에서의 K-Pop 공연은 프랑스 젊은이들을 열광의 도가니로 몰아넣었다. 한국 아이돌 가수들은 뛰어난 외모와 가창력, 마치 한 사람이 움직이는 듯한 군무群舞가 특징이다. 이는 대형 기획사에서 유망주를 뽑아 오랜 기간 훈련시키고, 그룹 구성까지 대중의 기호에 맞추는 한국 가요계의 독특한 운영 방식에서 나온다. 한류드라마, K-Pop, 영화, 문화의 열풍으로 인해 한국은 글로벌의 새로운 원동력을 얻게 되었다.

브웨에서는 〈대장금 시청자 퀴즈〉에 전 국민 1,300만 명 가운데 480만 명이 응모했다.

〈대장금〉의 인기는 사회 지도층도 마찬가지여서 후진타오 중국 국가주석은 '바빠서 〈대장금〉을 매회 보지 못하는 게 아쉽다'고 말했고, 쩐 득 르엉 베트남 국가주석은 한국을 방문할 때 이영애 사인을 받아오라는 가족들의 부탁을 받았다고 한다.

〈대장금〉은 수출을 통해 수백억 원을 벌어들였다. 그리고 그 수백 배의 국가적 이익을 가져왔다. 〈대장금〉을 촬영한 야외세트는 외국인 관광객의 인기 방문지가 되었고, 무엇보다 우리나라에 대한 인식이 좋아져 기업들의 해외 활동에 큰 도움이 되었다.

찾아보기

세계는 지금 어디로 가고 있나 **3**

초판 1쇄 인쇄 2012년 1월 7일 | 초판 1쇄 발행 2012년 1월 15일 | 지은이 오정환 | 펴낸이 임용호 | 펴낸곳 도서출판 종문화사
편집 김진주 | 표지·본문디자인 민선영 | 인쇄·제본 한영문화사 | 출판등록 1997년 4월 1일 제22−392 | 주소 서울시 중구 충
무로 4가 120−3 진양빌딩 673호 | 전화 (02) 735−6891 | 팩스 (02) 735−6892 | E−mail jongmhs@hanmail.net | 값 12,000원
ⓒ 2012, Jong Munhwasa printed in Korea | ISBN 978−89−87444−91−8 03300 | 잘못된 책은 바꾸어 드립니다.

* 책에 실린 사진들은 MBC와의 계약을 통한 허가하에 사용되었습니다.